AWS로 구현하는
생성형 AI

AWS로 구현하는
생성형 AI

지은이 크리스 프레글리, 안체 바르트, 셸비 아이겐브로데

옮긴이 이승필, 한우선, 유태황, 박주경, 정유석

펴낸이 박찬규 엮은이 전이주 디자인 북누리 표지디자인 Arowa & Arowana

펴낸곳 위키북스 전화 031-955-3658, 3659 팩스 031-955-3660

주소 경기도 파주시 문발로 115, 311호(파주출판도시, 세종출판벤처타운)

가격 28,000 페이지 328 책규격 175 x 235mm

초판 발행 2024년 10월 24일

ISBN 979-11-5839-551-3 (93000)

등록번호 제406-2006-000036호 등록일자 2006년 05월 19일

홈페이지 wikibook.co.kr 전자우편 wikibook@wikibook.co.kr

AWS로 구현하는 생성형 AI

LLM에서 멀티모달 모델까지, RAG, LoRA, RLHF를 활용한
AWS 기반 생성형 AI 구축 가이드

크리스 프레글리, 안체 바르트, 셸비 아이겐브로데 지음
이승필, 한우선, 유태황, 박주경, 정유석 옮김

O'REILLY®   위키북스

이 책에 대한 기대가 큽니다. 이 책에는 중요한 배경지식과 이론, 상세한 실습용 코드와 스크립트, 그리고 친절한 설명이 잘 어우러져 있습니다. 이 책을 읽으며 즐거웠고 여러분도 분명 즐거울 것이라 확신합니다. 우선 기초부터 시작해 생성형 파운데이션 모델, 프롬프트 엔지니어링 등을 배웁니다. 다음으로 대규모 언어 모델(LLM)로 넘어가 아마존 세이지메이커에서 이를 활용하는 방법을 살펴봅니다. 기본을 완전히 이해한 후 다양한 유형의 미세 조정을 배웁니다. 이후 책의 핵심 내용으로 들어가 텍스트와 이미지를 포함한 다양한 형식의 생성 모델로 맥락 인식 추론이 가능한 강력한 애플리케이션을 구축하는 법을 배웁니다.

— 제프 바(Jeff Barr), AWS 부사장 겸 수석 에반젤리스트

이 책은 AWS에서 생성형 AI 기반 솔루션을 구축하는 종합 안내서입니다. 크리스, 안체, 셸비는 실제 사례를 사용해 대규모 언어 모델과 멀티모달 모델의 핵심 개념, 주의점, 모범 사례를 탁월하게 설명합니다. 이 책은 생성형 AI 솔루션을 아이디어 단계에서 실제 운영까지 신속하게 구축하는 데 유용한 자료입니다.

— 기타 차우한(Geeta Chauhan), 메타 응용 AI 리더

생성형 AI 애플리케이션을 개발하고 배포하는 과정에는 복잡한 의사 결정 단계가 많습니다. 이 단계들은 애플리케이션이 고품질 결과물을 생성하고 비용 효율적이며 확장 가능하고 신뢰할 수 있는지를 전반적으로 결정짓는 데 중요한 역할을 합니다. 이 책은 기본 기술을 명확히 설명하고 독자가 이러한 결정을 이해하고 내리는 데 도움이 되는 지침을 담고 있어 성공적인 생성형 AI 애플리케이션을 개발할 수 있게 합니다.

— 브렌트 라보프스키(Brent Rabowsky), AWS AI/ML 전문가 수석 매니저

모델 개발과 배포의 전체 과정을 포괄적으로 다루는 책은 드뭅니다. 머신러닝 실무자라면 이 책은 필수입니다.

— 알레한드로 에레라(Alejandro Herrera), 스노우플레이크 데이터 사이언티스트

이 책은 생성형 AI 모델의 실제 구축 및 활용 방법을 깊이 있게 다룹니다. 프롬프트 엔지니어링과 튜닝뿐만 아니라 전체 개발 과정을 다룹니다. 생성형 AI를 복잡한 작업에 사용하려면 성공에 필요한 그 기술과 도구를 이해하기 위해 이 책을 읽어야 합니다.

— 랜디 디포(Randy DeFauw), AWS 수석 솔루션 아키텍트

생성형 AI를 시작하기에 이보다 더 좋은 책은 없습니다. 생성형 AI에 대한 방대한 온라인 정보로 혼란스러울 수 있지만, 이 책은 명확하고 체계적인 안내서 역할을 합니다. 기초부터 시작해 효율적인 매개변수 미세 조정 및 LLM 배포 같은 고급 주제까지 다루며 AWS에서의 배포와 같은 실용적인 내용도 포함되어 있습니다. 이 책은 모든 데이터 사이언티스트나 엔지니어에게 귀중한 자료입니다.

— 알렉세이 그리고레프(Alexey Grigorev), OLX 그룹 수석 데이터 사이언티스트 겸 DataTalks.Club 설립자

이 책은 제가 지금까지 접한 책 중 생성형 AI 구현을 가장 실용적으로 다룬 최고의 책입니다. 크리스, 안체, 셸비가 함께 만든 이 탁월한 자료는 앞으로 수년간 매우 가치 있을 것이며, 가능하다면 대학의 학습 자료로도 활용될 수 있을 것입니다. AWS에서 대규모로 생성형 AI 애플리케이션을 구축하는 모든 사람이 반드시 읽어야 할 책입니다.

— 올라레칸 엘레신(Olalekan Elesin), HRS 그룹 데이터 과학 플랫폼 이사

생성형 AI 제품이나 서비스를 개발하고 배포하는 데 필요한 탄탄한 지식을 얻고 싶다면 《AWS로 구현하는 생성형 AI》가 최고의 선택입니다. 저자인 크리스, 안체, 셸비의 깊이 있는 전문성에 힘입어 이 책은 여러분을 생성형 AI 초보자에서 모델 학습, 미세 조정, 애플리케이션 개발에 필요한 복잡한 기술에 정통한 전문가로 성장시킬 것입니다. 이 책은 모든 초보 AI 엔지니어, 제품 관리자, 마케터, 비즈니스 리더가 반드시 읽어야 할 필수 안내서입니다.

— 릴리안 피어슨(Lillian Pierson), PE, Data-Mania 설립자

《AWS로 구현하는 생성형 AI》는 다양한 데이터 유형을 이해하고 상황에 맞는 의사 결정을 내리는 애플리케이션을 만들기 위한 혁신적인 기법을 깊이 있게 다룹니다. 이 책을 통해 독자는 생성형 AI 애플리케이션에 필요한 이론과 실질적인 도구를 이해하는 포괄적인 시각을 얻게 될 것입니다. 이 책은 생성형 AI 분야에서 AWS의 모든 잠재력을 활용하고자 하는 사람에게 필독서입니다.

— 케샤 윌리엄스(Kesha Williams), 슬랄롬 컨설팅 이사 겸 AWS 머신러닝 히어로

생성형 AI 분야가 너무나 빠르게 발전하고 있어서 이렇게 많은 관련 지식이 한 권의 책에 집약된 것이 정말 놀랍습니다. 최고입니다!

— 프란체스코 모스코니(Francesco Mosconi), 카탈릿 데이터 과학 책임자

저자 서문

이 책을 읽고 나면 오늘날 업계와 학계에서 다루는 가장 일반적인 생성형 AI 활용 사례와 작업을 이해하게 됩니다. 최첨단 생성 모델 구축 과정에 대한 깊이 있는 지식을 얻을 뿐만 아니라, 기존 생성 모델의 재사용과 새로운 모델 구축 사이에서 선택할 때 도움이 되는 실질적인 경험도 쌓을 수 있습니다. 그리고 비즈니스 애플리케이션에 필요한 특정 분야의 데이터 세트, 작업, 활용 목적에 맞춰 이러한 생성형 AI 모델을 조정하고 적용하는 방법을 배우게 될 것입니다.

이 책은 생성형 AI 모델 학습, 미세 조정 및 운영 환경 배포를 위한 기술적 기초와 모범 사례를 배우고자 하는 AI/ML 애호가, 데이터 사이언티스트, 엔지니어를 대상으로 합니다. 이 책에서 다루는 개념을 이해하려면 파이썬, 신경망, 순전파, 활성화 함수, 경사, 역전파 등 기본적인 딥러닝 구성 요소에 어느 정도 익숙해야 합니다.

파이썬과 텐서플로 또는 파이토치 같은 딥러닝 프레임워크에 대한 기본적인 이해만으로도 이 책의 코드 예시를 이해할 수 있습니다. 개념을 익히는 데 AWS 지식이 필수는 아니지만, AWS를 이해하고 있으면 일부 AWS 특화 예시를 더 잘 이해할 수 있습니다.

이 책에서는 생성형 AI 생명주기를 깊이 있게 탐구하며 프롬프트 엔지니어링, 퓨샷 콘텍스트 학습, 생성 모델 사전 학습, 도메인 적응, 모델 평가, 효율적인 매개변수 미세 조정(PEFT), 인간 피드백을 통한 강화 학습(RLHF) 등 다양한 주제를 배우게 될 것입니다.

Llama 2[1]와 Falcon[2] 같은 인기 있는 대규모 언어 모델뿐만 아니라 스테이블 디퓨전[3]과 IDEFICS[4]를 포함한 멀티모달 생성 모델도 직접 다뤄볼 수 있습니다. 이러한 파운데이션 모

---

1 https://huggingface.co/meta-llama
2 https://huggingface.co/tiiuae/falcon-180B
3 https://huggingface.co/stabilityai/stable-diffusion-xl-base-1.0
4 https://huggingface.co/HuggingFaceM4/idefics-80b-instruct

델은 허깅 페이스 모델 허브[5], 아마존 세이지메이커 점프스타트[6], 생성형 AI를 위한 아마존 베드록 관리형 서비스[7]를 통해 접근할 수 있습니다.

또한 맥락 인식 검색 증강 생성(RAG)[8]과 에이전트 기반 추론 워크플로[9]를 구현하는 방법도 배우게 됩니다. 랭체인[10], ReAct[11], 프로그램 지원 언어 모델(PAL) 같은 애플리케이션 프레임워크와 라이브러리를 살펴봅니다. 이러한 프레임워크와 라이브러리를 활용하면 사용자 정의 데이터 소스 및 API에 접근하거나 웹 검색, 연계 데이터 시스템 같은 외부 데이터 소스와 통합할 수 있습니다.

마지막으로 텍스트, 이미지, 오디오, 비디오 같은 다양한 콘텐츠 형식에 걸친 멀티모달 생성형 AI 활용 예시와 관련해 이러한 생성 기술의 개념, 프레임워크, 라이브러리를 모두 살펴봅니다.

이 모든 개념이 지금 당장 이해되지 않더라도 걱정할 필요는 없습니다. 책을 읽어 나가면서 각 주제에 대해 더욱 상세히 알아갈 수 있을 것입니다. 이러한 지식과 실습으로 고객 만족도를 높이고, 경쟁력을 강화하며, 수익 증대에 기여하는 최신 생성형 AI 애플리케이션을 구축할 수 있습니다.

예제 코드

예제 코드는 다음 깃허브 저장소에서 확인할 수 있습니다.[12]

- **원서**: https://github.com/generative-ai-on-aws/generative-ai-on-aws

- **번역서**: https://github.com/wikibook/gai-aws

---

5 https://huggingface.co/models

6 https://docs.aws.amazon.com/sagemaker/latest/dg/studio-jumpstart.html

7 https://aws.amazon.com/ko/bedrock/

8 Patrick Lewis 외, "Retrieval-Augmented Generation for Knowledge-Intensive NLP Tasks", arXiv, 2021. (https://arxiv.org/pdf/2005.11401)

9 Jason Wei 외, "Chain-of-Thought Prompting Elicits Reasoning in Large Language Models", arXiv, 2022. (https://arxiv.org/pdf/2201.11903)

10 https://www.langchain.com/

11 Shunyu Yao 외, "ReAct: Synergizing Reasoning and Acting in Language Models", arXiv, 2023. (https://arxiv.org/pdf/2210.03629)

12 (옮긴이) 원서 깃허브 저장소의 2024년 5월 3일까지 커밋 중 책에서 다루는 예제 코드 위주로 번역서의 깃허브 저장소에 반영했습니다. 추가 예제 및 자료는 원서의 깃허브 저장소를 참고하기 바랍니다.

역자 서문

최근 몇 년간 생성형 AI 기술은 급속도로 발전했습니다. GPT-4o, Llama 3, Stable Diffusion 등 다양한 모델이 등장하며 자연어 생성, 이미지 생성, 대화형 AI 등 여러 분야에서 주목할 성과를 내고 있습니다. 이에 따라 기업들도 앞다투어 생성형 AI 기술을 자사 제품과 서비스에 접목하려고 시도하고 있습니다.

그러나 이 분야는 아직 완전히 정립되지 않았으며, 기술적으로나 윤리적으로 해결해야 할 과제가 많습니다. 생성형 AI 프로젝트를 진행하다 보면 모델 선택, 데이터 수집, 학습 과정, 평가 방법 등 수많은 의사결정 지점에서 어려움을 겪습니다. 게다가 기술 발전 속도가 너무 빨라 최신 동향을 따라잡기가 쉽지 않습니다

이러한 상황에서 《AWS로 구현하는 생성형 AI》는 이 분야를 공부하고 프로젝트를 진행하는 데 최고의 길잡이가 될 것입니다. AWS AI 전문가들이 풍부한 현장 경험을 바탕으로 생성형 AI의 개념부터 실전 구현까지 필요한 내용을 빠짐없이 정리했습니다. 덕분에 독자들은 최신 동향을 파악하고, 주요 기술과 기법을 이해하며, 생성형 AI 프로젝트 전반에 걸쳐 내려야 할 결정에 대한 예리한 통찰을 얻을 수 있을 것입니다.

원서의 탁월한 내용을 한국 독자에게 잘 전달하기 위해 역자들은 번역에 각별한 공을 들였습니다. 영어와 한국어의 언어적, 문화적 차이를 고려하면서도 원작자의 의도를 훼손하지 않도록 노력했습니다. 또한 현장 경험을 바탕으로 기술 용어와 코드 예제 등을 꼼꼼히 검토해 오역과 오류를 최소화했습니다. 깃허브 저장소의 소스 코드는 책에 언급된 부분을 중심으로 번역하고 테스트했으며, 최신 라이브러리와 모델 ID 변경 사항을 반영했습니다. 원서 깃허브 저장소에는 책에서 다루지 않은 추가 내용도 있으니 필요한 분은 참고하기를 바랍니다.

끝으로 이 책이 국내 IT 엔지니어, 연구자, 관리자 여러분이 생성형 AI 분야에 발을 내딛고 성공적인 프로젝트를 진행하는 데 든든한 길잡이가 되기를 바랍니다. 이 책을 통해 생성형 AI가 가진 무한한 가능성을 발견하고, 여러분만의 창의적 활용 사례를 만들어 가기를 기대합니다.

감사의 말

브렌트 라보프스키(Brent Rabowsky), 랜디 디포(Randy DeFauw), 션 오웬(Sean Owen), 아킬 벨(Akhil Behl), 시리샤 무팔라(Sireesha Muppala) 박사를 포함한 모든 리뷰어분께 감사드립니다. 여러분의 피드백이 이 책의 서술 방식을 개선하는 데 매우 중요한 역할을 했습니다. 또한 여러분의 조언과 통찰력 덕분에 코드 예시의 기술적 수준을 적절히 조정할 수 있었습니다.

지식을 다른 사람과 나누라고 항상 격려해 주신 어머니께 이 책을 바칩니다. 또한 제가 인생을 헤쳐 나가며 의문을 품고 답을 찾는 과정에서 늘 인내심을 갖고 저의 이야기를 들어주셨습니다.

크리스(Chris)

훌륭한 교육 환경을 마련해 주고 직장 생활 내내 저를 지원해 준 가족에게 감사드립니다. 특히 첫 노트북을 사주고 대학에서 필요한 물품을 준비할 수 있도록 도와준 오빠 카이(Kai)에게 감사합니다. 이것이 제가 컴퓨터 과학 분야에서 경력을 쌓는 첫걸음이 됐습니다.

안체(Antje)

저의 '삶의 이유'가 되어주고 늘 지지해 준 남편 스티브와 딸 에밀리에게 감사합니다. 특히 이 책을 집필하는 내내 늦은 밤과 긴 주말을 함께 보내줘서 고맙습니다. 또한 멀티모달 모델 입력으로 활용할 사진을 찍는 동안 인내심을 갖고 기다려준 반려견 몰리에게도 감사를 표합니다.

셸비(Shelbee)

목차

05

미세 조정 및 평가

08

모델 배포 최적화

10

멀티모달 파운데이션 모델

01

생성형 AI 활용 사례,
기본 사항 및 프로젝트 생명 주기

이 장에서는 몇 가지 생성형 AI 작업과 활용 사례를 살펴보고, 생성형 파운데이션 모델을 이해하며, 일반적인 생성형 AI 프로젝트 생명 주기를 살펴봅니다. 지능형 검색, 자동화된 고객 지원 챗봇, 대화 요약, 부적절한(not-safe-for-work; NSFW) 콘텐츠 조정, 개인화된 제품 동영상, 소스 코드 생성 같은 활용 사례와 작업을 소개하겠습니다.

또한 아마존 베드록[1], 아마존 세이지메이커[2], 아마존 코드위스퍼러[3], AWS 트레이니엄[4], AWS 인퍼런시아[5] 등 아마존 웹 서비스(Amazon Web Services; AWS)의 생성형 AI 서비스와 하드웨어 옵션 몇 가지를 알아보겠습니다. 이러한 AWS의 서비스와 하드웨어 옵션을 활용하면 생성형 AI 전 과정에서 맥락을 인식하고 멀티모달 추론을 수행하는 애플리케이션을 더 유연하게 구축할 수 있습니다.

생성형 AI의 몇 가지 일반적인 활용 사례와 작업을 살펴보겠습니다.

---

1 https://aws.amazon.com/ko/bedrock/
2 https://aws.amazon.com/ko/sagemaker/
3 https://aws.amazon.com/ko/codewhisperer/
4 https://aws.amazon.com/ko/machine-learning/trainium/
5 https://aws.amazon.com/ko/machine-learning/inferentia/

활용 사례 및 작업

딥러닝과 마찬가지로 생성형 AI도 다양한 산업과 고객층에서 범용 기술로 널리 활용됩니다. 멀티모달 생성형 AI 작업은 여러 유형이 있습니다. 이제 가장 일반적인 생성형 작업과 관련된 활용 사례를 소개하겠습니다.

텍스트 요약

주요 내용을 유지하면서 짧은 버전의 텍스트를 생성합니다. 예를 들어 뉴스 기사, 법률 문서, 재무 보고서 등을 더 적은 수의 단어나 단락으로 요약해 빠르게 이해할 수 있습니다. 고객 지원 대화도 요약해 고객과 지원 담당자 간 소통 내용을 간략하게 정리합니다.

재작성

텍스트를 다른 독자, 격식, 또는 어조에 맞춰 어휘를 변경하는 과정입니다. 예를 들어 법적 문서에서는 법률 용어를 줄이고 더 친근한 언어로 바꿔 비전문가도 이해할 수 있게 만듭니다.

정보 추출

문서에서 이름, 주소, 이벤트 또는 숫자 데이터나 숫자와 같은 정보를 추출합니다. 예를 들어 이메일을 SAP와 같은 전사적 자원 관리(enterprise resource planning; ERP) 시스템의 구매 주문서로 변환할 수 있습니다.

질문 답변(QA) 및 시각적 질의응답(VQA)

문서, 이미지, 비디오, 오디오 클립에 대해 직접 질문할 수 있습니다. 예를 들어 인사 및 복리 후생 문서에 대한 질문에 답변하는 내부 직원용 챗봇을 구축할 수 있습니다.

유독하거나 유해한 콘텐츠 감지

질문 답변 작업의 확장으로, 텍스트, 이미지, 비디오, 오디오 클립에 유해한 콘텐츠가 포함되어 있는지 생성 모델에 질문할 수 있습니다.

분류 및 콘텐츠 중재

문서, 이미지, 비디오, 오디오 클립 같은 콘텐츠를 분류합니다. 예를 들어 스팸 이메일을 걸러내거나, 부적절한 이미지를 필터링하거나, 접수된 텍스트 기반 고객 지원 요청에 태그를 부여합니다.

대화형 인터페이스

채팅 형식 인터페이스를 통해 작업을 수행하는 멀티 턴(multiturn) 대화를 처리합니다. 셀프서비스 고객 지원이나 정신 건강 상담을 위한 챗봇을 예로 들 수 있습니다.

번역

언어 번역은 생성형 AI의 초기 활용 사례 중 하나입니다. 예를 들어 이 책의 출판사가 독일어 번역본을 출시해 책의 영향력을 확대하고자 할 수 있습니다. 또는 이미 사용 중인 자바 기반 엔터프라이즈 애플리케이션에서 작동하도록 파이썬 기반 예제를 자바로 변환하고 싶을 수도 있습니다.

소스 코드 생성

자연어로 쓴 코드 주석이나 그림 1.1과 같이 손으로 그린 스케치로도 소스 코드를 생성할 수 있습니다. 이 예시에서 생성형 AI는 레스토랑 냅킨 뒷면에 대충 그려진 UI 스케치를 바탕으로 HTML과 자바스크립트로 된 웹사이트를 생성합니다.

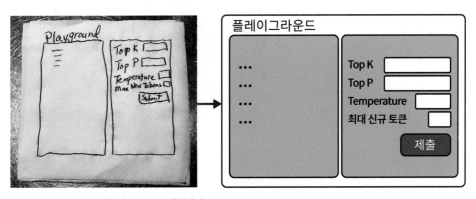

그림 1.1 손으로 그린 스케치에서 UI 코드 생성하기

추론

문제를 분석해 잠재적인 새로운 해결책, 절충안 또는 숨겨진 세부 사항을 찾습니다. 예를 들어 CFO가 투자자에게 음성 기반의 분기별 재무 보고서와 자세한 서면 보고서를 제공하는 상황을 가정해 보겠습니다. 이 서로 다른 형식의 보고서를 함께 분석함으로써 음성이나 텍스트에서 직접 언급되지 않은 회사의 건전성에 대한 결론을 도출할 수 있습니다.

개인 식별 정보(personally identifiable information; PII) 마스킹

생성 모델을 활용해 텍스트 데이터 세트에서 개인 식별 정보를 마스킹할 수 있습니다. 이 방법은 민감한 데이터를 처리하고 작업 흐름에서 PII를 제거하려는 다양한 활용 사례에 유용합니다.

개인 맞춤형 마케팅 및 광고

사용자 프로필 특성을 기반으로 개인화된 제품 설명, 동영상, 광고를 생성할 수 있습니다. 로그인한 사용자의 연령이나 가족 상황에 따라 제품별로 개인화된 설명을 생성하려는 전자상거래 웹사이트를 예시로 들어 보겠습니다. 그림 1.2와 같이 성인, 자녀가 있는 가족, 어린이를 포함한 개인화된 제품 이미지를 생성해 로그인한 사용자의 특성에 맞게 더 잘 어필할 수 있습니다.

대상: 성인 — 이 비누는 피부에 수분을 공급해 줍니다!

대상: 자녀가 있는 가족 — 이 비누는 아이의 눈을 따갑게 하지 않아요!

대상: 어린이 — 이 비누로 파란 혀도 깨끗하게 닦을 수 있어요!

그림 1.2 개인화된 마케팅

이 경우 서비스의 각 사용자는 같은 제품에 대해 고유하고 높은 수준으로 개인화된 이미지와 설명을 볼 수 있습니다. 이는 결국 제품 클릭 수와 판매량 증가로 이어질 수 있습니다.

이러한 생성 활용 사례와 작업에서 모델은 인간의 언어 이해 수준에 가까운 콘텐츠를 만들어냅니다. 이는 정말 놀라운 일이며 3장에서 배울 트랜스포머라는 신경망 아키텍처를 통해 가능합니다.

다음 섹션에서는 모델 허브를 통해 파운데이션 모델에 접근하는 방법을 배웁니다.

파운데이션 모델 및 모델 허브

파운데이션 모델은 수십억 개의 매개변수(가중치)로 구성된 매우 크고 복잡한 신경망 모델입니다. 모델 매개변수는 주로 사전 학습 단계에서 학습합니다. 파운데이션 모델을 학습시킬 때는 방대한 학습 데이터를 사용하며, 일반적으로 수주에서 수개월에 걸쳐 대규모 분산 CPU 및 그래픽 처리 장치(graphics processing units; GPU) 클러스터에서 학습이 이루어집니다. 이 파운데이션 모델은 수십억 개의 매개변수를 학습함으로써 인간의 언어, 이미지, 비디오, 오디오 클립 같은 복잡한 개체를 표현할 수 있게 됩니다.

대부분의 경우 허깅 페이스 모델 허브[6], 파이토치 허브[7] 또는 아마존 세이지메이커 점프스타트[8] 같은 모델 허브의 기존 파운데이션 모델을 사용해 생성형 AI 프로젝트를 시작합니다. 이러한 모델 허브에는 활용 사례와 함께 자세한 모델 설명이 포함돼 있습니다.

이 책에서는 허깅 페이스 모델 허브와 세이지메이커 점프스타트를 통해 메타(페이스북)의 Llama 2[9], 기술혁신연구소(Technology Innovation Institute; TII)의 Falcon[10], 구글의 FLAN-T5[11] 같은 파운데이션 모델을 사용할 것입니다. 3장에서는 모델 허브와 파운데이션 모델에 대해 자세히 다룹니다.

이제 이 책의 구성을 기반으로 한 일반적인 생성형 AI 프로젝트의 생명 주기를 살펴보겠습니다.

---

6 https://huggingface.co/models

7 https://pytorch.org/hub/

8 https://docs.aws.amazon.com/ko_kr/sagemaker/latest/dg/studio-jumpstart.html

9 https://huggingface.co/meta-llama/Llama-2-70b

10 https://huggingface.co/tiiuae/falcon-40b

11 https://huggingface.co/google/flan-t5-xxl

생성형 AI 프로젝트의 생명 주기

생성형 AI 프로젝트의 명확한 프로젝트 생명 주기는 없지만, 그림 1.3에 표시된 프레임워크는 생성형 AI 애플리케이션 개발 과정에서 가장 중요한 부분을 안내합니다. 이 책을 통해 직관력을 키우고, 잠재적인 어려움을 피하는 법을 배우며, 개발 단계별로 의사 결정 능력을 향상할 수 있습니다.

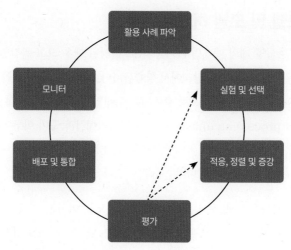

그림 1.3 생성형 AI 프로젝트의 생명 주기 프레임워크

그림 1.3에 표시된 생명 주기의 각 구성 요소를 자세히 살펴보겠습니다.

활용 사례 파악

다른 프로젝트와 마찬가지로 생성형 AI 애플리케이션에 적용할 구체적인 활용 사례와 작업을 먼저 정의해야 합니다. 명확하게 정의된 단일 생성형 활용 사례부터 시작하는 것이 좋습니다. 이 접근 방식은 환경에 익숙해지는 데 도움이 될 뿐만 아니라, 동시에 여러 작업에 대해 모델을 최적화하지 않고도 모델의 성능과 한계를 파악할 수 있게 합니다. 이 모델은 여러 작업을 수행할 수 있지만, 초기 단계에서는 여러 작업에 대해 모델을 평가하고 최적화하는 것이 더 어려울 수 있습니다.

실험 및 선택

생성형 AI 모델은 다양한 작업을 성공적으로 수행할 수 있습니다. 하지만 기존 파운데이션 모델이 애플리케이션의 요구 사항에 맞는지 판단해야 합니다. 2장에서는 **프롬프트 엔지니어링**과 **콘텍스트 내 학습(in-context learning)** 기법을 사용해 이러한 파운데이션 모델을 바로 활용하는 방법을 배웁니다.

대부분의 경우 기존 파운데이션 모델에서 시작합니다(3장 참조). 이 접근 방식은 수조 개의 단어, 이미지, 비디오, 오디오 클립이 필요한 자원 집약적인 사전 학습 단계를 건너뛰어 출시 기간을 크게 단축할 수 있습니다. 이러한 규모의 작업을 수행하려면 상당한 시간과 인내심, 그리고 연산 처리 능력이 필요합니다. 처음부터 사전 학습을 시도하려면 수백만 시간의 GPU 연산이 필요할 수 있습니다.

작업할 파운데이션 모델의 크기도 고려해야 합니다. 모델 크기가 학습과 서빙을 위한 하드웨어와 비용에 영향을 미치기 때문입니다. 큰 모델은 일반적으로 더 많은 작업에 잘 적용되는 경향이 있지만, 항상 그런 것은 아니며 학습과 튜닝에 사용한 데이터 세트에 따라 성능이 달라질 수 있습니다.

생성 활용 사례와 작업에 맞는 다양한 모델을 시도해 보는 것이 좋습니다. 비교적 작은 규모(예: 70억 개 매개변수)의 기존에 검증된 파운데이션 모델로 시작하는 것이 좋습니다. 이 방법은 적은 하드웨어만으로도(1,750억 개 이상 매개변수를 가진 대형 모델에 비해) 빠르게 반복하면서 생성형 AI 모델과 상호 작용하는 새로운 방법을 배울 수 있게 해줍니다.

개발은 일반적으로 아마존 세이지메이커 점프스타트 또는 아마존 베드록의 플레이그라운드 환경에서 시작합니다. 이를 통해 2장에서 살펴볼 것처럼 다양한 프롬프트와 모델을 빠르게 시도해 볼 수 있습니다. 다음으로 비주얼 스튜디오 코드(Visual Studio Code; VS Code)나 아마존 세이지메이커 스튜디오 노트북과 같은 통합 개발 환경(integrated development environment; IDE)에서 주피터 노트북이나 파이썬 스크립트를 사용해 생성 모델을 실험하기 위한 사용자 지정 데이터 세트를 준비할 수 있습니다. 더 큰 규모의 분산 클러스터로 확장할 준비가 되면, NVIDIA GPU[12]나 AWS 트레이니엄 같은 가속기를 사용해 더 큰 컴퓨팅 클러스터로 확장하기 위해 세이지메이커 분산 학습 작업으로 마이그레이션할 수 있습니다. 이 과정은 4장에서 자세히 다룹니다.

---

12 https://developer.nvidia.com/deep-learning

처음에는 가속기를 사용하지 않을 수도 있지만, 장기적으로 더 복잡한 모델을 개발하고 배포하기 위해서는 가속기 사용이 필요할 것입니다. 엔비디아 GPU나 AWS 트레이니엄 칩 같은 가속기로 개발할 때 나타나는 독특하고 복잡한 점을 빨리 배우는 것이 좋습니다. 다행히도 하드웨어 공급업체는 엔비디아 CUDA 라이브러리와 AWS Neuron SDK를 통해 복잡성을 상당 부분 추상화했습니다.

적응, 정렬 및 증강

특정 도메인과 활용 사례, 작업에 맞게 생성 모델을 적응시키는 것이 중요합니다. 5장, 6장, 7장, 11장에서는 비즈니스 목표를 달성하기 위해 사용자 정의 데이터 세트를 사용해 멀티모달 생성형 AI 모델을 미세 조정하는 방법을 다룹니다.

또한 이러한 생성 모델이 점점 더 사람처럼 행동하면서 인간의 가치관과 선호도에 부합하고, 전반적으로 바람직한 방식으로 작동하도록 정렬하는 것이 중요합니다. 7장과 11장에서는 멀티모달 생성 모델을 보다 유용하고, 정직하며, 무해하게(helpful, honest, and harmless; HHH) 정렬하기 위한 인간 피드백을 통한 강화 학습(reinforcement learning from human feedback; RLHF)이라는 기법을 살펴봅니다. RLHF는 훨씬 더 광범위한 책임감 있는 AI 분야의 핵심 구성 요소입니다.

생성 모델은 방대한 양의 정보와 지식을 담고 있지만, 최신 뉴스나 비즈니스 전용 데이터로 증강해야 할 수 있습니다. 9장에서는 외부 데이터 소스 또는 API로 생성 모델을 증강하는 방법을 살펴봅니다.

평가

생성형 AI 애플리케이션을 제대로 구현하려면 대규모 반복 작업이 필요합니다. 따라서 미세 조정의 효과를 측정할 명확한 평가 지표와 벤치마크를 수립해야 합니다. 5장에서 모델 평가를 배우게 됩니다. 전통적인 머신러닝만큼 간단하지는 않지만, 모델 평가는 적응 및 조정 단계에서 모델의 개선 사항, 특히 모델이 비즈니스 목표와 사람의 선호도에 얼마나 잘 부합하는지 측정하는 데 도움이 됩니다.

배포 및 통합

잘 조정되고 정렬된 생성 모델이 완성되면, 이제 모델을 배포해 추론을 수행하고 애플리케이션에 통합할 차례입니다. 8장에서는 추론을 위해 모델을 최적화해 컴퓨팅 자원을 더 잘 활용하고, 추론 지연 시간을 줄이며, 사용자의 만족도를 높이는 방법을 살펴봅니다.

생성형 추론에 최적화된 AWS 인퍼런시아 계열 컴퓨팅 인스턴스에 아마존 세이지메이커 엔드포인트를 사용해 모델을 배포하는 방법도 살펴봅니다. 세이지메이커 엔드포인트는 매우 확장성이 높고 내결함성이 있으며 사용자 정의가 가능하기 때문에 생성 모델 서비스에 적합한 선택지입니다. 8장에서 배울 A/B 테스팅, 섀도 배포, 오토스케일링과 같은 유연한 배포와 확장 옵션을 지원합니다.

모니터링

다른 운영 시스템과 마찬가지로 생성형 AI 애플리케이션의 모든 구성 요소에 대해 적절한 지표 수집 및 모니터링 시스템을 구축해야 합니다. 8장과 12장에서는 아마존 클라우드워치와 클라우드트레일을 활용해 AWS에서 실행되는 생성형 AI 애플리케이션을 모니터링하는 방법을 배웁니다. 이러한 서비스는 높은 수준의 사용자 정의가 가능하고, AWS 콘솔 또는 AWS 소프트웨어 개발 키트(SDK)를 통해 접근할 수 있습니다. 또한 12장에서 살펴볼 생성형 AI를 위한 관리형 서비스인 아마존 베드록을 비롯한 모든 AWS 서비스와 통합되어 있습니다.

AWS에서의 생성형 AI

이 섹션에서는 그림 1.4와 같이 생성형 AI 서비스에 특화된 AWS 서비스와 기능 스택을 간략히 설명하고 AWS로 생성형 AI를 구현할 때의 몇 가지 이점을 논의합니다.

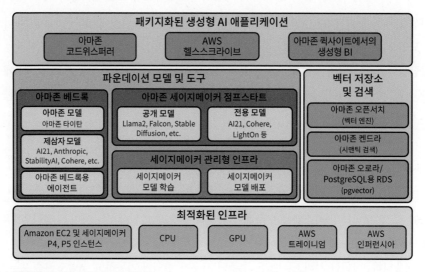

그림 1.4 생성형 AI를 위한 AWS 서비스 및 기능

모델 공급자는 파운데이션 모델을 구축하거나 사전 학습하기 위해 강력하면서도 비용 효율적인 컴퓨팅 및 스토리지 자원에 접근할 필요가 있습니다. 이를 위해 AWS에는 파운데이션 모델을 구축하기 위한 다양한 프레임워크와 인프라가 마련되어 있습니다. 여기에는 아마존 EC2[13]와 같은 자체 관리형 옵션뿐만 아니라 모델 학습 및 배포를 위한 아마존 세이지메이커[14] 같은 관리형 옵션을 통해 생성형 AI에 최적화된 컴퓨팅 인스턴스를 포함합니다. 또한 AWS에서는 학습에 최적화된 AWS 트레이니엄[15]과 생성 모델 배포에 최적화된 AWS 인퍼런시아[16] 같은 자체 가속기도 사용할 수 있습니다.

---

13 https://aws.amazon.com/ko/ec2/

14 https://aws.amazon.com/ko/pm/sagemaker/

15 https://aws.amazon.com/ko/machine-learning/trainium/

16 https://aws.amazon.com/ko/machine-learning/inferentia/

AWS 트레이니엄은 고성능, 저비용 학습 작업에 특화된 가속기입니다. 마찬가지로 AWS 인퍼런 시아는 높은 처리량과 낮은 비용으로 추론을 수행하도록 특화된 가속기입니다. 생성형 AI를 위한 AWS 인프라 옵션은 모델 공급자뿐만 아니라 모델 튜너도 사용합니다.

모델 튜너는 파운데이션 모델을 특정 도메인, 활용 사례, 작업에 맞게 조정하거나 정렬하는 사람을 말합니다. 이 작업을 위해서는 저장소와 컴퓨팅 자원뿐만 아니라 파운데이션 모델에 쉽게 접근할 수 있게 해주고 기본 인프라 관리 부담을 줄여주는 도구도 필요합니다. AWS에서 사용할 수 있는 다양한 최적화된 인프라 외에도, 튜너는 널리 사용되는 파운데이션 모델과 아마존 베드록 및 아마존 세이지메이커 점프스타트에 내장된 기능을 포함하여 파운데이션 모델을 조정하거나 정렬할 수 있는 도구에 접근할 수 있습니다.

아마존 베드록[17]은 아마존 모델(예: Titan)과 인기 있는 제삼자 제공업체의 모델(예: AI21 Labs, Anthropic, Cohere, Stability AI)에 접근할 수 있는 완전 관리형 서비스입니다. 이를 통해 다양한 파운데이션 모델을 빠르게 실험해 볼 수 있습니다. 또한 베드록을 사용하면 자체 데이터로 파운데이션 모델을 비공개로 커스터마이징하고 해당 모델을 생성형 AI 애플리케이션에 통합 및 배포할 수 있습니다. 베드록용 에이전트는 완전 관리형이며, 전용 외부 데이터 소스를 통합하고 작업을 완료할 수 있는 기능을 제공함으로써 추가적인 커스터마이징이 가능합니다.

아마존 세이지메이커 점프스타트[18]는 모델 허브를 통해 공개 및 전용 파운데이션 모델에 접근하며, 이 허브는 아마존 세이지메이커 모델 배포 실시간 엔드포인트에 파운데이션 모델을 쉽게 배포할 수 있는 기능을 포함하고 있습니다. 또한 세이지메이커 점프스타트는 세이지메이커 모델 학습을 활용해 사용 가능한 모델을 미세 조정하는 기능을 지원합니다. 세이지메이커 점프스타트는 모델 허브에서 사용할 수 있는 모델을 배포하고 미세 조정을 위한 코드가 포함된 노트북을 자동으로 생성합니다.

아마존 세이지메이커는 세이지메이커 점프스타트에서 모델을 사용할 수 있는지와 관계없이 아마존 세이지메이커 스튜디오 노트북[19]의 관리형 환경을 통해 사용할 수 있는 모든 파운데이션 모델로 작업할 수 있는 추가적인 확장성을 지원합니다. 이를 통해 사용자는 접근할 수 있는 모든 모델을 다룰 수 있으며 아마존 세이지메이커에서 작업 가능한 모델에 제한받지 않습니다.

---

17 https://aws.amazon.com/ko/bedrock/

18 https://aws.amazon.com/ko/sagemaker/jumpstart/

19 https://aws.amazon.com/ko/sagemaker/notebooks/

모델을 특정 활용 사례, 작업 또는 도메인에 맞게 조정하는 과정에서 종종 추가 데이터로 모델을 증강해야 할 수도 있습니다. AWS는 벡터 임베딩을 저장하는 벡터 저장소를 다양한 방식으로 활용할 수 있는 옵션을 제공합니다. 벡터 저장소와 임베딩은 검색 증강 생성(RAG)에 사용되어 외부 데이터 소스에서 관련 정보를 효율적으로 검색하고 생성 모델에 사용되는 데이터를 증강합니다.

이를 위해 아마존 오픈서치 서버리스 벡터 엔진[20]과 아마존 오픈서치 서비스[21]와 함께 사용할 수 있는 k-NN 플러그인[22]을 옵션으로 선택할 수 있습니다. 이 외에도 아마존 오로라 PostgreSQL[23]과 PostgreSQL용 아마존 RDS[24]는 내장된 pgvector[25] 기능을 통해 벡터 저장소 기능을 제공합니다.

도메인 특화 데이터에 대한 완전 관리형 시맨틱 검색 환경이 필요하다면, 임베딩 생성과 관리 기능을 제공하는 아마존 켄드라[26]를 사용할 수 있습니다.

엔드투엔드 생성형 AI 애플리케이션을 통해 생성 모델에 접근하려는 경우, AWS에서는 다양한 옵션을 선택할 수 있습니다. AWS에서는 사용할 수 있는 폭넓고 심도 있는 서비스를 활용해 맞춤형 생성형 AI 애플리케이션을 구축할 수 있으며 패키지화된 완전 관리형 서비스의 이점을 누릴 수도 있습니다.

예를 들어 아마존 코드위스퍼러[27]는 여러 프로그래밍 언어를 지원하며, 코드 생성, 취약점 사전 검색, 코드 수정 제안, 그리고 코드 출처 자동 명시와 같은 다양한 생성형 코딩 기능을 통해 생산성을 향상합니다.

AWS 헬스스크라이브[28]는 의료 산업을 대상으로 한 또 다른 패키지형 생성형 AI 서비스로, 환자와 의료진 간의 대화를 기반으로 임상 기록을 자동으로 생성할 수 있습니다.

---

20 https://aws.amazon.com/ko/opensearch-service/serverless-vector-engine/

21 https://aws.amazon.com/ko/opensearch-service/

22 https://opensearch.org/platform/search/vector-database.html

23 https://aws.amazon.com/ko/about-aws/whats-new/2023/07/amazon-aurora-postgresql-pgvector-vector-storage-similarity-search/

24 https://aws.amazon.com/ko/about-aws/whats-new/2023/05/amazon-rds-postgresql-pgvector-ml-model-integration/

25 https://github.com/pgvector/pgvector

26 https://aws.amazon.com/ko/pm/kendra/

27 https://aws.amazon.com/ko/codewhisperer/

28 https://aws.amazon.com/ko/healthscribe/

마지막으로 아마존 퀵사이트 Q[29]는 사용자가 자연어로 데이터에 대해 질문하고 답변을 받을 수 있는 내장형 생성 기능과 함께 사용자가 데이터에 대한 더 많은 통찰을 얻을 수 있게 시각화 결과를 생성해 주는 기능을 포함하고 있습니다.

이 책은 주로 6페이지의 '생성형 AI 프로젝트의 생명 주기' 섹션에서 다루는 페르소나[30]와 작업, 그리고 생성형 AI 애플리케이션 구축에 중점을 둡니다. 아마존 세이지메이커 점프스타트와 아마존 베드록같이 이 섹션에서 강조된 많은 서비스가 생성형 AI 프로젝트 생명 주기의 특정 영역을 깊이 있게 다루면서 책 전반에 걸쳐 참조될 것입니다.

생성형 AI를 위한 몇 가지 핵심 AWS 서비스를 소개했으니 이제 AWS를 사용해서 생성형 AI 애플리케이션을 구축할 때 얻을 수 있는 이점을 살펴보겠습니다.

AWS에서 생성형 AI를 사용하는 이유

AWS를 생성형 AI 작업에 활용하면 다음과 같은 이점이 있습니다. 먼저 유연성과 선택의 폭이 크게 증대됩니다. 또한 엔터프라이즈급 보안 및 거버넌스 기능, 최신 생성형 AI 기능을 제공합니다. 완전 관리형 서비스로 운영 부담이 낮고, 바로 사용할 수 있는 솔루션과 서비스로 신속하게 시작할 수 있습니다. 마지막으로 AWS는 오랜 기간 지속적인 혁신을 이어왔습니다. 이제 몇 가지 구체적인 사례를 통해 각 항목을 좀 더 자세히 살펴보겠습니다.

유연성과 선택의 폭 증대

AWS는 각 활용 사례의 요구사항을 충족하는 다양한 서비스와 기능을 활용할 수 있을 뿐만 아니라, 생성 모델 선택의 폭도 넓습니다. 이를 통해 활용 사례에 가장 적합한 모델을 선택하고 새로운 기능을 활용하기 위해 모델을 지속적으로 바꾸고 평가할 수 있습니다.

엔터프라이즈급 보안 및 거버넌스 기능

AWS 서비스는 규제가 가장 엄격한 산업에서 요구되는 중요한 보안 및 거버넌스 기능을 갖추고 있으며, 이를 기반으로 구축됩니다. 예를 들어 세이지메이커 모델 학습, 세이지메이커

---

29 https://aws.amazon.com/ko/quicksight/q/
30 (옮긴이) 생성형 AI 프로젝트에 관여하는 다양한 역할 또는 직군을 의미합니다.

모델 배포, 그리고 아마존 베드록은 데이터 보호, 네트워크 격리, 접근 제어 및 권한 부여, 위협 탐지 등의 핵심 기능을 지원합니다.

최신 생성형 AI 기능

AWS에서는 아마존 베드록의 아마존 모델과 제삼자 제공업체의 모델, 아마존 세이지메이커 점프스타트를 통해 제공되는 오픈소스 및 전용 모델 등 다양한 생성형 AI 모델 중에서 선택할 수 있습니다. 또한 AWS는 대규모로 생성 모델을 학습하고 배포하기 위해 AWS 트레이니엄 및 AWS 인퍼런시아와 같은 인프라에도 투자해 왔습니다.

낮은 운영 부담

앞서 설명한 바와 같이 생성형 AI를 위한 많은 AWS 서비스와 기능은 관리형 인프라, 서버리스 제품 또는 패키지 솔루션의 형태로 사용할 수 있습니다. 이를 통해 인프라 관리 대신 생성형 AI 모델과 애플리케이션에 집중할 수 있으며, 바로 사용할 수 있는 솔루션과 서비스로 신속하게 시작할 수 있습니다.

지속적인 혁신의 강력한 역사

AWS는 클라우드 인프라뿐만 아니라 AI 분야에서도 오랜 경험을 바탕으로 지속적이고 빠른 혁신을 이뤄왔습니다.

생성형 AI를 위한 AWS 서비스 및 기능 스택은 모델 제공자, 튜너, 소비자 등 모든 활용 사례를 지원할 수 있는 폭과 깊이, 확장성을 갖추고 있습니다. AWS의 생성형 AI 기능 외에도 더 광범위한 AWS 서비스 세트가 맞춤형 생성형 AI 애플리케이션 구축을 지원하는데, 이는 다음 섹션에서 다룰 예정입니다.

AWS에서 생성형 AI 애플리케이션 구축하기

생성형 AI 애플리케이션에는 생성 모델 외에도 다양한 요소가 포함됩니다. 그림 1.5에서 볼 수 있듯이 최종 사용자든 그 밖의 시스템이든 해당 애플리케이션의 소비자에게 제공되는 신뢰할 수 있고 확장할 수 있으며 안전한 애플리케이션을 구축하려면 여러 구성 요소가 필요합니다.

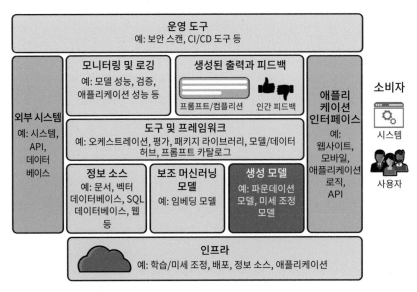

그림 1.5 생성형 AI 애플리케이션에는 파운데이션 모델 외에도 다양한 요소가 포함됩니다.

아마존 코드위스퍼러와 같이 패키지로 제공되는 생성형 AI 서비스를 사용할 때는 이러한 모든 요소가 완전히 추상화되어 최종 사용자에게 제공됩니다. 하지만 맞춤 생성형 AI 애플리케이션을 구축하려면 일반적으로 다양한 서비스가 필요합니다. AWS는 생성형 AI 애플리케이션을 처음부터 끝까지 구축하는 데 필요한 다양한 서비스를 제공합니다. 그림 1.6은 더 광범위한 생성형 AI 애플리케이션의 일부로 사용될 수 있는 AWS 서비스의 예시를 보여줍니다.

그림 1.6 고객의 생성형 AI 애플리케이션 구축을 위한 AWS의 다양한 서비스

요약

이 장에서는 몇 가지 일반적인 생성형 AI 활용 사례를 살펴보고 생성형 AI의 기본 사항을 배웠습니다. 또한 활용 사례 정의, 프롬프트 엔지니어링(2장), 파운데이션 모델 선택(3장), 미세 조정(5장, 6장), 인간의 가치관에 부합(7장), 모델 배포(8장), 외부 데이터 소스 및 에이전트와 통합(9장) 등 다양한 단계를 포함하는 일반적인 생성형 AI 프로젝트의 생명 주기 예시도 살펴봤습니다.

생성형 AI 프로젝트 생명 주기에서 미세 조정 및 인간 가치 정렬과 같이 컴퓨팅 자원을 많이 필요로 하는 부분은 양자화와 분산 컴퓨팅 알고리즘을 이해하면 도움이 됩니다(4장). 이러한 최적화와 알고리즘은 생성형 AI 모델을 개발할 때 중요한 반복 개발 주기의 속도를 높일 것입니다.

2장에서는 프롬프트 엔지니어링 팁과 모범 사례를 알아봅니다. 이는 아마존 세이지메이커 점프스타트 모델 허브(3장)나 아마존 베드록 관리형 생성형 AI 서비스(12장)에서 언어 전용 파운데이션 모델(3장)과 멀티모달 파운데이션 모델(10장, 11장)을 사용할 때 프롬프트 개발에 유용합니다.

02

프롬프트 엔지니어링과 콘텍스트 내 학습

이 장에서는 생성형 AI 모델과 상호작용하는 로우코드(low-code) 방식, 특히 프롬프트 엔지니어링과 콘텍스트 내 학습에 대해 알아봅니다. 여러분은 프롬프트를 작성하는 것이 모델이 더나은, 더 적용 가능한 응답을 생성하는 데 도움이 되는 예술이자 과학임을 알게 될 것입니다. 또한 생성 모델을 최대한 활용하기 위해 프롬프트와 프롬프트 템플릿을 정의할 때의 몇 가지 모범사례도 알 수 있습니다.

더불어 프롬프트 입력과 함께 '콘텍스트'[1]에 여러 프롬프트-컴플리션(completion) 쌍(예: 질문-답변 쌍)을 전달하는 콘텍스트 내 학습(in-context learning) 사용법도 배웁니다. 이러한콘텍스트 내 학습을 통해 모델이 콘텍스트의 프롬프트-컴플리션 쌍과 유사하게 응답하도록 유도합니다. 이는 한 번의 요청으로 모델의 동작을 일시적으로 변경하므로 생성 모델에서 가장 주목할 만한 기능입니다.

마지막으로 콘텐츠 제작 시 생성 모델의 창의성을 제어하는 **temperature**와 **top-k**와 같은 일반적인 생성 매개변수 몇 가지를 학습합니다.

---

1 (옮긴이) context에 대한 번역을 이와 같은 기술적 문장에서는 '콘텍스트', 일반적인 문장에서는 '맥락'으로 표현했습니다.

언어 기반 생성 모델은 프롬프트를 입력으로 받아 컴플리션을 생성합니다. 곧 보겠지만, 이러한 프롬프트와 컴플리션은 텍스트 기반 토큰으로 구성됩니다.

프롬프트와 컴플리션

생성형 AI 작업은 여러 콘텐츠 양식을 다룰 수 있지만, 주로 텍스트 기반 입력을 사용합니다. 이 입력을 프롬프트라고 하며 주어진 작업을 수행하는 데 필요한 인스트럭션, 콘텍스트, 제약 조건을 포함합니다.

프롬프트 인스트럭션의 예로는 "다음 텍스트를 요약하세요" 또는 "2016년 야구 월드 시리즈에서 누가 우승했나요?"와 같은 것을 들 수 있습니다. 그러면 모델은 작업 결과를 반환하는 '컴플리션'으로 응답합니다. 이 컴플리션은 주로 텍스트 기반이지만, 텍스트, 이미지, 비디오, 오디오 등 모델이 출력하기 위해 학습한 어떤 콘텐츠 유형이든 될 수 있습니다. 이 장 뒷부분의 텍스트 기반 프롬프트와 11장의 멀티모달 프롬프트에 대한 내용에서 원하는 컴플리션을 얻기 위해 프롬프트를 최적화하는 방법을 배웁니다.

토큰

텍스트 기반 프롬프트와 컴플리션은 사람이 자연어 문장으로 구현하고 해석하지만, 생성 모델은 이를 **토큰** 또는 단어 조각 순서로 변환합니다. 모델은 이러한 토큰을 다양한 방식으로 결합해 비교적 적은 수의 토큰(보통 모델 어휘집은 30,000~100,000개 정도 토큰)으로 기하급수적으로 많은 단어를 표현할 수 있습니다.

경험적으로 단어당 토큰 수를 1.3개로 계산하는 것이 일반적이지만, 이 배수는 달라질 수 있습니다. 토큰 기반 요금제를 사용하는 서비스 비용을 추정할 때는 1.3배를 사용합니다. 이러한 서비스는 주로 토큰 백만 개당 요금을 부과합니다.

이 적은 어휘로 언어 모델은 사전 학습 단계에서 인간 언어를 학습하고 이해할 수 있습니다. 사전 학습 중에 모델은 수백만 개 문서를 학습 데이터 세트의 일부로 간주합니다. 모델 관점에서 보면, 문서는 모델 어휘의 토큰 순서일 뿐입니다. 3장에서 모델의 사전 학습 단계를 자세히 다루겠습니다.

머신러닝과 AI 모델, 특히 생성형 AI 모델은 확률 모델링, 손실 함수, 행렬 곱셈 같은 계산을 위해 통계와 선형 대수를 활용합니다. 이 계산은 모든 딥러닝 작업을 지원하며, 원시 텍스트, 이미지, 비디오가 아닌 숫자로 처리하는 것이 일반적입니다.

프롬프트 엔지니어링

프롬프트 엔지니어링은 생성 모델을 더 잘 이해하고 작업과 활용 분야에 적용하는 데 초점을 맞춘 새롭고 흥미로운 기술입니다. 효과적인 프롬프트 엔지니어링은 생성형 AI 모델과 애플리케이션을 최대한 활용하는 데 도움이 됩니다.

생성 모델에 보내는 입력을 일반적으로 **프롬프트**라고 합니다. 프롬프트에는 대규모 언어 모델의 경우 텍스트, 멀티모달 모델의 경우 이미지나 비디오 같은 다른 양식이 포함될 수 있습니다. 이 프롬프트는 추론 시점에 모델에 전달되어 '컴플리션'을 생성합니다.

다음은 간단한 질문—답변 프롬프트와 컴플리션의 예시입니다.

프롬프트:

> 2016년 야구 월드 시리즈 우승자는 누구인가요?

컴플리션:

> 시카고 컵스가 2016년 야구 월드 시리즈에서 클리블랜드 인디언스를 7전 전승으로 물리치고 우승을 차지했습니다. 이는 컵스의 108년 만의 첫 월드 시리즈 우승으로 메이저리그 역사상 가장 길었던 우승 가뭄에 마침표를 찍었습니다.

이러한 생성 모델 중 일부는 상당히 말이 많기 때문에 적절하고 정확한 응답을 얻으려면 프롬프트를 여러 번 실험해봐야 합니다. 프롬프트 엔지니어링은 다양한 모델 유형과 언어적 뉘앙스에 맞춰 많은 반복이 필요한 학습된 기술입니다. 이러한 뉘앙스는 종종 모델이 어떻게 학습했는지에 따라 달라집니다.

대부분의 최신 사용자 대화형 채팅 모델은 사람이 레이블링한 데이터를 활용해 미세 조정되었으며, 이는 종종 강화 학습을 통해 이루어집니다. 이에 대해서는 7장에서 자세히 다루겠습니다. 채팅 모델은 사용자 입력(예: **사용자:**)과 모델 응답(예: **어시스턴트:**)을 구분하기 위해 프롬프트와 컴플리션에 추가 마크업을 포함하기도 합니다. 프롬프트 용어에서 **사용자:**를 입력 표시자, **어시스턴트:**는 출력 표시자로 부르는 경우가 많습니다.

다음은 AI 어시스턴트로 동작하도록 학습되고, 입출력 표시자를 사용하는 모델을 활용한, 동일한 예시의 질문-답변 프롬프트와 컴플리션입니다.

프롬프트:

사용자: 2016년 야구 월드 시리즈에서 누가 우승했나요?

컴플리션:

어시스턴트: 시카고 컵스가 2016년 야구 월드 시리즈에서 클리블랜드 인디언스를 7전 전승으로 물리치고 우승을 차지했습니다. 이는 컵스의 108년 만의 첫 월드 시리즈 우승으로 메이저리그 역사상 가장 길었던 우승 가뭄에 마침표를 찍었습니다.

프롬프트 구조는 모델에 따라 매우 다양합니다. 다른 입력과 출력 표시자를 사용하면 '비정상적인 분포'와 바람직하지 않은 결과를 초래할 수 있습니다. 따라서 새로운 생성형 AI 모델로 실험을 시작할 때는 항상 프롬프트 구조를 확인해야 합니다. 보통 모델 카드와 같은 모델 설명서에서 이 정보를 찾을 수 있습니다.

시중에 나와 있는 생성형 AI 모델을 최대한 활용하기 위해 일반적인 프롬프트 구조와 기법을 살펴보겠습니다.

프롬프트 구조

이전 예시에서 사용한 프롬프트 구조는 간단한 채팅 어시스턴트 구조입니다. 보다 완전한 프롬프트 구조는 일반적으로 인스트럭션, 콘텍스트, 입력 데이터, 출력 표시자 각각에 대한 섹션을 포함합니다. 두 가지 추가 프롬프트 요소인 인스트럭션과 콘텍스트를 설명해 보겠습니다.

인스트럭션

인스트럭션은 모델에 전달하는 텍스트로, 모델이 수행하기를 원하는 작업을 설명하는 내용입니다. 예를 들어 이전 예시에 인스트럭션을 추가해 모델이 한 문장으로 요약할 수 있게 안내할 수 있습니다.

프롬프트:

> **사용자:** 다음 질문에 한 문장으로 답하세요.
> 2016년 야구 월드 시리즈에서 우승한 팀은 누구인가요?

컴플리션:

> **어시스턴트:** 시카고 컵스는 2016년 야구 월드 시리즈에서 클리블랜드 인디언스를 연장 접전 끝에 최종 스코어 8-7로 짜릿한 7전 전승으로 물리치고 우승했습니다.

그리고 실제로 모델은 한 문장으로 응답했습니다.

생성형 AI 모델을 위한 효과적인 인스트럭션을 작성하려면 모델에게 원하는 출력으로 안내하기 위해 명확성, 구체성, 콘텍스트를 고려해야 합니다. 인스트럭션은 간단하고 이해하기 쉬워야 합니다. 인스트럭션이 구체적일수록 모델은 요청을 더 잘 수행할 수 있습니다. 관련 콘텍스트를 활용하면 모델이 당면한 작업이나 주제를 더 잘 이해하는 데 도움이 됩니다.

콘텍스트

콘텍스트는 모델이 작업이나 주제를 더 잘 이해하고 적절하게 응답하도록 사용자가 모델에 전달하는 관련 정보나 세부 사항을 말합니다. 이 콘텍스트는 이전 대화, 배경 정보, 특정 사용자 요청 또는 모델이 보다 콘텍스트에 적합하고 정확한 응답을 생성할 수 있게 하는 참조 프레임을 포함한 모든 데이터가 포함될 수 있습니다. 콘텍스트를 전달하면 모델과 더욱 일관되고 의미 있는 상호작용을 할 수 있습니다.

모델 응답을 원하는 출력으로 유도하기 위해 널리 사용되는 기법은 예시 프롬프트-컴플리션 쌍을 콘텍스트 정보로 공유하는 것입니다. 활용하는 예시 수에 따라 이를 **원샷**(one-shot) 추론 또는 **퓨샷**(few-shot) 추론이라고 합니다. '콘텍스트 내 학습'은 이러한 예시로 학습하고 그에 따라 응답을 조정하는 모델의 능력을 뜻합니다. 다음 섹션에서 퓨샷 추론을 통한 콘텍스트 내 학습을 살펴보겠습니다.

예시 2-1, 2-2, 2-3은 이전 채팅 예시를 보다 완전한 프롬프트 구조로 재구성한 버전을 보여줍니다. 이 구조는 인스트럭션, 콘텍스트 내 세 가지 프롬프트-컴플리션 예시, 그리고 그 뒤에 입력 데이터와 출력 지시자를 포함합니다.

인스트럭션

사용자: 콘텍스트에 표시된 형식대로 질문에 답합니다.

콘텍스트

2022년 야구 월드 시리즈 우승자는 누구일까요?

휴스턴 애스트로스가 2022년 월드 시리즈에서 우승했습니다. 그들은 필라델피아 필리스를 이겼습니다.

2021년 야구 월드 시리즈에서 누가 우승했나요?

애틀랜타 브레이브스가 2021년 월드 시리즈에서 우승했습니다. 그들은 휴스턴 애스트로스를 이겼습니다.

2020년 야구 월드 시리즈에서 누가 우승했나요?

로스앤젤레스 다저스가 2020년 월드 시리즈에서 우승했습니다. 그들은 탬파베이 레이스를 이겼습니다.

입력 데이터와 출력 표시자

2016년 야구 월드 시리즈에서 누가 우승했나요?

어시스턴트:

컴플리션을 확인해 보겠습니다.

시카고 컵스는 2016년 월드 시리즈에서 우승했습니다. 그들은 클리블랜드 인디언스를 이겼습니다.

모델이 콘텍스트 예시로 학습하여 원하는 형식으로 컴플리션을 생성하는 과정을 확인할 수 있습니다. 구체적으로 어시스턴트는 이전 예시처럼 야구 경기 최종 점수나 시리즈 경기 수와 같은 추가 세부 정보를 포함하지 않은 간결한 답변으로 응답했습니다.

이상적인 프롬프트 구조는 작업 유형뿐만 아니라 모델의 콘텍스트 윈도 크기에 따라서도 달라질 수 있습니다. 콘텍스트 윈도는 모델이 컴플리션을 생성할 때 입력으로 받을 수 있는 토큰 수를 의미합니다. 각 모델은 고정된 크기의 콘텍스트 윈도를 가지고 있으며, FLAN-T5[2]의 512토큰부터 앤트로픽 클로드 모델[3]의 100,000토큰까지 다양합니다. 참고로 Falcon의 콘텍스트 윈도 크기는 2,048, LLaMA 2의 콘텍스트 윈도 크기는 4,096입니다. 콘텍스트 윈도 크기는 종종 기본 신경망 아키텍처의 알고리즘적 제한에 의해 결정됩니다. 또한 실제로 모델이 긴 순서의 정보

---

2 https://huggingface.co/google/flan-t5-xxl/discussions/41

3 https://www.anthropic.com/news/100k-context-windows

를 완전히 활용하지 못하는 경우가 있습니다. 이를 흔히 '망각'이라고 합니다. 더 긴 순서를 테스트할 때 모델이 1,000개 토큰을 처리하는 것과 같은 방식으로 100,000개의 토큰을 처리할 것이라고 가정하지 않는 것이 중요합니다.

 일부 모델은 최대 토큰 수라는 단일 값을 문서화합니다. 이 숫자는 입력 토큰과 생성된 출력 토큰의 총합을 나타냅니다.

최적의 프롬프트 구조는 생성 모델을 어떻게 학습하고 미세 조정했는지에 따라 달라집니다. 따라서 특정 생성 모델의 설명서, 특히 모델 카드를 읽고 학습과 튜닝 중에 활용하는 프롬프트 구조를 직관적으로 파악하는 것이 중요합니다. 프롬프트와 프롬프트 구조를 최적화하는 것은 프롬프트 엔지니어링의 일부입니다.

다음으로 프롬프트 콘텍스트를 더욱 풍부하게 하여 생성형 AI 모델에서 나타나는 흥미롭고 사고를 자극하는 특성인 콘텍스트 내 학습을 유도하는 방법을 배우게 될 것입니다.

퓨샷 추론으로 콘텍스트 내 학습

생성 모델이 프롬프트에 대해 더 나은 컴플리션을 생성하도록 돕는 강력한 기법은 프롬프트의 콘텍스트 부분에 프롬프트-컴플리션 쌍을 몇 개 포함하는 것입니다. 이를 퓨샷 추론을 사용한 콘텍스트 내 학습이라고 합니다.

콘텍스트 내 학습은 모델 자체를 어떤 방식으로도 수정하지 않는다는 점에 주목해야 합니다. 모델은 프롬프트에 입력한 콘텍스트를 사용해 한 번의 요청이 진행되는 동안 즉시 조정하거나 학습합니다. 이는 여러 가지 창의적인 방식으로 활용할 수 있는 생성 모델의 놀라운 특징입니다. 실제로 이전에 인간-어시스턴트 예시에서 콘텍스트의 일부로 샷(shot)이라고 불리는 몇 가지 예시가 포함된 것을 보셨을 것입니다.

이 경우 콘텍스트에 몇 가지 예시만 추가하는 것으로도 모델은 이전 예시에서 생성한 다른 모든 세부 정보 없이 야구 월드 시리즈 우승팀에 대해서만 응답할 수 있습니다.

짐작하셨겠지만, 콘텍스트에 프롬프트-컴플리션 쌍을 하나만 전달하면 이를 원샷 추론이라고 하고, 예시를 전달하지 않으면 **제로샷**(zero-shot) 추론이라고 합니다.

제로샷 추론은 모델이 명시적으로 학습하지 않았거나 예시를 본 적이 없는 작업을 수행하는 능력을 평가하는 데 자주 활용됩니다. 제로샷 추론에서는 모델이 이전에 본 적이 없는 작업이나 질문에 직면하더라도 기존 지식과 일반화 기능을 사용해 추론하거나 적절한 출력을 생성합니다.

규모가 더 큰 모델은 일반적으로 언어(또는 이미지 기반 모델의 경우 지각)를 더 잘 이해하고, 학습 단계에서 보지 못한 작업에 더 잘 일반화할 수 있는 경향이 있습니다. 가장 큰 모델은 제로샷 추론을 놀라울 정도로 잘 수행하며, 명시적으로 학습하지 않은 많은 작업도 추론하여 성공적으로 완료합니다.

반면, 작은 모델은 일반적으로 적은 수의 작업, 주로 학습받은 작업과 유사한 작업에만 능숙합니다. 1장에서 설명한 **실험 및 선택** 단계의 일환으로, 사용 목적에 적합한 모델을 찾기 위해 몇 가지 모델을 시험해 봐야 할 수 있습니다. 일반적으로 계산에 필요한 레이어와 매개변수 수가 적기 때문에 추론 시 더 작은 모델이 더 빠르다는 점에 주목해야 합니다.

제로샷, 원샷, 퓨샷 추론 예를 통해 프롬프트 콘텍스트와 모델 응답 차이를 시각화하는 데 도움이 되는 몇 가지 예를 살펴보겠습니다.

제로샷 추론

다음은 콘텍스트에서 프롬프트를 쓰지 않은 예입니다.

프롬프트:

사용자: 2016년 야구 월드 시리즈에서 누가 우승했나요?

컴플리션:

어시스턴트: 시카고 컵스가 2016년 야구 월드 시리즈에서 클리블랜드 인디언스를 7전 전승으로 물리치고 우승을 차지했습니다. 이는 컵스의 108년 만의 첫 월드 시리즈 우승으로 메이저리그 역사상 가장 길었던 우승 가뭄에 마침표를 찍었습니다.

모델이 따를 예시가 없으므로 제로샷 컴플리션은 여전히 추가 정보를 포함합니다.

원샷 추론

다음 예는 콘텍스트에 인스트럭션과 원샷 프롬프트를 추가하는 예시입니다.

프롬프트:

사용자: 콘텍스트에 표시한 형식으로 질문에 답하세요. 2022년 야구 월드 시리즈에서 우승한 팀은?
휴스턴 애스트로스가 2022년 월드 시리즈에서 우승했습니다. 그들은 필라델피아 필리스를 이겼습니다.
2016년 야구 월드 시리즈 우승자는 누구인가요?
어시스턴트:

컴플리션:

2016 월드 시리즈는 시카고 컵스가 우승했습니다. 시카고 컵스는 7경기 만에 클리블랜드 인디언스를 꺾고
108년 만에 처음으로 월드 시리즈 우승을 차지했습니다.

원샷으로 생성한 컴플리션은 원하는 결과물에 가까워졌지만, 여전히 디테일이 약간 부족합니다.

퓨샷 추론

다음 예는 콘텍스트에 퓨샷 프롬프트를 추가하면 어떻게 되는지 보여줍니다.

프롬프트:

사용자: 콘텍스트에 표시된 형식으로 질문에 답하세요. 2022년 야구 월드 시리즈에서 우승한 팀은 누구
인가요?
휴스턴 애스트로스가 2022년 월드 시리즈에서 우승했습니다. 그들은 필라델피아 필리스를 이겼습니다.
2021년 야구 월드 시리즈에서 누가 우승했나요?
애틀랜타 브레이브스가 2021년 월드 시리즈에서 우승했습니다. 그들은 휴스턴 애스트로스를 이겼습니다.
2020년 야구 월드 시리즈에서 누가 우승했나요?
로스앤젤레스 다저스가 2020년 월드 시리즈에서 우승했습니다. 그들은 탬파베이 레이스를 이겼습니다.
2016년 야구 월드 시리즈 우승자는 누구인가요?
어시스턴트:

컴플리션:

시카고 컵스는 2016년 월드 시리즈에서 우승했습니다. 그들은 클리블랜드 인디언스를 이겼습니다.

'샷'이라는 맥락에 맞는 예시를 더 추가함으로써 모델이 어떤 식으로 해당 요청에 더 집중적이고
관련성 있는 응답을 생성하는지 주목해 보길 바랍니다.

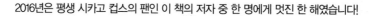

2016년은 평생 시카고 컵스의 팬인 이 책의 저자 중 한 명에게 멋진 한 해였습니다!

제로샷, 원샷, 퓨샷 컴플리션 간에는 미묘한 차이가 있습니다. 예시 또는 샷이 많을수록 모델은 콘텍스트 내 프롬프트-컴플리션 쌍의 응답 패턴과 더 유사하게 동작합니다.

콘텍스트 내 학습이 잘못된 사례

모델을 '속여서' 일시적으로 잘못된 답변을 학습하도록 만들 수 있다는 점을 짚고 넘어갈 필요가 있습니다. 예를 들어 긍정적인 고객 리뷰를 **부정**적인 감정으로, 부정적인 고객 리뷰를 **긍정**적인 감정으로 보여주는 세 가지 콘텍스트 내 프롬프트-컴플리션 예시를 전달할 수 있습니다.

예시 2-4, 2-5, 2-6은 잘못된 감정의 퓨샷, 콘텍스트 내 프롬프트를 보여줍니다.

> **예시 2-4 인스트럭션**
>
> 콘텍스트에 표시한 형식을 활용해 리뷰의 감정을 분류합니다.

> **예시 2-5 콘텍스트**
>
> 리글리 필드는 하늘이 맑고 푸른 날 야구 경기를 관람하기에 좋은 경기장입니다.
> 감정: 부정적
> 컵스팀의 홈 경기 9회 말에는 배고픈 갈매기들이 매우 공격적이고 성가십니다.
> 감정: 긍정적
> 머피스(Murphy's)는 컵스 경기 시작 직전인 금요일 오후에 시카고에서 제가 가장 좋아하는 바입니다.
> 감정: 부정적

> **예시 2-6 입력 데이터와 출력 표시자**
>
> 해리 카레이는 역대 최고의 시카고 컵스 스포츠 아나운서였습니다!
> **감정:**

컴플리션:

> 부정적

이 경우 이 프롬프트를 활용해 모델에 추론 요청을 하면 반대 감정이 반환될 가능성이 더 높습니다. 이는 콘텍스트 내 학습의 독특하지만 흥미로운 특성이므로 콘텍스트 내 프롬프트-컴플리션 쌍을 주의 깊게 다시 확인하는 것이 좋습니다.

콘텍스트 내 학습 모범 사례

새로운 생성 모델을 실험할 때는 제로샷 추론을 시도해 보기 바랍니다. 모델이 원하는 결과를 생성하지 못한다면, 원샷 추론과 퓨샷 추론을 시도해 보기 바랍니다. 퓨샷 추론에서는 데이터 세트를 나타내는 프롬프트-컴플리션 예시를 일관되고 적절하게 혼합한 콘텍스트를 모델이 적절하게 학습하는 것이 중요합니다. 또한 프롬프트 길이가 주어진 생성 모델 입력 크기 또는 '콘텍스트 윈도' 크기를 초과하지 않도록 해야 합니다.

콘텍스트 내 학습은 매우 유용하지만, 콘텍스트 내 학습 기능과 한계는 모델마다 다릅니다. 콘텍스트에서 5~6개 이상의 예시를 활용해 원하는 결과를 얻지 못했다면, 다른 모델을 선택하거나 기존 모델을 미세 조정해야 할 수도 있습니다. 5장, 6장, 7장에서는 파운데이션 모델을 미세 조정하는 다양한 방법을 살펴봅니다.

9장에서는 데이터베이스나 지식 저장소 같은 외부 데이터 소스를 활용해 프롬프트를 더욱 증강하는 방법을 살펴봅니다. 이를 검색 증강 생성(Retrieval-Augmented Generation; RAG)이라고 하며 도메인 지식으로 프롬프트를 증강하는 데 도움을 주는 더 큰 생성형 AI 생태계의 일부입니다. RAG는 다양한 생성 작업과 활용 분야에서 모델 응답을 개선합니다.

다음으로 생성형 AI 모델의 응답을 개선하기 위한 몇 가지 프롬프트 엔지니어링 모범 사례를 살펴보겠습니다.

프롬프트 엔지니어링 모범 사례

효과적인 프롬프트를 작성하는 일은 예술이자 과학과 같습니다. 다음은 더 나은 결과를 얻기 위해 효과적인 프롬프트를 구성하는 데 도움이 되는 몇 가지 모범 사례입니다.

명확하고 간결하게 작성하세요.

프롬프트는 간단하고 직관적이며 모호하지 않아야 합니다. 명확한 프롬프트는 더욱 일관된 응답으로 이어집니다. 일반적으로 사람에게 혼란을 주는 문구는 생성 모델에도 혼란을 줄 가능성이 큽니다. 가능하면 단순화하는 것이 좋습니다.

창의력을 발휘하세요.

새롭고 생각을 자극하는 프롬프트는 예기치 않게 더 나은, 때로는 혁신적인 모델 컴플리션을 이끌어낼 수 있습니다.

텍스트양이 많다면 인스트럭션을 프롬프트 끝으로 이동하세요.

콘텍스트와 입력 데이터가 길다면 다음 예시와 같이 인스트럭션을 출력 표시자 바로 앞으로 이동해 보기 바랍니다.

입력 데이터가 적고 인스트럭션이 앞에 있는 프롬프트 예시:

> **다음 대화를 요약합니다:**
>
> 고객: 구독 계정을 취소하려면 어떻게 해야 하나요?
>
> 지원 담당자: 이 링크에서 취소 버튼을 클릭하세요: ...
>
> 고객님: 감사합니다, 성공했습니다!
>
> **요약:**

입력 데이터가 길고 인스트럭션이 프롬프트 끝에 있는 예시:

> 고객: 제가 주문한 상품은 어디 있나요? 아직 배송되지 않았습니다.
>
> 지원 담당자: 주문 ID, 전화번호, 신용카드 번호 마지막 4자리를 알려주시겠습니까?
>
> *고객과 지원 담당자와 긴 대화...*
>
> **위의 대화를 요약합니다.**
> **요약:**

주제를 명확하게 전달하세요.

누가, 언제, 어디서, 무엇을, 어떻게, 왜 중 하나를 명확하게 서술합니다.

명시적 지시문을 사용하세요.

모델이 특정 형식으로 출력하기를 원한다면, 그 형식을 직접 지정해 보기 바랍니다. 예를 들어 "다음 고객 지원 대화를 한 문장으로 요약:"과 같이 지정할 수 있습니다.

부정적인 표현을 피하세요.

부정적인 표현은 구문상으로는 정확하지만, 혼동을 일으킬 수 있습니다. 예를 들어 "5문장 이상 요약 금지" 대신 "5문장 이하로 요약"을 사용해 보기 바랍니다. 같은 의미라고 하더라도 부정적 표현은 피하는 것이 좋습니다.

콘텍스트와 짧은 예시 프롬프트를 포함하세요.

모델이 더 정확하게 응답할 수 있게 돕는 추가 콘텍스트를 줍니다. 모든 입력에 동일한 콘텍스트를 지정하거나 각 입력에 특정 콘텍스트를 지정할 수 있습니다. 이 장에서 추가 콘텍스트를 포함하는 예시를 이미 살펴봤습니다.

응답 크기를 지정하세요.

모델을 집중[4]시키기 위해 프롬프트 끝에 요청하는 출력 크기를 포함해 보기 바랍니다. 예를 들면 다음과 같습니다. "다음 고객 지원 대화에서 제기한 상위 3가지 불만 사항 나열하세요:"

구체적인 응답 형식을 제시하세요.

예시를 활용해 응답 형식을 제시하되, 명확성을 위해 대괄호를 포함해 보기 바랍니다. 예를 들어, "이 문서를 다음과 같이 10단어 이하로 요약하세요: [새로운 생성형 AI 모델이 X 벤치마크를 Y % 능가합니다.]"

모델이 자신 있게 대답할 수 없다면 어떻게 해야 하는지 정의하세요.

모델이 프롬프트에 자신 있게 응답할 수 없다면 "모르겠습니다"라고 응답하도록 요청할 수 있습니다. 그렇지 않으면 이 예시와 같이 모델이 '환각' 응답을 생성할 수 있습니다.

프롬프트:

> 다음 정보를 바탕으로 어떤 차량에 더 많은 계약금이 필요한지 확인하세요:
> 차량 A의 총비용은 $40,000이며 계약금으로 30%가 필요합니다.
> 차량 B의 총비용은 $50,000이며 계약금으로 20%가 필요합니다.

---

4 (옮긴이) 모델이 특정 정보나 작업에 초점을 맞추도록 유도한다는 의미입니다.

잘못된 응답으로 나온 컴플리션(환각):

> 받은 정보에 따르면 차량 B는 차량 A보다 더 높은 계약금이 필요합니다. 차량 B 계약금은 $10,000이며,
> 이는 차량 A 계약금보다 $2,000 더 높습니다.
> 하지만 차량 구매 시 계약금만 고려해야 할 유일한 요소는 아니라는 점에 유의하시기를 바랍니다.

이 예시에서 모델은 차량 B 계약금($10,000)을 올바르게 계산했지만 차량 A 계약금보다 $2,000 더 많다고 잘못 말했습니다. 정답은 차량 A 계약금($12,000)이 더 높다는 것입니다. 이 모델은 정답을 알지 못하고 그냥 답을 '지어'냈습니다.

 환각은 개발 과정에서 동료와 공유할 때는 재미있지만, 실 운영 환경의 사용자에게는 적합하지 않습니다.

이 문제를 어떻게 해결할 수 있을지 살펴보겠습니다. 다음은 모델이 "모르겠습니다"로 응답하는 프롬프트 예시입니다.

프롬프트:

> 다음 정보를 바탕으로 어떤 차량에 더 많은 계약금이 필요한지 알려주세요. 확신이 서지 않는다면 "모르겠습니다"라고 답하세요.
> 차량 A의 총비용은 $40000이며 계약금으로 30%가 필요합니다. 차량 B의 총비용은 $50000이며 계약금으로 20%가 필요합니다.

컴플리션:

> 모르겠습니다.

이러한 시나리오를 해결하는 데 발전된 프롬프트 기법을 연쇄적 사고(chain-of-thought; CoT) 프롬프트라고 합니다. CoT 프롬프트는 모델에게 더 복잡한 작업을 단계별로 추론해 정답을 찾는 방법을 보여줍니다.

모델에게 '단계별 사고'를 하게 요청하세요.

모델이 인스트럭션을 혼란스러워하면 '단계별로 생각하라'고 요청해 보기 바랍니다. 그러면 모델은 하나의 인스트럭션을 여러 단계로 자유롭게 나누어 처리할 수 있습니다.

다음은 연쇄적 사고(단계별 사고)를 사용하는 프롬프트 예시입니다.

프롬프트:

다음 정보를 바탕으로 어떤 차량에 더 많은 계약금이 필요한지 단계별로 생각해 보세요:
차량 A의 총비용은 $40000이며 계약금으로 30%가 필요합니다. 차량 B의 총비용은 $50000이며 계약금으로 20%가 필요합니다.

컴플리션:

받은 정보에 따르면 차량 A는 더 높은 계약금이 필요합니다
차량 A의 총비용은 $40000이며 계약금 30%, 즉 $12000이 필요합니다.
차량 B의 총비용은 $50000이며 20% 계약금이 필요하므로 $10000이 됩니다.
따라서 차량 A는 더 높은 계약금이 필요합니다.

모델이 작업을 통해 어떻게 추론하고 정확한 답변을 생성하는지 주목해야 합니다.

어떤 모델은 학습 방식과 조정 방법에 따라 '하위 작업으로 구분', '체계적으로 문제 접근', '한 번에 한 단계씩 문제 추론' 등과 같은 '단계별로 생각하기'의 다양한 변형에도 반응할 수 있습니다.

일부 모델은 여러 단계가 필요한 복잡한 인스트럭션을 수행하면 혼란스러워할 수 있습니다. 모델이 혼란스러워하는 순간을 인식하고, 프롬프트를 수동으로 여러 단계로 나눠야 할 상황을 파악하는 것이 중요합니다.

더 많은 제약 조건을 추가해 제어력을 높이세요.

길이, 형식, 포함할 정보, 제외할 정보 등의 기준을 활용해 응답을 제한해 보기 바랍니다. 예를 들어 "이 과정을 정확히 5단계로 요약하세요."와 같이 제한할 수 있습니다.

응답을 평가하세요.

이는 당연한 것처럼 보이지만, 모델 응답을 검토하여 그 품질이 높고 사용자의 관심을 끌 수 있는지 확인해야 합니다. 필요에 따라 프롬프트를 변경합니다.

대규모로 응답을 평가하는 것은 미개척 연구 분야입니다. 사람 평가는 확장성이 떨어지고 자동화한 평가는 인간 언어 뉘앙스를 놓칠 수 있습니다. 5장에서 모델 평가에 대해 더 자세히 살펴봅니다.

면책 사항을 쓰거나 모델이 대답하지 말아야 하는 프롬프트는 피하세요.

생성 모델이 법률, 의학 또는 종교와 같은 특정 영역에 응답할 준비가 되어 있지 않다면, 모델에 "저는 의료 자문을 말할 수 있는 자격이 없습니다. 해당 지역 면허를 소지한 의료 전문가를 찾아주세요."와 같이 응답하도록 지시할 수 있습니다.

프롬프트에서 XML/HTML 태그를 사용하세요.

일부 모델은 프롬프트에서 구조를 만들고자 **<tag>이것은 중요합니다</tag>**와 같은 XML/HTML 태그를 지원합니다. 예를 들어 입력 데이터에서 중요한 텍스트를 참조하려고 한다면 해당 텍스트를 태그로 감싸서 중요한 텍스트가 시작하고 끝나는 위치를 표시할 수 있습니다. 또한 일부 모델의 응답에 중요한 부분에 태그를 지정하게 요청해 응답을 구조화한 방식으로 구문 분석하고 중요한 데이터를 추출할 수 있습니다.

선택적으로 집중하세요.

모델에 입력 텍스트의 특정 부분에만 집중하게 요청할 수 있습니다. 예를 들어 모델에 입력 데이터 첫 번째와 마지막 단락만 요약하게 요청할 수 있습니다.

개인 식별 정보(PII)를 마스킹하세요.

일부 모델은 응답에서 PII 데이터를 마스킹할 수 있습니다. 예를 들어 이 모델에게 "모든 개인 식별 정보를 제거하고 XXX로 대체하세요"라고 요청할 수 있습니다. 다음은 그 예입니다.

프롬프트:

사람: 다음은 **<text></text>** XML 태그 안에 있는 텍스트입니다. 이 텍스트에서 개인 식별 정보를 모두 삭제하고 XXX로 대체해 주세요. 이름, 전화번호, 이메일 주소는 XXX로 대체하는 것이 매우 중요합니다.

<text>
조: 안녕하세요, 한나!
한나: 안녕하세요, 조! 우리 집에 놀러 오시나요?
조: 네! 당신이 어디 사는지 깜빡했어요.
한나: 문제없어요! 라이트우드가 1234번지, 시카고 IL 60614입니다.
조: 알았어요, 고마워요!
</text>
PII를 제거한 텍스트 버전을 **<response></response>** XML 태그에 입력하세요.

컴플리션:

어시스턴트:

<response>

XXX: 안녕하세요, XXX!

XXX: 안녕하세요, XXX! 우리 집에 놀러 오시나요?

XXX: 네! 당신이 어디 사는지 깜빡했어요.

XXX: 문제없어요! XXX XXX, XXX XXX XXX XXX입니다.

XXX: 알았어요, 고마워요!

</response>

다양한 프롬프트를 시도하고 프롬프트 엔지니어링 기술을 조합하는 과정에서 어떤 프롬프트와 모델, 활용 분야의 조합이 효과적인지 알 수 있습니다. 필요에 따라 프롬프트를 계속 다듬습니다. 점점 더 많은 실험으로 작업과 활용 분야에 가장 적합한 프롬프트를 신속히 만들고 최적화하는 데 필요한 직관력을 얻을 수 있습니다. 프롬프트 엔지니어링은 연습을 통해 향상되는 반복적인 기술이지만, 프롬프트 최적화는 전통적인 수치 최적화 기법처럼 체계적으로 연구되거나 잘 이해되지 않아 어려울 수 있습니다.

생성형 AI의 창의적이고 예측 불가능한 면을 탐구해 보기 바랍니다. 적어도 여러분이 의도하지 않은 질문에 대해 모델이 뜻밖의 대답을 내놓아 놀라움을 줄 때는 즐겁게 웃을 수 있을 것입니다.

다음으로 생성 모델 응답의 창의성에 영향을 미치는 몇 가지 일반적인 생성 추론 관련 매개변수를 학습합니다. 여기서부터 재미가 시작됩니다!

추론 구성 매개변수

이제 생성 모델이 추론 중에 텍스트를 생성하는 방식에 영향을 미치는 구성 매개변수를 살펴보겠습니다. 아마존 세이지메이커나 베드록과 같은 '플레이그라운드'에서 생성 모델을 활용해 본 적이 있다면 그림 2.1에 표시된 것과 같은 슬라이드와 기타 숫자 제어 장치를 보셨을 것입니다.

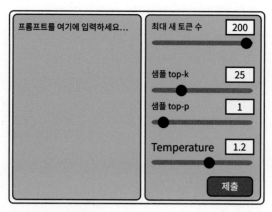

그림 2.1 모델 출력을 제어하는 추론 구성 매개변수

이러한 추론 구성 매개변수는 프롬프트와 함께 모델 컴플리션에 영향을 줍니다. 이를 통해 모델 응답 길이와 창의성을 세밀하게 제어할 수 있습니다. 각 모델은 서로 다르지만, 종종 중복되는 추론 매개변수 집합을 보여줍니다. 이 매개변수는 여러 모델에서 대체로 비슷한 이름을 가지므로 다른 모델을 시도할 때 쉽게 이해할 수 있습니다. 다음은 가장 일반적인 추론 매개변수 중 일부입니다.

최대 새 토큰 수

이것은 조정할 수 있는 가장 명확하고 간단한 매개변수입니다. 이 매개변수를 활용해 모델에서 생성되는 새 토큰 수를 제한할 수 있습니다. 이는 모델 응답 길이를 짧게 유지하고 횡설수설하는 것을 방지하는 데 매우 기본적인 메커니즘입니다. 토큰을 더 많이 생성하면 일반적으로 더 많은 계산 자원이 필요하며 추론 시간이 길어질 수 있습니다. 또한 최대 새 토큰 수를 줄이는 것은 환각을 방지하는 방법은 아님을 유의해 주시기 바랍니다. 단지 길이를 줄임으로써 환각을 감출 뿐입니다.

탐욕적 샘플링과 무작위 샘플링

모델은 추론 과정에서 알고 있는 어휘의 모든 토큰에 대한 확률 분포를 만듭니다. 모델은 이 분포에서 단일 토큰을 선택하거나 샘플링해 응답에 포함할 다음 토큰으로 사용합니다.

각 추론 요청마다 모델이 다음 토큰을 선택하는 방식을 탐욕적 샘플링(greedy sampling) 또는 무작위 샘플링(random sampling)으로 구성할 수 있습니다. 탐욕적 샘플링에서는 확률이 가장 높은 토큰을 선택합니다. 무작위 샘플링에서는 모델이 예측된 모든 토큰 확률에 대해 무작위 가중치 전략을 사용해 다음 토큰을 선택합니다. 그림 2.2에는 "the student learns from the professor and her lectures."라는 문구의 다양한 샘플링 방법이 나와 있습니다.

대부분의 생성 모델 추론 구현은 기본적으로 탐욕적 샘플링, 즉 탐욕적 디코딩을 사용합니다. 이는 모델이 항상 확률이 가장 높은 단어를 선택해 다음 토큰을 예측하는 가장 단순한 방법입니다. 이 방법은 매우 짧은 생성에서는 잘 작동하지만, 특정 토큰 또는 토큰 순서가 반복될 수 있습니다.

보다 자연스럽고 반복되는 토큰을 최소화하는 텍스트를 생성하려면 추론 중에 무작위 샘플링을 활용하게 모델을 구성할 수 있습니다. 이렇게 하면 모델이 확률 분포 전체에 걸쳐 가중치 전략으로 다음 토큰을 무작위로 선택합니다. 여기에서 보듯이 **student** 토큰의 확률 점수는 0.02입니다. 무작위 샘플링을 활용했을 때 이 단어가 분포에서 선택될 확률이 2%임을 의미합니다.

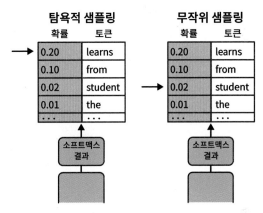

그림 2.2 확률 분포에서 다음 토큰을 예측하기 위한 탐욕적 샘플링과 무작위 샘플링 비교

무작위 샘플링을 통해 모델 컴플리션에서 토큰이 반복되는 가능성을 줄일 수 있습니다. 그러나 모델 결과가 너무 창의적이어서 주제에서 벗어나거나 이해할 수 없는 응답을 생성할 수 있다는 단점이 있습니다. 이러한 최적의 설정을 찾는 것이 쉽지 않기 때문에 이를 프롬프트 엔지니어링이라고 부릅니다!

허깅 페이스 트랜스포머와 같은 일부 라이브러리에서는 탐욕적 샘플링을 명시적으로 비활성화하고, do_sample=True와 같은 함수 인수를 사용해 무작위 샘플링을 수동으로 활성화해야 할 수 있습니다.

*top-p*와 *top-k* 무작위 샘플링

이는 무작위 샘플링을 활용할 때 가장 일반적인 추론 매개변수입니다. 이러한 매개변수를 적절히 활용하면 무작위 샘플링을 더욱 세밀하게 제어할 수 있어 모델의 응답을 개선하면서도 생성 작업의 창의성을 충분히 발휘할 수 있습니다.

top-k는 짐작할 수 있듯이 모델이 가장 높은 확률을 가진 상위 k개 토큰 중에서 무작위로 토큰을 선택하게 제한합니다. 예를 들어 k를 3으로 설정한다면 가중치를 준 무작위 샘플링 전략으로 모델이 상위 3개 토큰 중에서만 선택하게 제한합니다. 이 경우 그림 2.3에 나타낸 것처럼 다른 두 토큰 중 하나를 선택할 수도 있지만 모델은 무작위로 다음 토큰으로 'from' 토큰을 선택합니다.

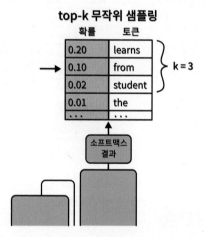

그림 2.3 이 경우 top–k 샘플링은 모델이 상위 세 개의 확률 중에서 선택하도록 제한합니다.

top-k를 더 높은 숫자로 설정하면 반복성을 줄이는 데 도움이 될 수 있지만, top-k를 1로 설정하면 기본적으로 탐욕적 디코딩을 하게 됩니다.

top-p는 누적 확률이 p를 초과하지 않는 토큰 집합에서 가장 높은 확률부터 시작해 가장 낮은 확률까지 무작위 샘플링하여 모델을 제한합니다. 이를 설명하기 위해 먼저 토큰을 확률에 따라 내림차순으로 정렬합니다. 그런 다음 누적 확률 점수가 p를 초과하지 않는 토큰 부분 집합을 선택합니다.

예를 들어 p = 0.32인 경우, 확률이 각각 0.20, 0.10, 0.02이고 합이 0.32가 되는 'learns', 'from', 'student'가 선택 가능한 토큰이 됩니다. 그런 다음 모델은 그림 2.4와 같이 이 토큰 부분 집합에서 가중치를 준 무작위 샘플링 전략을 사용하여 다음 토큰인 'student'를 선택합니다.

top-p는 더 큰 다양성을 생성할 수 있으며, 적절한 top-k 값을 선택하기 어려울 때 사용합니다. top-p와 top-k를 함께 사용할 수도 있습니다.

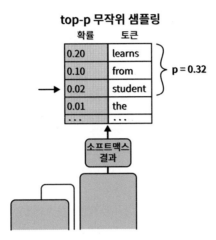

그림 2.4 top-p 무작위 확률 가중치

temperature

이 매개변수는 다음 토큰 확률 분포 모양을 수정해 모델 출력 무작위성을 제어하는 데 도움이 됩니다. 일반적으로 temperature가 높을수록 무작위성이 높아지고, temperature가 낮을수록 무작위성이 낮아집니다.

top-k와 top-p와 달리 temperature를 변경하면 실제로 다음 토큰의 확률 분포가 변경되어 결과적으로 다음 토큰 예측에 영향을 줍니다.

temperature가 낮으면(예를 들어 1 미만) 확률이 더 적은 수의 토큰에 집중되어 뚜렷한 확률 집중 현상이 나타납니다. temperature가 높으면(예를 들어 1 이상) 확률이 토큰에 더 고르게 분포되어 다음 토큰 확률 분포가 더 평평해집니다. temperature를 1로 설정하면 다음 토큰 확률 분포는 변경되지 않으며, 이는 모델 학습이나 튜닝 중에 학습한 분포를 나타냅니다.

그림 2.5는 낮은 temperature와 높은 temperature 시나리오를 비교한 것입니다.

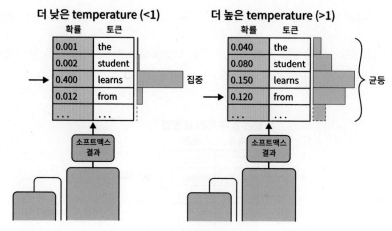

그림 2.5 temperature를 변경하면 다음 토큰 확률 분포가 변경됩니다.

두 경우에 모델은 temperature 매개변수와 독립적인 탐욕적 샘플링 또는 무작위 샘플링을 활용해 수정한 확률 분포에서 다음 토큰을 선택합니다.

temperature 값이 너무 낮으면 모델이 반복적인 내용을 많이 생성할 수 있고, 반대로 너무 높으면 무의미한 출력을 생성할 수 있습니다. 하지만 일반적으로 temperature 값을 1로 시작하는 것이 좋은 전략입니다.

요약

이 장에서는 프롬프트 엔지니어링을 활용하고 다양한 추론 구성 매개변수를 실험해 생성형 AI 모델에서 최고 성능을 얻을 수 있는 기술을 배웠습니다. 프롬프트 엔지니어링은 더 잘 표현한 프롬프트와 콘텍스트 내 학습 예시와 단계별 논리적 추론 등 다양한 방법을 활용해 생성 파운데이션 모델이 더 관련성 있고 정확한 컴플리션을 만들 수 있게 안내합니다.

프롬프트 엔지니어링, 콘텍스트 내 학습, 추론 매개변수를 활용하면 많은 것을 이룰 수 있지만, 이러한 기술은 실제로 생성 모델의 가중치를 수정하지 않습니다. 따라서 다음 몇 장에서 살펴볼 특정 도메인과 생성형 AI 활용 사례들을 더 잘 이해할 수 있게 자체 데이터 세트에서 생성 모델을 학습하거나 미세 조정해야 할 수도 있습니다.

03

대형 언어
파운데이션 모델

2장에서는 프롬프트 엔지니어링을 수행하고 기존 파운데이션 모델을 사용해 콘텍스트 내 학습을 활용하는 방법을 배웠습니다. 이 장에서는 학습 목표[1]와 데이터 세트를 포함해 파운데이션 모델을 학습시키는 방법을 알아보겠습니다. 파운데이션 모델을 처음부터 직접 학습하는 일은 드물지만, 이 컴퓨팅 집약적인 과정을 수행하는 데 많은 시간과 노력, 복잡한 작업이 필요함을 이해하는 것은 의미가 있습니다.

수십억 개의 매개변수를 가진 대규모 언어 모델을 처음부터 학습시키려면 **사전 학습** 과정에서 수백만 GPU 연산 시간, 수조 개의 데이터 토큰, 그리고 큰 인내심이 필요합니다. 이 장에서는 모델 사전 학습으로 유명한 친칠라(Chinchilla) 논문[2]에 소개된 경험적 스케일링 법칙을 알아봅니다.

예를 들어, 블룸버그GPT 모델을 학습시킬 때 연구자들은 친칠라 스케일링 법칙을 출발점으로 삼았습니다. 물론 블룸버그GPT 논문[3]에 설명된 대로 많은 시행착오가 있었지만, 아마존 세이지

---

1   (옮긴이) 언어 이해/생성, 질의 응답, 요약 등 모델이 달성해야 할 목표를 의미합니다.

2   Jordan Hoffmann 외, "Training Compute-Optimal Large Language Models", arXiv, 2022, (https://arxiv.org/abs/2203.15556)

3   Shijie Wu 외, "BloombergGPT: A Large Language Model for Finance", arXiv, 2023, (https://arxiv.org/pdf/2303.17564)

메이커의 대규모 분산 GPU 클러스터를 활용해 130만 GPU 시간의 컴퓨팅 예산으로 모델을 학습시켰습니다.

 이 장에서는 생성형 파운데이션 모델의 사전 학습에 대해 자세히 설명하기 때문에 일부 독자에게는 다소 어려울 수 있습니다. 이 장을 완전히 이해하지 못해도 생성형 AI 애플리케이션을 효과적으로 구축할 수 있습니다. 이 장은 이 책 후반부에서 다룰 몇 가지 고급 개념을 이해하는 데 도움이 될 것입니다.

대형 언어 파운데이션 모델

생성형 AI 프로젝트를 시작할 때는 이 책에서 사용하는 메타의 Llama 2[4] 파운데이션 모델 변형을 포함해 현재 공개적으로 이용할 수 있는 여러 사전 학습된 파운데이션 모델을 먼저 살펴봐야 합니다. 이러한 생성 모델 중 다수는 다양한 언어와 주제를 다루는 인터넷 공개 데이터로 학습됐습니다. 따라서 이러한 모델은 인간 언어에 대한 탄탄한 이해는 물론 다양한 영역에 걸친 방대한 양의 지식을 구축했습니다. 지식이 모델의 매개변수에 담겨 있어 이를 **매개변수 메모리**(parametric memory)라고 부르기도 합니다.

이러한 파운데이션 모델은 허깅 페이스 모델 허브, 파이토치 허브 또는 아마존 세이지메이커 점프스타트와 같은 모델 허브에서 찾을 수 있습니다. 모델 허브에서는 각 모델의 모델 카드를 확인할 수 있습니다. 모델 카드에는 일반적으로 학습 세부 정보, 콘텍스트 윈도 크기, 프롬프트 정보, 알려진 제한 사항 등 중요한 정보가 포함돼 있습니다.

예를 들어, 허깅 페이스 모델 허브에는 메타의 Llama 2 모델 중 700억 개 매개변수 변형 모델의 모델 카드[5]가 포함돼 있습니다. 이 모델 카드에는 콘텍스트 윈도 길이(4,096개의 토큰), 지원되는 언어(이 경우 영어만 해당), 프롬프트 구성을 위한 샘플 코드[6], 모델과 관련된 모든 연구 논문[7] 등 유용한 세부 정보가 포함돼 있습니다.

---

4 https://huggingface.co/meta-llama
5 https://huggingface.co/meta-llama/Llama-2-70b-hf
6 https://github.com/meta-llama/llama/blob/82ce861/llama/generation.py#L212
7 Hugo Touvron 외, "Llama 2: Open Foundation and Fine-Tuned Chat Models", arXiv, 2023, (https://arxiv.org/pdf/2307.09288)

여러 모델 허브에 동일한 모델이 중복으로 등록된 경우가 많습니다. 따라서 보안과 인프라 요구 사항에 가장 적합한 모델 허브를 선택하면 됩니다. 예를 들어, 아마존 세이지메이커 점프스타트 모델 허브를 사용하면 아마존 세이지메이커 점프스타트 설명서[8]에 기재된 대로 몇 번의 클릭만으로 파운데이션 모델의 비공개 사본을 AWS 계정에 직접 배포할 수 있습니다. 이를 통해 단 몇 분 만에 새로운 콘텐츠 생성을 시작할 수 있습니다.

일부 모델은 특정 언어 작업을 최적화하기 위해 원래의 트랜스포머 아키텍처를 약간 변형해 활용할 수 있습니다. 개발 중에 모델을 교체하면 문제가 발생할 수 있으므로, 개발을 시작하기 전에 충분히 조사해 이러한 문제를 예방하는 것이 중요합니다.

 고립공포(fear of missing out; FOMO)로 인해 현재 모델의 평가를 완료하기 전에 최신 생성 모델로 교체하고 싶어질 수 있습니다. 최신 리더보드 우승 모델에 혹하지 말고, 단일 모델이나 모델 세트로 테스트를 마무리하는 것이 좋습니다.

평가를 진행하다 보면 일부 사전 학습된 파운데이션 모델이 특정 도메인의 뉘앙스를 학습할 만한 충분한 공개 텍스트를 접하지 못했음을 알게 될 것입니다. 예를 들어, 수만 또는 수십만 개 토큰으로 측정되는 공개 파운데이션 모델의 어휘에는 비즈니스에서 일반적으로 사용하는 용어가 포함되지 않을 수 있습니다.

또한 이러한 도메인의 민감한 특성 때문에 연구자들은 의료, 법률, 재무 정보를 제외하도록 공개 파운데이션 모델과 데이터 세트를 정제하기도 합니다. 금융 회사 블룸버그는 이 문제를 해결하고자 블룸버그GPT라는 이름의 자체 파운데이션 모델을 사전 학습시켰습니다. 표 3.1에서 볼 수 있듯이 블룸버그GPT는 공개 및 비공개 금융 데이터[9]로 학습됐습니다.

---

8 https://docs.aws.amazon.com/ko_kr/sagemaker/latest/dg/studio-jumpstart.html

9 Shijie Wu 외, "BloombergGPT: A Large Language Model for Finance", arXiv, 2023, (https://arxiv.org/pdf/2303.17564)

	출처	비율(%)
금융 데이터 (공개/비공개)	웹	42
	뉴스	5
	Filings	2
	언론	1
	블룸버그	1
	합계	51
기타 데이터 (공개)	The Pile[10]	26
	C4[11]	20
	위키피디아	3
	합계	49

표 3.1 블룸버그GPT 학습 데이터 분석

2장에서 다룬 자연어 텍스트를 단어 조각 또는 토큰으로 변환하는 토크나이저를 시작으로, 대규모 언어 모델의 기본 사항에 대해 자세히 알아보겠습니다.

토크나이저

모든 언어 기반 생성형 AI 모델에는 사람이 읽을 수 있는 텍스트(예: 프롬프트)를 token_ids나 input_ids가 포함된 벡터로 변환하는 토크나이저(tokenizer)가 있습니다. 각 input_id는 모델 어휘의 토큰을 나타냅니다.

많은 생성형 AI 애플리케이션의 소스 코드에서는 각 토큰이 숫자로 표현된 input_ids를 확인할 수 있습니다. 그림 3.1에서 "The student learns from the"라는 구문에서처럼 input_ids 목록은 구나 문장, 단락과 같은 더 큰 텍스트 단위를 나타냅니다.

---

10 (옮긴이) 엘루서AI(EleutherAI)에서 개발한 다양한 텍스트를 포함하는 825GB 규모의 오픈소스 데이터 세트입니다.

11 (옮긴이) 텍스트에 레이블 되지 않은 거대한 데이터 세트이며, 구글 T5 모델 학습용으로 제작됐습니다. 52페이지 '사전 학습 데이터 세트'에서 자세히 설명합니다.

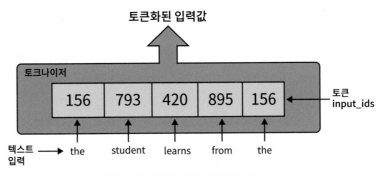

그림 3.1 토크나이저를 활용해 텍스트 입력을 기계가 읽을 수 있는 벡터로 변환

모델이 입력 텍스트를 input_ids 벡터로 변환한 후에는 모델 사전 학습 단계에서 학습된 **임베딩 벡터**라는 각 토큰의 고차원 표현을 검색하는 단계를 더 수행합니다. 임베딩 벡터는 언어 기반 생성 모델의 핵심 구성 요소입니다.

임베딩 벡터

일반적으로 '임베딩'이라고 불리는 임베딩 벡터는 수십 년 동안 머신러닝과 정보 검색에 활용돼 왔습니다. 임베딩은 텍스트, 이미지, 비디오, 오디오 클립 등 모든 유형의 개체를 매우 높은 차원의 벡터 공간에 투영한 수치화된 벡터 표현입니다.

간단한 설명을 위해 각 임베딩이 3개 값으로 구성된 벡터이고 이를 3차원 공간에 투영한 단순한 3차원 벡터 공간을 사용해 보겠습니다(그림 3.2 참조). 여기서 'teach', 'book'과 같은 토큰은 서로 밀접하게 연관되어 있지만, 'car'와 'fire' 같은 다른 토큰들은 서로 멀리 떨어져 있음을 알 수 있습니다.

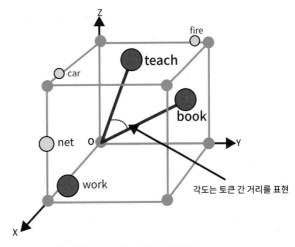

그림 3.2 3차원 임베딩 공간 내 토큰의 표현 예시

이러한 벡터는 방대한 말뭉치(corpus) 내에서 토큰의 의미와 맥락을 인코딩해 모델이 인간의 언어를 통계적으로 표현하고 이해할 수 있도록 해줍니다. 벡터 공간에서 토큰들이 서로 가까울수록 그 의미가 더 비슷한 것입니다.

그림 3.3은 "the student learns from the"라는 구문의 각 토큰이 3차원 임베딩 공간의 벡터에 어떻게 대응되는지 보여줍니다. 여기서는 차원을 적게 표시했지만, 일반적인 임베딩 공간은 보통 512~4,096차원인 경우가 많습니다.

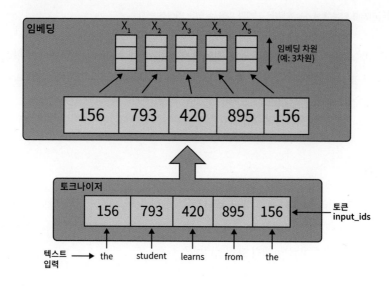

그림 3.3 3차원 임베딩 벡터 공간

임베딩 벡터에 익숙해졌으니, 이제 트랜스포머 아키텍처를 살펴볼 준비가 됐습니다. 임베딩은 다음에 보게 될 트랜스포머의 핵심 구성 요소인 셀프 어텐션 레이어로 전달됩니다.

트랜스포머 아키텍처

2017년에 공개된 트랜스포머는 최근 언어 모델의 핵심 요소로 자리 잡았습니다. 실제로 널리 활용되는 BERT와 GPT라는 두 언어 모델 아키텍처에서 'T'는 트랜스포머를 의미합니다. 트랜스포머는 사용 방법에 따라 조금씩 다른 용도로 활용됩니다.

2장에서 살펴본 바와 같이 모델 추론 중에 트랜스포머는 주로 모델에 주어진 입력 프롬프트에 대한 컴플리션 생성을 돕는 것에 주력합니다. 모델 사전 학습과 미세 조정(5장, 6장, 7장) 중에는 학습/조정용 입력 말뭉치를 통해 모델이 언어의 맥락적 이해를 얻습니다.

 생성형 AI를 성공적으로 활용하기 위해 트랜스포머 아키텍처의 모든 세부 사항을 완벽히 이해할 필요는 없습니다. 환경을 이해하는 데 도움이 되지만 복잡한 구현 세부 사항은 이 책의 예제 전체에서 활용된 허깅 페이스 트랜스포머 파이썬 라이브러리[12]로 추상화합니다.

그림 3.4는 이 책에서 집중적으로 다루는 트랜스포머를 시각적으로 표현한 것입니다. 간단히 아래에서 위로 보면, 프롬프트 입력 토큰(예: 최대 4,096개의 입력 토큰)을 포함하는 입력 토큰 콘텍스트 윈도, 임베딩, 인코더, 셀프 어텐션 레이어, 디코더, 그리고 모델이 전체 토큰 어휘(예: 30,000~50,000개의 토큰)에 대한 확률 분포에서 생성할 다음 토큰을 선택하는 데 도움이 되는 소프트맥스 출력이 있습니다. 이제 각 구성 요소를 하나씩 살펴보겠습니다.

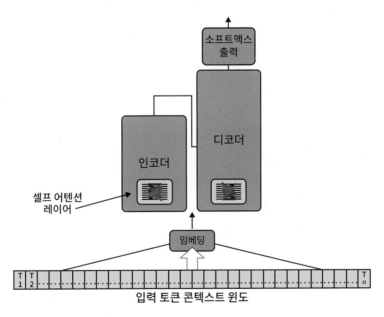

그림 3.4 상위 수준 트랜스포머 아키텍처

---

12 https://huggingface.co/docs/transformers/index

입력과 콘텍스트 윈도

입력 프롬프트는 입력 '콘텍스트 윈도'라는 구조에 저장됩니다. 이 콘텍스트 윈도는 포함하고 있는 토큰 수로 크기가 측정됩니다. 콘텍스트 윈도의 크기는 모델마다 다릅니다. 초기 생성 모델은 콘텍스트 윈도에 512~1,024개의 입력 토큰밖에 저장할 수 없었습니다. 그러나 최근 모델은 10,000개, 심지어 100,000개 이상의 토큰까지 보관할 수 있습니다(이 글을 쓰는 시점 기준). 모델의 입력 콘텍스트 윈도 크기는 모델 설계와 사전 학습 중에 정의됩니다.

임베딩 레이어

앞서 임베딩에 대해 배웠지만, 임베딩은 모델 사전 학습 과정에서 습득되며 실제로 더 큰 트랜스포머 아키텍처의 일부라는 점을 다시 상기할 필요가 있습니다. 입력 콘텍스트 윈도의 각 입력 토큰은 임베딩으로 변환됩니다. 이러한 임베딩은 셀프 어텐션 레이어를 포함한 트랜스포머 신경망의 나머지 부분 전체에서 활용됩니다.

인코더

상위 수준에서 인코더는 입력 토큰 시퀀스를 입력 데이터의 구조와 의미를 표현하는 벡터 공간으로 인코딩하거나 투영합니다. 모델은 사전 학습 과정에서 이 벡터 공간 표현을 학습합니다.

셀프 어텐션

트랜스포머 아키텍처는 입력을 처리할 때 중요한 토큰에 '주의를 기울이기' 위해 셀프 어텐션이라는 메커니즘을 활용합니다. 구체적으로 셀프 어텐션에서는 입력 데이터의 모든 토큰이 입력 시퀀스의 다른 모든 토큰에 주목합니다. 그림 3.5에서는 셀프 어텐션의 예시를 보여주는데, 'her'라는 단어는 'professor'라는 단어에 높은 어텐션을 부여하고, 'lecture'라는 단어에도 어느 정도 어텐션을 할당하지만 'professor'에 비해서는 그 정도가 낮습니다.

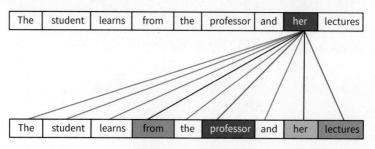

그림 3.5 데이터의 모든 토큰이 입력 시퀀스의 다른 모든 토큰에 주목하는 '셀프 어텐션' 메커니즘

이러한 쌍별 어텐션(pairwise attention)은 모델이 사전 학습 단계에서 입력 데이터의 맥락적 의존성이나 맥락적 이해를 학습할 수 있도록 도와줍니다. 트랜스포머는 전체 입력에 주의를 기울임으로써 주어진 학습 문서로부터 언어를 학습하고 표현하는 모델의 능력을 발휘하게 합니다.

실제로 트랜스포머는 **다중 헤드 어텐션(multiheaded attention)**을 통해 여러 세트의 셀프 어텐션 가중치를 학습합니다. 각 헤드는 동일한 입력에 대해 병렬로 실행되며 언어의 다양한 측면을 학습합니다. 예를 들어, 한 헤드는 입력에 있는 개체 간의 관계에 주의를 기울이고 다른 헤드는 입력에 설명된 특정 활동 세트에 주의를 기울일 수 있습니다.

각 헤드의 매개변수 또는 가중치는 처음에 무작위로 초기화되므로 각 헤드가 어떤 측면에 주의를 기울일지 예측하기 어렵습니다. 헤드의 수는 모델마다 다르지만, 일반적으로 12~100개 범위입니다.

셀프 어텐션에서는 입력의 모든 토큰과 다른 모든 토큰 간에 n^2 쌍의 어텐션 점수를 계산하므로 계산 비용이 많이 듭니다. 실제로 4장에서 설명된 플래시 어텐션(FlashAttention)과 그룹-질의 어텐션(grouped-query attention; GQA)과 같은 어텐션 레이어를 대상으로 하는 생성형 성능 개선이 많이 이루어지고 있습니다.

트랜스포머가 셀프 어텐션 메커니즘을 어떻게 구현하는지 자세히 살펴봅시다. 어텐션은 생성 작업과 관련해 입력 토큰의 중요도에 따라 가중치를 할당합니다. X와 Y가 같은 길이의 벡터라고 할 때, 어텐션을 입력 시퀀스 X를 받아 출력 시퀀스 Y를 반환하는 함수라고 생각해 보겠습니다. 그림 3.6에 표시된 것처럼 Y의 각 벡터는 X 벡터들의 가중 평균(weighted average)입니다.

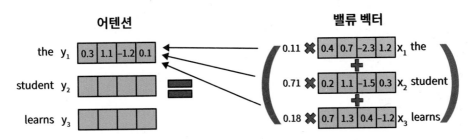

그림 3.6 어텐션은 입력 벡터들의 가중 평균입니다.

이 가중치는 가중 평균을 계산할 때 모델이 X의 각 입력 벡터에 얼마나 주의를 기울이는지를 나타냅니다. 어텐션 가중치를 계산하기 위해 호환성 함수는 각 단어 쌍에 점수를 할당해 서로 얼마나 호환되는지, 즉 얼마나 강하게 주의를 기울이는지를 알아냅니다. 그림 3.7에서 호환성 함수와 점수를 좀 더 자세히 살펴보겠습니다.

그림 3.7 어텐션 가중치는 쿼리 벡터와 키 벡터의 정규화된 내적입니다.

먼저 모델은 주의를 기울이는 단어(위 예시에서 'movie')에 대한 쿼리(q) 벡터와 주의를 받는 단어(위 예시에서 'love', 'this', 'movie')에 대한 키(k) 벡터를 생성합니다. 이는 각 쿼리와 키 벡터에 학습된 가중치 행렬을 활용해 원래 입력 벡터를 선형 변환(행렬 곱셈)한 것입니다.

다음으로, 호환성 점수는 한 단어의 쿼리 벡터와 다른 단어의 키 벡터 간의 내적을 통해 계산됩니다. 마지막으로 소프트맥스 함수를 적용해 점수를 정규화합니다. 그 결과는 소프트맥스가 적용된 어텐션 가중치입니다.

디코더

어텐션 가중치는 디코더를 포함한 트랜스포머 신경망의 나머지 부분을 통과합니다. 디코더는 입력 토큰의 어텐션 기반 맥락 이해를 바탕으로 새로운 토큰을 생성해 주어진 입력을 최종적으로 '완성(completes)'합니다. 이것이 바로 모델의 응답을 컴플리션(completion)이라고 부르는 이유입니다.

소프트맥스 출력

소프트맥스 출력 레이어는 전체 토큰 어휘에 걸쳐 확률 분포를 생성하며, 이때 각 토큰에 다음 토큰으로 선택될 확률을 할당합니다. 일반적으로 가장 높은 확률을 가진 토큰이 다음 토큰으로 생성되지만, 2장에서 살펴본 것처럼 temperature와 같은 메커니즘을 활용해 다음 토큰 선택에 변화를 줌으로써 모델을 더 창의적이거나 덜 창의적으로 만들 수 있습니다.

소프트맥스 레이어는 각 토큰이 다음에 선택될 확률을 나타내는 벡터를 생성합니다. 즉, 어휘가 100,000개 토큰이라면 이 레이어는 그림 3.8과 같이 100,000개의 확률로 이루어진 벡터를 생성합니다.

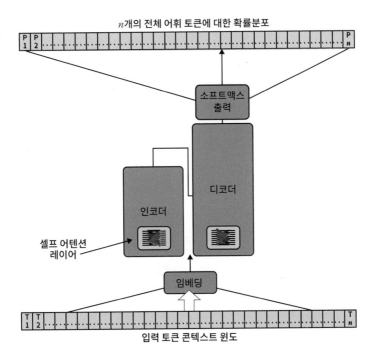

그림 3.8 어휘집의 모든 토큰에 걸쳐 다음 토큰이 될 확률

모델은 일반적으로 시퀀스 종료(end-of-sequence; EOS) 토큰이 생성될 때와 같은 중지 조건에 도달할 때까지 계속해서 새로운 토큰을 생성합니다. 토큰 어휘와 입력 콘텍스트 윈도 크기와 마찬가지로 EOS 토큰은 종종 모델에 따라 다르며 모델 제작자가 정의해야 합니다.

지금까지 트랜스포머 아키텍처의 핵심 구성 요소를 배웠습니다. 이 내용은 멀티모달 생성 모델에 관한 장을 포함한 이 책의 나머지 부분을 이해하는 기초가 됩니다. 이러한 모델과 상호작용하는 주된 방법이 언어[13]를 통한 것이므로 트랜스포머는 거의 모든 생성 모델의 핵심 구성 요소가 됩니다.

---

13 (옮긴이) 생성 모델과 의사소통하거나 명령을 내릴 때 주로 자연어를 사용한다는 의미입니다.

트랜스포머 기반 파운데이션 모델 유형

생성형 트랜스포머 기반 모델에는 인코더 전용, 디코더 전용, 인코더-디코더 방식의 세 가지 유형이 있습니다. 각 유형은 서로 다른 목적으로 학습되며, 사전 학습 중에 유형별로 설명할 학습 목표에 대한 손실을 최소화하는 방향으로 모델 가중치를 업데이트합니다. 각 유형은 다음에 살펴볼 다양한 유형의 생성 작업을 처리할 수 있습니다.

인코더 전용 모델 또는 오토인코더는 입력 토큰을 무작위로 마스킹하고 마스킹된 토큰을 예측하는 마스킹 언어 모델링(masked language modeling; MLM)이라는 기술을 활용해 사전 학습됩니다. 이를 **노이즈 제거**(denoising) 목표라고도 부릅니다. 오토인코딩 모델은 시퀀스의 바로 이전 토큰만이 아닌 토큰의 전체 맥락을 더 잘 이해하기 위해 그림 3.9와 같이 입력을 양방향으로 활용합니다.

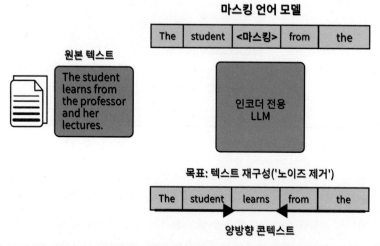

그림 3.9 마스킹된 입력 토큰의 재구성에 양방향 콘텍스트를 활용하는 인코더 전용 모델(오토인코더)

인코더 전용 모델은 텍스트 분류와 같이 인코더가 생성한 임베딩을 활용하는 언어 작업에 가장 적합합니다. 그러나 이 모델은 추가 텍스트를 계속 만들어내는 생성형 작업에는 그다지 효과적이지 않습니다. 잘 알려진 인코더 전용 모델에는 《AWS 기반 데이터 과학》(한빛미디어, 2023)[14]에서 광범위하게 다루는 BERT가 있습니다.

---

14 원서 정보: Data Science on AWS(O'Reilly, 2021), https://www.oreilly.com/library/view/data-science-on/9781492079385/

임베딩 출력은 단순한 키워드 검색을 넘어선 고급 문서 검색 알고리즘인 시맨틱 유사도 검색에도 유용합니다. 9장의 '검색 증강 생성(Retrieval-Augmented Generation)' 절에서 시맨틱 유사도 검색에 대해 자세히 살펴보겠습니다.

디코더 전용 모델 또는 자기회귀 모델은 그림 3.10과 같이 다른 모든 토큰을 마스킹하고 바로 이전 토큰만을 활용해 다음 토큰을 예측하는 단방향 인과적 언어 모델링(causal language modeling; CLM)으로 사전 학습됩니다.

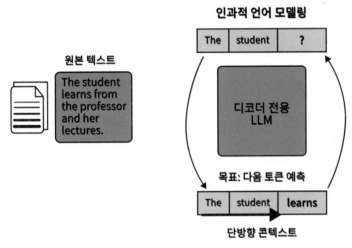

그림 3.10 토큰 예측 시 이전 토큰만을 공개하는 디코더 전용(자기회귀) 모델

디코더 전용, 자기회귀 모델은 수백만 개의 텍스트 예제를 사용해 이전 토큰으로부터 다음 토큰을 순차적으로 예측함으로써 언어의 통계적 표현을 학습합니다. 이러한 모델은 질의응답을 비롯한 생성 작업에 일반적으로 사용됩니다. GPT-3, Falcon, LLaMA 모델 계열은 잘 알려진 자기회귀 모델입니다.

참고로 메타는 Llama 2를 공개하면서 Llama 모델 이름의 대소문자 표기 방식을 변경했습니다. 첫 번째 버전은 대규모 언어 모델 메타 AI(Large Language Model Meta AI)의 약자로 대소문자 혼합방식인 LLaMA를 사용합니다. 두 번째 버전은 Llama 2처럼 첫 글자만 대문자로 표기했습니다.

인코더-디코더 모델은 트랜스포머 인코더와 디코더를 모두 활용하며, 흔히 시퀀스-시퀀스(sequence-to-sequence) 모델로 불립니다. 사전 학습 목표는 모델마다 다르지만 널리 활용되는 T5 파운데이션 모델(예: FLAN-T5)은 스팬 손상(span corruption)이라고 하는 연속적인 다중 토큰 마스킹을 사용해 사전 학습됐습니다. 그런 다음 디코더는 그림 3.11과 같이 마스킹된 토큰 시퀀스인 <X>를 재구성하려고 시도합니다.

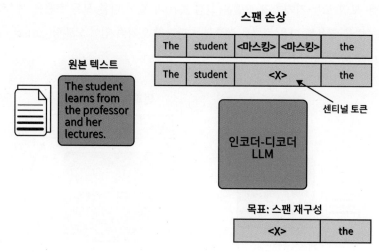

그림 3.11 인코더-디코더(시퀀스-시퀀스) 모델

원래 번역용으로 설계된 시퀀스-시퀀스 모델은 텍스트 요약 작업에도 매우 유용합니다. T5[15]와 그것의 미세 조정된 모델인 FLAN-T5[16]는 다양한 생성 언어 작업에서 활용되는 잘 알려진 인코더-디코더, 시퀀스-시퀀스 모델입니다.

트랜스포머 기반 파운데이션 모델의 세 가지 주요 유형을 살펴봤으니, 이제 파운데이션 모델을 사전 학습할 때 가장 일반적으로 활용되는 공개 데이터 세트 몇 가지를 알아보겠습니다.

사전 학습 데이터 세트

생성 모델은 사전 학습 단계에서 주로 테라바이트나 페타바이트 규모의 대량 학습 데이터를 통해 기능을 학습합니다. 데이터 세트는 주로 공개된 인터넷에서 수집하지만, 아마존 S3 버킷이나 데이터베이스의 비공개 데이터를 포함할 수도 있습니다.

---

15 https://huggingface.co/google-t5/t5-base
16 https://huggingface.co/google/flan-t5-base

대규모 언어 모델을 사전 학습하는 데 가장 많이 활용되는 두 가지 데이터 세트는 Wikipedia 와 Common Crawl입니다. Wikipedia[17]는 2022년부터 콘텐츠의 다국어 추출본을 제공하며, Common Crawl[18]은 매월 인터넷 전체에서 발견한 텍스트를 덤프 형태로 제공합니다.

예상할 수 있듯이, 이런 자유로운 형식의 인터넷 데이터에는 정제되지 않은 내용이 다수 포함되어 있습니다. 따라서 Wiki-40B[19], Colossal Clean Crawled Corpus(C4)[20], The Pile[21], RefinedWeb[22] 등 더 높은 품질의 모델 학습을 위한 데이터를 정제하려는 데이터 세트 변종이 있습니다. 특히 RefinedWeb은 통계적 방법을 사용해 텍스트가 사람에 의해 생성됐는지 기계에 의해 생성됐는지를 판단해 기계가 생성한 텍스트를 걸러내려고 노력합니다.

 Falcon 모델군은 RefinedWeb이라는 1조 5천억 개 토큰 데이터를 학습했습니다. 이 데이터는 18,504개의 CPU와 37TB의 CPU RAM을 갖춘 257대의 ml.c5.18xlarge 세이지메이커 인스턴스로 구성된 클러스터를 활용해 처리했습니다.

다음으로 모델 크기, 데이터 세트 크기, 컴퓨팅 예산 간 관계를 설명하는 스케일링 법칙에 대해 알아보겠습니다.

스케일링 법칙

생성 모델에서는 고정된 컴퓨팅 예산(예: GPU 시간) 내에서 모델 크기와 데이터 세트 크기 간 상충 관계를 설명하는 **스케일링 법칙**이 등장했습니다. 이 스케일링 법칙[23]에 따르면, 토큰 수나 모델 매개변수 수를 늘림으로써 생성 모델의 성능을 향상할 수 있습니다.

두 가지를 모두 확장하려면 일반적으로 더 높은 컴퓨팅 예산이 필요하며, 이는 초당 부동소수점 연산(FLOPs)으로 정의합니다. 그림 3.12는 BERT, T5, GPT-3의 다양한 변형과 크기를 사전

---

17 https://en.wikipedia.org/wiki/Wikipedia:Database_download

18 https://registry.opendata.aws/commoncrawl/

19 Mandy Guo 외, "Wiki-40B: Multilingual Language Model Dataset", arXiv, 2020, (https://aclanthology.org/2020.lrec-1.297.pdf)

20 Colin Raffel 외, "Exploring the Limits of Transfer Learning with a Unified Text-to-Text Transformer", arXiv, 2020, (https://arxiv.org/pdf/1910.10683v3)

21 Leo Gao 외, "The Pile: An 800GB Dataset of Diverse Text for Language Modeling", arXiv, 2020, (https://arxiv.org/pdf/2101.00027)

22 Guilherme Penedo 외, "The RefinedWeb Dataset for Falcon LLM: Outperforming Curated Corpora with Web Data, and Web Data Only", arXiv, 2023, (https://arxiv.org/pdf/2306.01116)

23 Jared Kaplan 외, "Scaling Laws for Neural Language Models", arXiv, 2020, (https://arxiv.org/pdf/2001.08361)

학습하는 데 필요한 컴퓨팅 예산을 비교한 자료입니다. 앞서 얘기했듯이, BERT는 인코더 전용 모델, T5는 인코더-디코더 모델, GPT-3는 디코더 전용 모델입니다. Y축은 로그 스케일로 나타냈습니다.

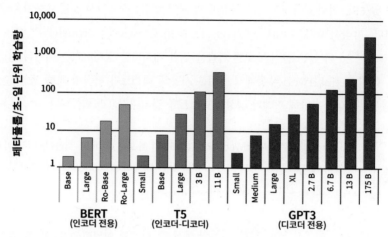

그림 3.12 페타플롭/초-일 단위로 표현한 일반적인 모델의 사전 학습 요구 사항
(출처: "Language Models are Few-Shot Learners" 논문[24]의 이미지를 바탕으로 수정)

여러 벤치마크 결과에 따르면, 1,750억 개의 매개변수를 가진 GPT-3 모델은 생성형 작업에서 T5와 BERT 모델보다 우수한 성능을 보이지만, 모델 규모가 클수록 더 많은 컴퓨팅 예산이 필요합니다. 그래서 더 작은 모델에서 1,750억 개 매개변수 모델만큼의 성능을 얻을 수 있는지 궁금할 것입니다. 사실 가능합니다!

연구자들은 모델 크기를 늘리는 대신 학습 데이터 세트 크기를 늘림으로써 훨씬 적은 가중치로도 1,750억 개의 매개변수 모델을 능가하는 최고 수준의 성능을 달성할 수 있다는 사실을 발견했습니다. 실제로 "Scaling Laws for Neural Language Models(신경망 언어 모델에서의 스케일링 법칙)" 논문[25]에 따르면, 컴퓨팅 예산을 일정하게 유지할 때 학습 데이터 세트의 크기를 늘리거나(모델 매개변수 크기를 일정하게 유지) 모델 매개변수의 수를 늘림으로써(데이터 세트 크기를 일정하게 유지) 모델의 성능을 향상할 수 있습니다. 그림 3.13에서는 데이터 세트 크기 또는 매개변수 크기가 증가함에 따라 테스트 손실이 어떻게 감소하는지 보여줍니다.

24 Tom B. Brown 외, "Language Models are Few-Shot Learners", arXiv, 2020 (https://arxiv.org/abs/2005.14165)
25 Kaplan 외, "Scaling Laws for Neural Language Models", arXiv, 2020. (https://arxiv.org/abs/2001.08361)

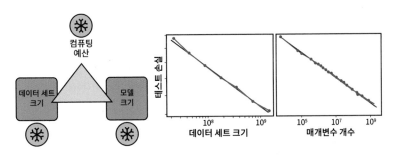

그림 3.13 데이터 세트 크기와 매개변수 크기가 모델 성능에 미치는 영향
(출처: "Scaling Laws for Neural Language Models" 논문의 이미지를 바탕으로 수정)

이는 또한 모델 크기가 작더라도 더 많은 데이터로 학습시키면 성능을 향상할 수 있다는 것을 보여줍니다. 이는 바로 다음에 배우게 될 흥미로운 분야인 컴퓨팅 최적화 모델 연구입니다.

컴퓨팅 최적화 모델

2022년 한 연구진이 다양한 모델과 데이터 세트 크기 조합의 모델 성능을 비교한 논문[26]을 발표했습니다. 저자들이 최종적으로 선택한 컴퓨팅 최적화 모델에 '친칠라'라는 이름을 붙였기에, 이 논문은 친칠라 논문으로 널리 알려졌습니다.

친칠라 논문은 GPT-3와 같은 1,000억 개 이상의 매개변수를 가진 대규모 모델은 매개변수가 과도하게 설정되고 학습이 부족할 수 있음을 시사합니다. 또한 이 논문은 작은 모델일지라도 더 많은 학습 데이터를 사용하면 1,000억 개 이상의 매개변수를 가진 모델과 유사한 성능을 달성할 수 있다는 가설을 제시합니다.

보다 구체적으로, 친칠라 논문의 저자들은 최적의 학습 데이터 세트 크기(토큰 단위로 측정)가 모델 매개변수 수의 20배가 되어야 하며, 이 비율이 20배 미만인 경우 모델의 매개변수가 과도하게 설정되어 학습이 부족할 수 있다고 주장합니다. 표 3.2는 컴퓨팅 최적화 모델인 친칠라, LLaMA 모델과 1,750억 개의 매개변수를 가진 GPT-3, OPT 그리고 BLOOM 모델을 비교한 것입니다.

---

26 Jordan Hoffman 외, "Training Compute-Optimal Large Language Models", arXiv, 2022. (https://arxiv.org/abs/2203.15556)

모델	모델 크기 (매개변수)	최적 데이터 세트 크기 (토큰 수)	실 데이터 세트 크기 (토큰 수)	분석 결과
Chinchilla	70 B	1.4 T	1.4 T	컴퓨팅 최적화 (20배)
LLaMA-65B	65 B	1.3 T	1.4 T	컴퓨팅 최적화 (20배)
GPT-3	175 B	3.5 T	300 B	데이터 세트 크기에 비해 모델 매개변수가 과도하게 설정((20배)
OPT-175B	175 B	3.5 T	180 B	데이터 세트 크기에 비해 모델 매개변수가 과도하게 설정((20배)
BLOOM	176 B	3.5 T	350 B	데이터 세트 크기에 비해 모델 매개변수가 과도하게 설정((20배)
Llama2-70B	70 B	1.4 T	2.0 T	컴퓨팅 최적화보다 우수함

표 3.2 모델 크기와 데이터 세트 크기에 따른 친칠라 스케일링 법칙

친칠라 스케일링 법칙에 따르면 이 1,750억 개 이상의 매개변수를 가진 모델은 3조 5천억 개의 토큰으로 학습해야 합니다. 하지만 실제로는 1,800억~3,500억 개의 토큰으로 학습했으며 이는 권장 크기의 10분의 1 수준입니다. 따라서 이 논문은 1,750억 개 이상의 매개변수를 가진 모델이 훨씬 더 많은 데이터로 학습했거나 모델 크기를 10배 정도 줄일 수 있었음을 시사합니다.

실제로 친칠라 논문 발표 이후 공개된 최신 Llama 2 700억 개 매개변수 모델[27]은 2조 개의 토큰으로 학습했으며, 이는 논문에서 설명한 매개변수 대비 토큰 수의 비율인 20:1보다 큽니다. Llama 2는 대규모 다중작업 언어 이해(massive multitask language understanding; MMLU) 등 다양한 벤치마크[28]에서 기존 LLaMA 모델보다 뛰어난 성능을 보였습니다. 이는 매개변수 수를 상대적으로 고정하면서 사전 학습 데이터의 양을 늘리는 최근의 추세를 보여줍니다.

요약

이 장에서는 파운데이션 모델이 초기 학습 단계인 사전 학습에서 방대한 양의 텍스트를 사용해 학습하는 방법을 살펴봤습니다. 이 단계에서 모델은 언어의 이해를 키웁니다.

---

27 https://huggingface.co/meta-llama/Llama-2-70b
28 Dan Hendrycks 외, "Measuring Massive Multitask Language Understanding", arXiv, 2021. (https://arxiv.org/pdf/2009.03300)

또한 인코더만 구성한 모델(오토인코딩), 디코더만 구성한 모델(자기회귀), 인코더-디코더 모델(시퀀스-시퀀스) 등 트랜스포머 기반 언어 모델의 세 가지 유형에 대해서도 배웠습니다.

아울러 생성형 AI 모델을 사전 학습하는 동안 연구자들이 발견한 몇 가지 경험적 스케일링 법칙도 배웠습니다. 이러한 스케일링 법칙은 연구자들이 주어진 컴퓨팅 예산 내에서 파운데이션 모델을 처음부터 사전 학습할 때, 모델 매개변수의 개수(10억, 70억, 700억 등)와 데이터 세트 크기(7,000억 토큰, 1조 4,000억 토큰, 2조 토큰 등)를 선택하는 데 도움이 됩니다.

그리고 친칠라 스케일링 법칙에서 정의한 20배 비율을 넘어 학습 데이터를 더 추가하면 모델 크기를 상대적으로 고정한 상태에서도 모델의 성능을 향상할 수 있다는 것을 확인했습니다.

파운데이션 모델을 사전 학습시키는 데는 많은 양의 GPU 연산량과 데이터가 필요하므로 일반적으로 수행되지 않는다는 점을 기억해야 합니다. 다음 장에서 살펴보겠지만, 훨씬 더 작은 GPU 컴퓨팅 클러스터를 활용해 자신의 데이터 세트로 모델을 미세 조정하는 것이 더 일반적입니다. 그러나 미세 조정을 살펴보기 전에 대규모 생성 모델을 다룰 때 발생하는 계산과 메모리 문제를 잘 이해할 필요가 있습니다. 이러한 문제에는 GPU 메모리 제한과 분산 컴퓨팅으로 인한 추가적 계산 부담 등이 포함됩니다.

4장에서는 학습 작업에 필요한 메모리 요구량을 줄이기 위해 양자화를 어떻게 활용하는지 알아봅니다. 또한 AWS 최적화를 포함해 완전 샤딩 데이터 병렬화(fully sharded data parallel; FSDP)와 같은 분산 컴퓨팅 전략을 활용해 여러 GPU에서 모델 학습을 효율적으로 확장하는 방법도 알아보겠습니다.

04

메모리와
연산 최적화

3장에서는 활용 목적에 맞는 파운데이션 모델을 실험하고 선택하는 효과적인 방법을 살펴봤습니다. 다음 단계는 모델을 특정 요구 사항과 데이터 세트에 맞게 변경하는 것입니다. 여기에는 5장에서 자세히 다룰 **미세 조정**이라는 기술을 활용해 데이터 세트에 맞게 모델을 조정하는 것이 포함됩니다. 대규모 파운데이션 모델을 학습하거나 미세 조정할 때는 종종 연산 문제, 특히 큰 모델을 GPU 메모리에 어떻게 적재할 것인가 하는 문제에 직면합니다.

이 장에서는 메모리 한계를 극복하는 기술을 살펴보겠습니다. 양자화와 분산 학습을 적용해 필요한 GPU 메모리를 최소화하는 방법과 더 큰 모델을 위해 여러 GPU에 걸쳐 모델 학습을 수평적으로 확장하는 방법을 배우게 될 것입니다.

예를 들어, 400억 개의 매개변수를 가진 최초의 Falcon 모델[1]은 384개의 엔비디아 A100 GPU, 15TB의 GPU RAM, 55TB의 CPU RAM으로 구성된 48개의 `ml.p4d.24xlarge` 아마존 세이지메이커 인스턴스 클러스터에서 학습됐습니다. 최신 버전의 Falcon 모델은 3,136개의 엔비디아 A100 GPU, 125TB의 GPU RAM, 450TB의 CPU RAM으로 구성된 392개의 `ml.p4d.24xlarge` 세이지메이커 인스턴스로 구성된 클러스터에서 학습됐습니다. Falcon 모델이 크고 복잡해 GPU 클러스터가 필요하지만 다음에 살펴볼 양자화로 이점을 얻을 수 있습니다.

---

1 https://aws.amazon.com/ko/blogs/machine-learning/technology-innovation-institute-trains-the-state-of-the-art-falcon-llm-40b-foundation-model-on-amazon-sagemaker/

메모리 문제

파운데이션 모델을 학습하거나 미세 조정할 때 흔히 발생하는 문제 중 하나는 메모리 부족입니다. 엔비디아 GPU에서 모델을 학습하거나 적재해 본 적이 있다면, 그림 4.1의 오류 메시지가 익숙할 것입니다.

> OutOfMemoryError: CUDA out of memory.

그림 4.1 CUDA 메모리 부족 오류

CUDA는 Compute Unified Device Architecture의 약자로, 엔비디아 GPU에서 행렬 곱셈을 비롯한 일반적인 딥러닝 연산의 성능을 향상하기 위해 개발된 라이브러리 및 도구 모음입니다. 파이토치와 텐서플로 같은 딥러닝 라이브러리는 CPU와 GPU 메모리 간 데이터 이동을 비롯한 저수준의 하드웨어별 세부 사항을 처리하기 위해 CUDA를 광범위하게 활용합니다. 최신 생성 모델은 수십억 개의 매개변수를 포함하므로 연구 환경에서 모델을 적재하고 테스트하는 동안 이런 메모리 부족 오류를 마주친 적이 있을 것입니다.

단일 모델 매개변수는 32비트 완전 정밀도에서 4바이트로 표현됩니다. 따라서 10억 개 매개변수를 가진 모델은 완전 정밀도로 GPU 메모리에 적재하는 것만으로도 4GB의 GPU RAM이 필요합니다. 또한 모델을 학습하려면 표 4.1에 표시된 것처럼 수치 옵티마이저 상태, 그래디언트, 활성화 값뿐만 아니라 함수에서 사용하는 임시 변수를 저장하기 위해 더 많은 GPU 메모리가 필요합니다.

상태	매개변수당 바이트
모델 매개변수(가중치)	4바이트
아담 옵티마이저(2개 상태[2])	8바이트
그래디언트	4바이트
활성화 값과 임시 메모리(가변 크기)	8바이트(최대 예상치)
전체	= 4 + 20바이트

표 4.1 모델 학습에 추가로 필요한 RAM

---

2 (옮긴이) 아담 옵티마이저는 모델 학습에 활용되는 대표적인 최적화 알고리즘으로, 각 매개변수에 대해 2개의 상태 변수(first moment와 second moment)를 관리합니다. 따라서 이 상태 관리를 위한 추가 GPU 메모리가 필요합니다.

모델 학습을 실험할 때는 batch_size=1로 시작해 단일 학습 예제로 모델의 메모리 한계를 찾는 것이 좋습니다. 그런 다음 CUDA 메모리 부족 오류가 발생할 때까지 배치 크기를 조금씩 늘립니다. 이렇게 하면 모델과 데이터 세트의 최대 배치 크기를 결정할 수 있습니다. 배치 크기를 더 크게 설정하면 모델 학습 속도가 더 빨라질 수 있습니다.

이러한 추가 구성 요소로 인해 모델 매개변수당 약 12~20바이트의 GPU 메모리가 추가로 필요합니다. 예를 들어, 10억 개 매개변수를 가진 모델을 학습시킬 때는 그림 4.2와 같이 32비트 완전 정밀도에서 약 24GB의 GPU RAM이 필요합니다. 이는 모델을 적재하는 데 필요한 4GB의 GPU RAM보다 6배 더 큽니다.

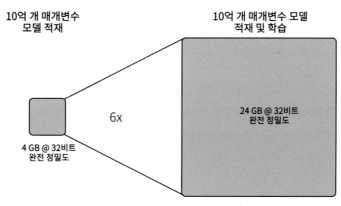

그림 4.2 10억 개 매개변수 모델을 32비트 완전 정밀도로 적재하는 데 필요한 GPU 메모리와 적재 및 학습에 필요한 GPU 메모리의 대략적인 비교

이 글을 작성하는 시점에 사용 중인 NVIDIA A100과 H100은 최대 80GB의 GPU RAM만 지원한다는 점에 유의해야 합니다. 10억 개 이상의 매개변수를 가진 모델을 학습하려면 모델을 양자화하는 등의 해결책을 찾아야 합니다.

AWS는 1,000억 개 이상의 매개변수를 가진 생성형 AI 모델을 적은 비용으로도 고성능으로 학습할 수 있도록 특수 제작된 ML 가속기인 AWS 트레이니엄을 개발했습니다. Trn1 인스턴스 제품군을 통해 AWS 트레이니엄 칩을 활용할 수 있습니다. 이 글을 작성하는 시점에 가장 큰 Trn1 인스턴스는 16개의 AWS 트레이니엄 칩을 활용하며 512GB의 공유 가속기 메모리를 가집니다. 또한 Trn1 인스턴스는 양자화와 분산 모델 학습에 최적화되어 있고, 다양한 데이터 유형을 지원합니다.

양자화는 모델 매개변수를 32비트 정밀도에서 16비트 정밀도, 심지어 8비트 또는 4비트로 변환하는 데 널리 활용되는 방법입니다. 10억 개 매개변수로 이뤄진 모델에서 가중치를 32비트 완전 정밀도에서 16비트 반정밀도로 양자화하기만 하면 메모리 요구량을 간단히 50%까지 줄여 적재 시에는 2GB, 적재 및 학습 시에는 12GB로 줄일 수 있습니다.

양자화에 대해 자세히 알아보기 전에, 모델 학습을 위한 일반적인 데이터 유형을 살펴보고 수치 정밀도를 논의하겠습니다.

데이터 유형 및 수치 정밀도

파이토치와 텐서플로는 32비트 완전 정밀도용 fp32, 16비트 반 정밀도용 fp16, 8비트 정수 정밀도용 int8 등 다양한 데이터 유형을 다룹니다.

최근에는 최신 생성형 AI 모델에서 16비트 정밀도를 위해 fp16의 대안으로 bfloat16이 널리 활용됩니다. bfloat16(또는 bf16)은 구글 브레인에서 개발한 'brain floating point 16(브레인 부동 소수점 16)'의 줄임말입니다. bfloat16은 fp16보다 8비트 더 넓은 지수 범위를 가지고 있어 생성형 AI 모델에서 필요로 하는 넓은 범위의 값을 표현할 수 있습니다.

이러한 데이터 유형을 비교하고 16비트 양자화를 위해 bfloat16이 널리 활용되는 이유를 알아보겠습니다.

32비트 완전 정밀도로 원주율 pi를 소수점 이하 20자리(3.14159265358979323846)까지 저장한다고 가정해 보겠습니다. 부동 소수점 숫자는 0과 1로만 구성된 비트로 저장된다는 점을 기억해야 합니다. 숫자는 부호(음수 또는 양수)에 1비트, 지수(표현 범위)에 8비트, 숫자의 정밀도를 나타내는 가수에 23비트를 사용해 32비트로 저장됩니다. 표 4.2는 fp32가 pi 값을 어떻게 나타내는지 보여줍니다.

부호	지수	가수
1비트	8비트	23비트
0	10000000	10010010000111111011011

표 4.2 pi를 나타내는 fp32

fp32는 −3e38에서 +3e38 범위의 숫자를 표현할 수 있습니다. 다음 파이토치 코드는 fp32 데이터 유형 정보를 출력하는 방법을 보여줍니다.

```
import torch
torch.finfo(torch.float32)
```

출력 결과는 다음과 같습니다.

```
finfo(resolution=1e-06, min=-3.40282e+38, max=3.40282e+38, eps=1.19209e-07,
smallest_normal=1.17549e-38, tiny=1.17549e-38, dtype=float32)
```

실수를 32비트로 저장하면 실제로 정밀도가 약간 손실됩니다. pi를 fp32 데이터 유형으로 저장한 다음 Tensor.item()로 텐서 값을 소수점 이하 20자리까지 출력하면 이를 확인할 수 있습니다.

```
pi = 3.14159265358979323846
pi_fp32 = torch.tensor(pi, dtype=torch.float32)
print('%.20f' % pi_fp32.item())
```

출력 결과는 다음과 같습니다.

```
3.14159274101257324219
```

이 값을 3.14159265358979323846으로 시작하는 pi의 실제 값과 비교하면 정밀도가 약간 손실된 것을 확인할 수 있습니다. 이 정밀도 손실은 그림 4.3에 표시된 것처럼 fp32 숫자 범위로 변환하기 때문입니다.

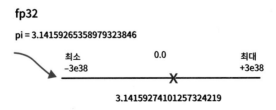

그림 4.3 pi를 −3e38에서 +3e38 범위로 투영하는 fp32

메모리 사용량을 출력할 수도 있습니다.

```
def show_memory_comsumption(tensor):
    memory_bytes = tensor.element_size() * tensor.numel()
    print("텐서 메모리 소비량:", memory_bytes, "바이트")
show_memory_comsumption(pi_fp32)
```

출력 결과는 다음과 같습니다.

```
텐서 메모리 소비량: 4 바이트
```

지금까지 데이터 유형과 숫자 표현에 대해 살펴봤으니 이제 양자화를 통해 수십억 개 매개변수를 가진 모델을 적재하고 학습하는 데 필요한 메모리 공간을 줄이는 방법에 대해 알아보겠습니다.

양자화

32비트 완전 정밀도로 수십억 개 매개변수를 가진 모델을 학습하려면 80GB의 GPU RAM만 있는 단일 엔비디아 A100 또는 H100 GPU로는 금방 한계에 도달합니다. 따라서 단일 GPU를 사용할 때는 대부분 양자화 기술을 활용해야 합니다.

양자화는 모델 가중치의 정밀도를 낮춰 모델을 적재하고 학습하는 데 필요한 메모리 사용량을 줄여줍니다. 양자화는 모델의 매개변수를 32비트 정밀도에서 16비트 정밀도, 심지어 8비트 또는 4비트로 변환합니다.

모델 가중치를 32비트 완전 정밀도에서 16비트나 8비트 정밀도로 양자화하면, 그림 4.4에서 볼 수 있듯이 10억 개 매개변수 모델을 적재하는 데 필요한 메모리 요구량을 50% 줄여 2GB로 만들 수 있으며 심지어 75% 줄여 1GB로 만들 수도 있습니다.

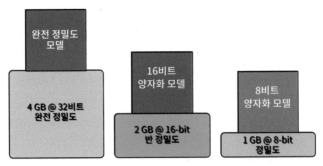

그림 4.4 32비트, 16비트, 8비트 정밀도로 10억 개 매개변수 모델을 적재하는 데 필요한 대략적인 GPU 메모리 용량

양자화는 높은 정밀도의 부동 소수점 숫자로 이루어진 원본 집합을 더 낮은 정밀도의 대상 숫자 집합으로 투영합니다. 양자화 메커니즘은 원본 범위와 대상 범위를 사용해 먼저 스케일링 계수를 계산하고 투영한 다음, 결과를 낮은 정밀도로 저장합니다. 이렇게 하면 메모리 사용량을 줄이고 궁극적으로 학습 성능을 개선하며 비용을 절감할 수 있습니다.

fp16

표 4.3에 표시된 것처럼 fp16의 경우 16비트는 부호에 1비트, 지수에 5비트, 가수에 10비트로 구성됩니다.

	부호	지수	가수
fp32 (4바이트 메모리 사용)	1비트 0	8비트 10000000	23비트 10010010000111111011011
fp16 (2바이트 메모리 사용)	1비트 0	5비트 10000	10비트 1001001000

표 4.3 fp32와 fp16 비교

지수와 가수의 비트 수가 줄어들었으므로 표현할 수 있는 fp16 숫자의 범위는 −65,504에서 +65,504까지만 가능합니다. fp16 데이터 유형 정보를 출력해 이를 확인할 수 있습니다.

```
torch.finfo(torch.float16)
```

출력 결과는 다음과 같습니다.

```
finfo(resolution=0.001, min=-65504, max=65504, eps=0.000976562, smallest_
normal=6.10352e-05, tiny=6.10352e-05, dtype=float16)
```

이번에는 pi를 소수점 이하 20자리까지 fp16에 저장하고 값을 비교해 보겠습니다.

```
pi = 3.14159265358979323846
pi_fp16 = torch.tensor(pi, dtype=torch.float16)
print('%.20f' % pi_fp16.item())
```

출력 결과는 다음과 같습니다.

```
3.14062500000000000000
```

fp16으로 투영한 후에는 소수점 뒤에 6자리만 남게 되는데 이는 정밀도 손실이 발생했다는 것을 의미합니다. 이제 pi의 fp16 값은 3.140625입니다. 그림 4.5에 표시된 것처럼 값을 fp32에 저장하는 것만으로도 이미 정밀도가 손실됐음을 기억해야 합니다.

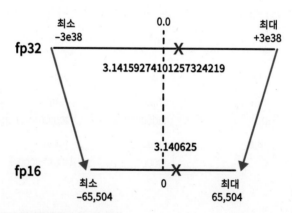

그림 4.5 fp32에서 fp16으로 양자화해 메모리 50% 절감

하지만 대부분의 경우 정밀도 손실은 허용할 만한 수준입니다. fp16은 2바이트, fp32는 4바이트의 메모리를 차지하기 때문에 fp16은 fp32 대비 GPU 메모리 사용량을 50% 줄일 수 있어 일반적으로 그만한 가치가 있습니다.

그림 4.6에서 볼 수 있듯이 이제 10억 개 매개변수 모델을 적재하는 데 2GB의 GPU RAM만 필요하며 모델 적재 및 학습에는 12GB의 GPU RAM이 필요합니다.

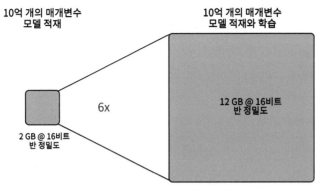

그림 4.6 16비트 반 정밀도로 10억 개의 매개변수 모델을 적재하고 학습하는 데 12GB의 GPU RAM만 필요

bfloat16

bfloat16은 16비트만으로 fp32의 전체 범위를 포착할 수 있어 fp16의 대안으로 널리 활용됩니다. 이렇게 하면 모델 학습 중 오버플로로 인한 수치 불안정성을 줄일 수 있습니다. 오버플로는 높은 정밀도에서 낮은 정밀도 공간으로 숫자를 변환할 때 표현 범위를 벗어나 발생하며 NaN(Not a Number, 숫자가 아님) 오류를 유발합니다.

bfloat16은 fp16에 비해 동적 범위가 더 넓지만, 정밀도는 떨어집니다. 하지만 이 정도는 일반적으로 허용되는 수준입니다. bfloat16은 부호를 나타내는 데 1비트를 사용하고, 지수를 나타내는 데 8비트를 사용합니다. 그러나 표 4.4에 표시된 것처럼 가수를 7비트로 잘라내기에 '잘린 32비트 부동소수점'이라고 부르기도 합니다.

	부호	지수	가수
fp32 (4바이트 메모리 사용)	1비트 0	8비트 10000000	23비트 10010010000111111011011
bfloat16 (2바이트 메모리 사용)	1비트 0	8비트 10000000	7비트 1001001

표 4.4 fp32와 bfloat16 비교

표현할 수 있는 bfloat16 숫자의 범위는 fp32와 같습니다. bfloat16의 데이터 유형 정보를 출력해 보겠습니다.

```
torch.finfo(torch.bfloat16)
```

출력 결과는 다음과 같습니다.

```
finfo(resolution=0.01, min=-3.38953e+38, max=3.38953e+38, eps=0.0078125, smallest_
normal=1.17549e-38, tiny=1.17549e-38, dtype=bfloat16)
```

다시 한번 **pi**를 소수점 이하 20자리까지 **bfloat16**에 저장하고 값을 비교해 보겠습니다.

```
pi = 3.14159265358979323846
pi_bfloat16 = torch.tensor(pi, dtype=torch.bfloat16)
print('%.20f' % pi_bfloat16.item())
```

출력 결과는 다음과 같습니다.

```
3.14062500000000000000
```

fp16과 마찬가지로 **bfloat16**을 이용하면 정밀도 손실을 최소화할 수 있습니다. **pi**의 **bfloat16** 값은 **3.140625**입니다. 그러나 그림 4.7에서 볼 수 있듯이 **fp32**의 동적 범위를 유지해 오버플로를 줄이는 것이 정밀도 손실보다 더 큰 이점이 됩니다.

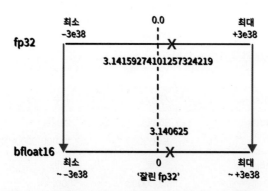

그림 4.7 fp32에서 bfloat16으로 양자화하면 메모리를 50% 절약하면서 fp32의 동적 범위를 유지할 수 있습니다.

bfloat16은 엔비디아의 A100과 H100 같은 최신 GPU에서 기본적으로 지원됩니다. FLAN-T5, Falcon, Llama 2 등 많은 최신 생성형 AI 모델이 **bfloat16**으로 사전 학습됐습니다.

fp8

fp8은 수십억 개 매개변수 모델의 메모리와 연산 부담을 줄이기 위해 fp16과 bfloat16에서 자연스럽게 발전한 새로운 데이터 유형입니다.

fp8을 이용하면 학습, 추론, 사후 학습 양자화 같은 작업에 따라 지수와 가수에 할당되는 비트수를 구성할 수 있습니다. 엔비디아 GPU는 H100 칩부터 fp8을 지원하기 시작했습니다. AWS 트레이니엄도 cfp8이라고 부르는 사용자 정의 가능한 fp8을 지원합니다. cfp8에서는 표 4.5와 같이 1비트는 부호에 사용되고 나머지 7비트는 지수와 가수 사이에서 구성할 수 있습니다.

	부호	지수	가수
fp32 (4바이트 메모리 사용)	1비트 0	8비트 10000000	23비트 10010010000111111011011
fp8 (1바이트 메모리 사용)	1비트 0	7비트 0000011 (변경 가능)	

표 4.5 fp32와 fp8 비교

실험 결과에 따르면 fp8은 메모리 사용량을 50%나 더 줄이고 모델 학습 속도를 높이면서도 fp16 및 bfloat16과 유사한 모델 학습 성능을 보여줍니다.

int8

또 다른 양자화 옵션은 int8 8비트 양자화입니다. int8은 부호를 나타내는 데 1비트를 사용하고 표 4.6에서 볼 수 있듯이 나머지 7비트로 값을 표현합니다.

	부호	지수	가수
fp32 (4바이트 메모리 사용)	1비트 0	8비트 10000000	23비트 10010010000111111011011
int8 (1바이트 메모리 사용)	1비트 0	n/a	7비트 0000011

표 4.6 fp32와 int8 비교

int8로 표현할 수 있는 숫자의 범위는 −128에서 +127입니다. 다음은 int8의 데이터 유형 정보입니다.

```
torch.iinfo(torch.int8)
```

출력 결과는 다음과 같습니다.

```
iinfo(min=-128, max=127, dtype=int8)
```

다시 한번 pi를 소수점 이하 20자리까지 int8에 저장하고 어떤 일이 발생하는지 살펴보겠습니다.

```
pi = 3.14159265358979323846
pi_int8 = torch.tensor(pi, dtype=torch.int8)
print(pi_int8.item())
```

출력 결과는 다음과 같습니다.

```
3
```

그림 4.8에서 볼 수 있듯이 8비트 낮은 정밀도 공간에서 pi는 예상대로 3으로 투영됩니다.

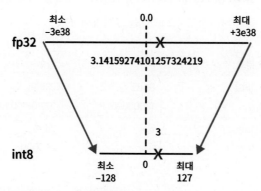

그림 4.8 fp32에서 int8로 양자화하면 75%의 메모리를 절약할 수 있습니다.

이렇게 하면 메모리 요구량이 원래 4바이트에서 1바이트로 줄어들지만 부동 소수점 표현을 정수값으로 변환하기 때문에 정밀도 손실이 더 커집니다.

대규모 파운데이션 모델의 메모리 사용량을 줄이는 것은 모델을 적재하고 학습하는 데 도움이 될 뿐만 아니라 추론에도 도움이 됩니다. 정밀도 손실에도 불구하고 8비트 양자화는 배포된 모델의 추론 처리량과 지연 시간을 개선하는 데 자주 활용됩니다. 허깅 페이스의 bitsandbytes에 통합된 LLM.int8()[3]과 같이 int8 양자화를 위해 최적화된 구현 방식은 양자화가 모델 성능에 미치는 영향을 최소화할 수 있는 것으로 나타났습니다.

8장에서 모델을 배포할 준비를 할 때 사후 학습 양자화(post-training quantization; PTQ)와 GPT 사후 학습 양자화(GPT post-training quantization; GPTQ)[4] 기법을 더 자세히 알아볼 것입니다.

표 4.7은 지금까지 설명한 데이터 유형을 비교한 것입니다.

	전체	부호	지수	가수	메모리 사용량
fp32	32	1	8	23	4 바이트
fp16	16	1	5	10	2 바이트
bf16	16	1	8	7	2 바이트
fp8	8	1	7		1 바이트
int8	8	1	n/a	7	1 바이트

표 4.7 양자화에 활용되는 데이터 유형 비교

요약하면 모델 양자화를 위한 데이터 유형의 선택은 애플리케이션의 특정 요구 사항에 따라 결정되어야 합니다. 정확도가 가장 중요할 때는 fp32가 안전한 선택이지만, 특히 수십억 개 매개변수가 있는 모델의 경우 GPU 메모리와 같은 하드웨어 한계에 부딪힐 가능성이 높습니다.

이때 fp16과 bfloat16을 이용해 양자화하면 필요한 메모리 공간을 50%까지 줄일 수 있습니다. bfloat16은 일반적으로 fp32와 같은 동적 범위를 유지하고 오버플로를 줄이기 때문에 fp16보

---

3 https://huggingface.co/blog/hf-bitsandbytes-integration

4 Elias Frantar 외, "GPTQ: Accurate Post-Training Quantization for Generative Pre-Trained Transformers", arXiv, 2023. (https://arxiv.org/abs/2210.17323)

다 선호됩니다. fp8은 메모리 및 연산 요구 사항을 더욱 줄이기 위해 새롭게 떠오르는 데이터 유형입니다. 일부 하드웨어 구현에서는 지수와 가수에 대한 비트를 구성할 수 있으며 경험적 결과에 따르면 fp16 및 bfloat16로 학습한 모델의 성능과 비슷할 수 있습니다. 추론에 필요한 모델 최적화를 위해 int8이 널리 활용되며 하드웨어와 딥러닝 프레임워크의 지원이 확대되면서 fp8이 더욱 각광받고 있습니다.

 선택한 데이터 유형이 정확도와 성능 요구 사항을 충족하는지 확인하기 위해서는 항상 양자화 결과를 벤치마크해 보는 것이 좋습니다.

또 다른 메모리 및 연산 최적화 기법은 플래시 어텐션(FlashAttention)입니다. 플래시 어텐션은 트랜스포머 기반 모델의 셀프 어텐션 레이어에서 $O(n^2)$인 제곱 연산량과 메모리 요구 사항을 줄이는 것을 목표로 합니다.

셀프 어텐션 레이어 최적화

3장에서 언급한 바와 같이 트랜스포머의 성능은 셀프 어텐션 레이어의 연산량과 메모리 복잡도로 인해 종종 병목 현상이 발생합니다. 따라서 이러한 레이어를 대상으로 많은 성능 개선 노력이 이루어지고 있습니다. 다음으로 셀프 어텐션 레이어의 메모리를 줄이고 성능을 높이는 몇 가지 강력한 기법을 알아보겠습니다.

플래시 어텐션

트랜스포머의 어텐션 레이어는 입력 토큰 수에 따라 연산량과 메모리 요구 사항이 $O(n^2)$으로, 제곱으로 증가하기 때문에 입력 시퀀스 길이를 늘리려 할 때 병목 현상이 발생합니다. 연구 논문[5]에서 처음 제안된 플래시 어텐션은 이 제곱 증가 문제에 대해 GPU에 특화된 솔루션입니다.

---

5 Tri Dao 외, "FlashAttention: Fast and Memory-Efficient Exact Attention with IO-Awareness", arXiv, 2022. (https://arxiv.org/abs/2205.14135)

이 글을 쓰는 시점에서 버전 2까지 나온 플래시 어텐션은 고대역폭 메모리(high-bandwidth memory; HBM)라고 하는 GPU 메인 메모리와 훨씬 빠르지만, 더 작은 온칩(on-chip) GPU 정적 RAM(static RAM; SRAM) 사이의 읽기와 쓰기 양을 줄입니다. 이름과 달리 GPU 고대역 폭 메모리는 온칩 GPU SRAM보다 훨씬 느립니다.

전반적으로 플래시 어텐션은 $O(n^2)$인 제곱 연산량과 메모리 요구 사항을 $O(n)$(여기서 n은 시 퀀스의 입력 토큰 수)인 선형으로 줄임으로써 셀프 어텐션 성능을 2~4배 향상하고 메모리 사용 량을 10~20배 감소시킵니다. 플래시 어텐션으로 트랜스포머는 훨씬 더 긴 입력 시퀀스를 처 리할 수 있게 확장할 수 있으므로 더 큰 입력 콘텍스트 윈도에서 더 나은 성능을 발휘할 수 있 습니다.

플래시 어텐션의 구현체를 활용하려면 일반적으로 `pip install flash-attn --no-build-isolation` 명령어로 flash-attn을 설치합니다. 이렇게 하면 flash-attn 라이브러리[6]를 기존 어텐션에 대체해 설치합니다.

어텐션 최적화는 성능을 개선하고 메모리 요구 사항을 줄이기 위해 GPU별 최적화를 지속적으 로 구현하는 차세대 플래시 어텐션-2[7]를 포함해 활발히 연구되는 분야입니다.

트랜스포머에서 셀프 어텐션 레이어 성능을 개선하는 또 다른 기법을 알아보겠습니다.

그룹 쿼리 어텐션

어텐션 레이어에 대한 또 다른 인기 있는 최적화 방법은 그룹 쿼리 어텐션(grouped-query attention; GQA)입니다. GQA는 그림 4.9와 같이 각 쿼리 헤드가 아닌 각 쿼리(q) 헤드 **그룹** 별로 단일 키(k)와 값(v) 헤드를 공유함으로써 3장에서 설명한 트랜스포머의 기존 멀티 헤드 어 텐션을 개선합니다.

---

6 https://github.com/Dao-AILab/flash-attention

7 Tri Dao, "FlashAttention-2: Faster Attention with Better Parallelism and Work Partitioning", arXiv, 2023.
   (https://arxiv.org/pdf/2307.08691)

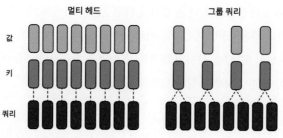

그림 4.9 기존 멀티 헤드 어텐션과 그룹 쿼리 어텐션 비교

GQA를 활용하면 쿼리를 더 적은 수의 키와 값 헤드로 그룹화할 수 있으므로 어텐션 헤드의 메모리 사용량을 줄일 수 있습니다. 또한 GQA는 메모리 읽기, 쓰기 횟수를 줄여 성능을 향상합니다.

이러한 개선 효과는 입력 토큰 수에 비례하므로 GQA는 특히 긴 입력 토큰 시퀀스에 유용하며 더 큰 콘텍스트 윈도를 사용할 수 있습니다. 예를 들어 메타의 Llama 2 모델은 GQA를 활용해 성능을 개선하고 입력 토큰 콘텍스트 윈도 크기를 원래 LLaMA 모델의 2,048에서 두 배인 4,096으로 늘렸습니다.

분산 컴퓨팅

대규모 모델을 학습하려면 수백, 수천 대의 GPU로 구성된 분산 GPU 클러스터를 활용해야 합니다. 여기에는 분산 데이터 병렬(distributed data parallel; DDP) 및 완전 샤딩 데이터 병렬(fully sharded data parallel; FSDP) 등 다양한 분산 컴퓨팅 패턴이 있습니다. 주된 차이점은 모델을 시스템 내 GPU에 어떻게 분할(샤딩)하는지에 있습니다.

모델 매개변수가 단일 GPU의 용량 내에 들어가면 DDP를 선택해 모델의 단일 사본을 각 GPU에 적재할 수 있습니다. 양자화 후에도 모델이 단일 GPU에 담기에 너무 크면 FSDP를 활용해 여러 GPU에 걸쳐 모델을 분할해야 합니다. 두 경우 모두 데이터는 배치 단위로 나뉘어 사용할 수 있는 모든 GPU에 분산되므로 약간의 통신 부하가 발생하지만, GPU 사용률과 비용 효율성을 높입니다.

분산 데이터 병렬 처리

파이토치는 최적화된 DDP 구현체로 모델을 각 GPU에 자동으로 복사합니다(양자화 등의 기술을 활용해 단일 GPU로 가능하다고 가정). 그리고 데이터를 배치 단위로 분할한 후 각 GPU

에 병렬로 전송합니다. DDP에서는 각 GPU에서 데이터의 각 배치가 병렬로 처리된 다음, 각 GPU의 결과(예: 그래디언트)를 결합(예: 평균화)하는 동기화 단계가 수행됩니다. 그 이후 그림 4.10에 표시된 것처럼 각 모델(GPU당 하나씩)이 결합한 결과로 업데이트되고 프로세스가 계속됩니다.

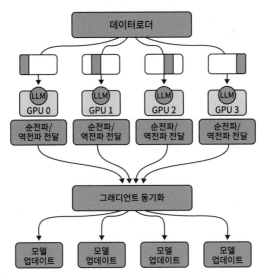

그림 4.10 분산 데이터 병렬(DDP)

DDP는 각 GPU가 모델 매개변수와 데이터 배치뿐만 아니라 옵티마이저 상태, 활성화 값, 임시 함수 변수 등 학습 루프를 수행하는 데 필요한 추가 데이터도 수용할 수 있다고 가정하며 이는 그림 4.15에서 확인할 수 있습니다. GPU가 이 모든 데이터를 저장할 수 없다면 여러 GPU에 모델을 분할해야 합니다. 파이토치는 모델 샤딩의 최적화된 구현체를 제공하며 이는 다음에 살펴보겠습니다.

완전 샤드 데이터 병렬 처리

FSDP는 2019년에 발표된 ZeRO 논문[8]에서 영감을 받았습니다. ZeRO(zero redundancy optimizer)는 모델 매개변수, 그래디언트, 활성화 값, 옵티마이저 상태를 여러 GPU에 분산 저장함으로써 DDP의 데이터 중복을 없애고 시스템 전체의 중복성을 제거하는 것을 목표로 합니

---

8   Samyam Rajbhandari 외, "ZeRO: Memory Optimizations Toward Training Trillion Parameter Models", arXiv, 2020.
    (https://arxiv.org/pdf/1910.02054)

다. ZeRO는 그림 4.11에 표시된 대로 여러 GPU에 걸쳐 분산 저장되는 항목에 따라 세 가지 최적화 단계(1, 2, 3)를 설명합니다.

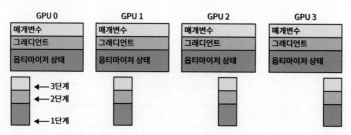

그림 4.11 ZeRO는 GPU 샤드에 따라 매개변수, 그래디언트, 옵티마이저 상태의 세 단계로 구성됩니다.

ZeRO 1단계는 옵티마이저 상태만 GPU에 걸쳐 분할하지만, 모델 메모리 사용량을 최대 4배까지 줄여줍니다. ZeRO 2단계는 옵티마이저 상태와 그래디언트를 모두 GPU에 걸쳐 분할해 GPU 메모리를 최대 8배까지 줄입니다. ZeRO 3단계는 모델 매개변수를 포함한 모든 것을 GPU에 걸쳐 분할해 GPU 메모리를 최대 n배까지 줄입니다(여기서 n은 GPU의 수입니다.) 예를 들어, 128개의 GPU와 함께 ZeRO 3단계를 활용하면 메모리 소비를 최대 128배까지 줄일 수 있습니다.

DDP에서는 각 GPU가 순전파와 역전파를 수행하는 데 필요한 완전한 복사본을 가지지만, FSDP는 그림 4.12와 같이 순전파와 역전파를 수행하기 전에 샤딩된 데이터에서 각 GPU로 전체 레이어를 동적으로 재구성해야 합니다.

그림 4.12에서 볼 수 있듯이 순전파 전에 각 GPU는 필요할 때마다 다른 GPU에 데이터를 요청하여 샤딩된 데이터를 작업 중에 샤딩되지 않은 로컬 데이터로 변환하며, 일반적으로 레이어별로 처리합니다.

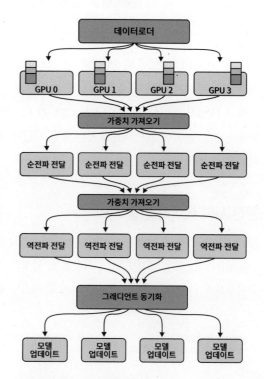

그림 4.12 여러 GPU에 걸친 FSDP

순전파가 완료되면 FSDP는 순전파 중 만들어진 샤딩되지 않은 로컬 데이터를 다른 GPU로 반환해 데이터를 원래 샤딩된 상태로 되돌리고 역전파를 위한 GPU 메모리를 확보합니다. 역전파를 수행한 후 FSDP는 DDP와 유사한 방식으로 GPU 전체에 걸쳐 그래디언트를 동기화하고, 서로 다른 GPU에 저장된 모델 샤드 전체의 모델 매개변수를 업데이트합니다.

FSDP는 연산에 필요한 시점에 선택적으로 데이터를 메모리에 적재해 통신 부하와 전체 GPU 메모리 사용량의 균형을 맞춥니다. 분산 컴퓨팅 구성을 통해 샤딩 계수를 수동으로 구성할 수 있습니다. 이 장 뒷부분에서는 아마존 세이지메이커의

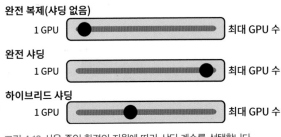

그림 4.13 사용 중인 환경의 자원에 따라 샤딩 계수를 선택합니다.

sharded_data_parallel_degree 구성 매개변수 활용 예제를 확인할 수 있습니다. 그림 4.13에서 볼 수 있듯이 이 구성 설정으로 특정 환경에 맞게 성능과 메모리 사용량 간의 절충점을 관리할 수 있습니다.

샤딩 계수가 1이면 모델을 샤딩하지 않고 모든 GPU에 모델을 복제해 시스템을 DDP로 되돌립니다. 샤딩 계수를 최대 n개의 GPU 수로 설정하면 완전 샤딩의 잠재력을 활용할 수 있습니다. 완전 샤딩은 GPU 통신 부하 비용이 발생하지만 최고 수준의 메모리 절감 효과를 얻을 수 있습니다. 샤딩 계수를 중간값으로 설정하면 하이브리드 샤딩이 활성화됩니다.

DDP와 FSDP의 성능 비교

그림 4.14는 2023년에 발표된 파이토치 FSDP 논문[9]에서 FSDP와 DDP를 비교한 것입니다. 이 테스트는 각각 80GB 메모리를 갖춘 512개의 엔비디아 A100 GPU를 사용해 다양한 크기의 T5 모델로 수행됐습니다. 테스트에서 GPU당 플롭 수를 비교했고, 1테라플롭은 초당 1조 회의 부동 소수점 연산을 의미합니다.

---

9 Yanli Zhao 외, "PyTorch FSDP: Experiences on Scaling Fully Sharded Data Parallel", arXiv, 2023.
   (https://arxiv.org/pdf/2304.11277)

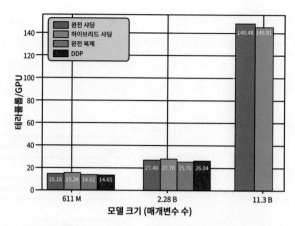

그림 4.14 DDP 대비 FSDP를 통한 스케일링 법칙의 성능 향상(출처: 파이토치 FSDP 논문 이미지에서 각색)

완전 복제는 샤딩이 없음을 의미합니다. 그리고 완전 복제는 DDP와 같으므로 완전 복제와 DDP 구성의 성능은 거의 같습니다.

더 작은 T5 모델인 6억 1,100만 개와 22억 8,000만 개 매개변수의 경우 FSDP가 DDP와 같은 성능을 보입니다. 하지만 113억 개의 매개변수를 가진 모델에서는 DDP가 GPU 메모리 부족으로 실행되지 않습니다. 이에 따라 113억 차원에서는 DDP에 대한 데이터가 없습니다. 반면, FSDP는 하이브리드 및 완전 샤딩을 사용할 때 더 큰 매개변수 크기를 쉽게 지원합니다.

또한 8개의 GPU부터 512개의 GPU까지 다양한 클러스터 크기에서 110억 개 매개변수를 가진 모델을 학습시킨 결과, GPU 통신 부하로 인해 GPU 당 테라플롭이 7%만 감소하는 것을 확인할 수 있었습니다. 그림 4.15의 2023 파이토치 FSDP 논문에서 볼 수 있듯이 이 테스트는 배치 크기 8(파란색 선)과 16(주황색 선)으로 실행됐습니다.

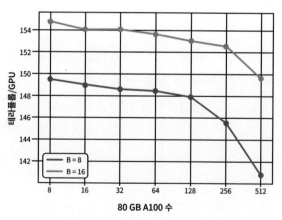

그림 4.15 GPU 통신 부하로 인한 성능 저하가 거의 없음(출처: 파이토치 FSDP 논문[10] 이미지에서 각색)

---

10 Yanli Zhao 외, "PyTorch FSDP: Experiences on Scaling Fully Sharded Data Parallel", arXiv, 2023.
   (https://arxiv.org/pdf/2304.11277)

이는 FSDP가 다양한 GPU 클러스터 크기에 걸쳐 소규모와 대규모 모델 모두에서 모델 학습을 확장할 수 있음을 보여줍니다. 다음으로 아마존 세이지메이커로 AWS에서 분산 컴퓨팅과 FSDP를 수행하는 방법을 알아보겠습니다.

AWS 분산 컴퓨팅

아마존 세이지메이커 분산 학습은 Falcon 및 블룸버그GPT 등 세계에서 가장 강력한 파운데이션 모델을 학습하는 데 활용됐습니다. 예를 들어 연구진은 Falcon-180B[11]를 학습시키기 위해 512개의 ml.p4d.24xlarge 인스턴스로 구성된 아마존 세이지메이커 분산 학습 클러스터를 활용했습니다. 각 인스턴스에는 8개의 엔비디아 A100 GPU(각각 40GB의 GPU RAM)가 장착돼 있어, 총 4,096개의 GPU와 약 164TB의 GPU RAM이 사용됐습니다. 블룸버그GPT는 총 512개의 GPU와 약 20TB의 GPU RAM을 갖춘 64개의 ml.p4d.24xlarge 인스턴스를 활용해 학습을 진행했습니다.

세이지메이커의 분산 컴퓨팅 인프라를 활용하면 몇 줄의 코드만으로 확장성이 뛰어나고 비용 효율적인 생성형 AI 작업을 실행할 수 있습니다. 다음으로 아마존 세이지메이커로 FSDP를 구현하는 방법을 알아보겠습니다.

아마존 세이지메이커로 완전 샤드 데이터 병렬 처리

FSDP는 아마존 세이지메이커에서 지원하는 일반적인 분산 컴퓨팅 전략입니다. 다음 코드를 통해 각각 8개의 GPU와 320GB의 GPU RAM을 갖춘 2개의 ml.p4d.24xlarge 세이지메이커 인스턴스에서 파이토치 에스티메이터[12]를 활용해 FSDP 분산 학습 작업을 실행하는 방법을 확인할 수 있습니다.

```
# 사용 중인 모델 버전(예: Llama2 70,130,700 억)의
# GPU 메모리 요구 사항에 따라 인스턴스 유형과 인스턴스 수를 선택합니다.
instance_type = "ml.p4d.24xlarge" # 각각 8 GPU
instance_count = 2
```

11 https://huggingface.co/tiiuae/falcon-180B
12 https://sagemaker.readthedocs.io/en/stable/frameworks/pytorch/sagemaker.pytorch.html

```
# 해당 인스턴스의 GPU 수를 설정합니다.
processes_per_host = 8
# 샤딩 계수 구성
# 2개의 인스턴스를 사용하고 인스턴스당 8개의 GPU가 있으므로
# 이 경우 16개는 최대 완전 샤딩 구성입니다.
sharding_degree = 16
# 학습 작업 설정
smp_estimator = PyTorch(
    entry_point="train.py", # 학습 스크립트
    instance_type=instance_type,
    instance_count=instance_count,
    distribution={
        "smdistributed": {
            "modelparallel": {
                "enabled": True,
                "parameters": {
                    "ddp": True,
                    "sharded_data_parallel_degree": sharding_degree
                }
            }
        },
        ...
    },
    ...
)
```

여기서는 modelparallel.enabled와 ddp를 True로 설정해 smdistributed를 사용하도록 작업을 구성합니다. 이를 통해 세이지메이커 클러스터는 FSDP 분산 컴퓨팅 전략을 활용하게 됩니다. 각각 8개의 GPU를 사용하는 두 개의 인스턴스가 있으므로 sharded_data_parallel_degree 매개변수를 16으로 설정했습니다. 이 매개변수는 75페이지의 '완전 샤드 데이터 병렬 처리' 절에서 설명한 샤딩 계수입니다. 여기서는 클러스터의 총 GPU 수로 값을 설정해 완전 샤딩을 선택합니다.

다음은 이전 파이토치 에스티메이터 코드에서 참조한 **train.py**의 흥미로운 코드 일부입니다. 전체 코드는 이 책의 깃허브 저장소[13]에 있습니다.

```python
from transformers import AutoConfig, AutoModelForCausalLM
import smp # 세이지메이커 배포 라이브러리


# 세이지메이커용 FSDP 구성 만들기
smp_config = {
    "ddp": True,
    "bf16": args.bf16,
    "sharded_data_parallel_degree": args.sharded_data_parallel_degree,
}


# FSDP 초기화
smp.init(smp_config)


# 허깅 페이스 모델 적재
model = AutoModelForCausalLM.from_pretrained(model_checkpoint)
# 허깅 페이스 모델을 세이지메이커 DistributedModel 클래스로 감싸기
model = smp.DistributedModel(model)


# 분산 학습 단계 정의하기
@smp.step
def train_step(model, input_ids, attention_mask, args):
    if args.logits_output:
        output = model(
            input_ids=input_ids,
            attention_mask=attention_mask,
            labels=input_ids
        )
        loss = output["loss"]
```

---

13 https://github.com/wikibook/gai-aws

```
    else:
        loss = model(
            input_ids=input_ids,
            attention_mask=attention_mask,
            labels=input_ids
        )["loss"]
    model.backward(loss)
    if args.logits_output:
        return output
    return loss
```

다음으로 딥러닝 작업을 위해 특별히 설계된 AWS 트레이니엄 하드웨어에서 모델을 학습하는
방법을 알아보겠습니다. 이를 위해 AWS 뉴런 SDK와 허깅 페이스 트랜스포머 생태계를 뉴런
SDK와 통합한 허깅 페이스 옵티멈 뉴런(Hugging Face Optimum Neuron) 라이브러리를
알아보겠습니다.

AWS 뉴런 SDK 및 AWS 트레이니엄

AWS 뉴런 SDK[14]는 AWS 트레이니엄을 위한 개발자 인터페이스입니다. 허깅 페이스의 옵티멈
뉴런 라이브러리[15]는 AWS 뉴런 SDK와 트랜스포머 라이브러리[16] 사이의 인터페이스입니다. 다
음 예시는 AWS 트레이니엄으로 학습할 때 옵티멈 뉴런 라이브러리의 NeuronTrainer 클래스
가 트랜스포머 Trainer 클래스를 어떻게 대체하는지 보여줍니다.

```
from transformers import TrainingArguments
from optimum.neuron import NeuronTrainer


def train():
    model = AutoModelForCausalLM.from_pretrained(model_checkpoint)
```

---

14 https://github.com/aws-neuron/aws-neuron-sdk
15 https://huggingface.co/docs/optimum-neuron/index
16 https://huggingface.co/docs/transformers/index

```
training_args = TrainingArguments(
    ...
)


trainer = NeuronTrainer(
    model=model,
    args=training_args,
    train_dataset=...,
    eval_dataset=....
)


trainer.train()
```

요약

이 장에서는 GPU 메모리 제한으로 인한 대규모 파운데이션 모델 학습의 계산적 어려움을 알아보고 양자화를 활용해 메모리를 절약하고 비용을 절감하며 성능을 향상하는 방법을 배웠습니다.

그리고 분산 데이터 병렬(DDP)과 완전 샤딩 데이터 병렬(FSDP)과 같은 분산 학습 전략을 활용해 클러스터의 여러 GPU와 노드에서 모델 학습을 확장하는 방법도 배웠습니다.

양자화와 분산 컴퓨팅을 결합하면 학습 처리량과 모델 정확도에 미치는 영향을 최소화하면서 매우 큰 모델을 효율적이고 적은 비용으로 학습할 수 있습니다.

또한 생성형 딥러닝 작업을 위해 특별히 제작된 하드웨어인 AWS 트레이니엄과 AWS 뉴런 SDK로 모델을 학습하는 방법도 배웠습니다. AWS 트레이니엄으로 작업할 때 개발 경험을 향상하기 위해 AWS 뉴런 SDK와 통합되는 허깅 페이스 옵티멈 뉴런 라이브러리를 활용하는 방법도 알아봤습니다.

5장에서는 미세 조정이라는 기법으로 기존 생성형 파운데이션 모델을 자체 데이터 세트에 맞게 조정하는 방법을 알아봅니다. 기존 파운데이션 모델을 미세 조정하는 것은 처음부터 모델을 사전 학습시키는 것보다 비용이 적게 들면서도 충분한 대안이 될 수 있습니다.

05

미세 조정 및 평가

4장에서는 대규모 생성 모델의 성능을 향상하는 다양한 기술을 배웠습니다. 또한 분산 컴퓨팅 인스턴스 세트에서 대규모 모델 개발 작업을 확장하기 위한 분산 데이터 병렬(DDP)과 완전 샤드 데이터 병렬(FSDP) 같은 효율적인 분산 컴퓨팅 전략도 살펴봤습니다. 이 기술은 대형 파운데이션 모델을 처음부터 사전 학습시키는 데 필수적일 뿐만 아니라, **미세 조정** 과정에서 파운데이션 모델을 사용자 정의 데이터 세트와 사용 사례에 맞게 조정하는 데도 유용합니다.

이 장에서는 인스트럭션 기반 미세 조정 기법을 자세히 살펴봅니다. 이미 2장 프롬프트 엔지니어링에서 인스트럭션을 배웠습니다. 인스트럭션은 "이 대화를 요약해 줘", "맞춤형 마케팅 이메일을 작성해 줘"와 같이 특정 작업을 수행하라는 모델에 대한 명령입니다. 인스트럭션을 사용해 파운데이션 모델을 미세 조정할 때는 범용 생성 모델의 기능이 유지되게 다양한 작업에 걸쳐 인스트럭션을 골고루 제시하는 것이 중요합니다.

다음으로 여러 작업에 걸쳐 인스트럭션 기반 미세 조정의 효과를 측정하는 데 도움이 되는 다양한 평가 지표와 벤치마크에 대해 알아봅니다. 기준이 되는 평가 지표를 설정하고 미세 조정 전후에 생성된 모델 출력을 비교하는 것이 좋습니다. 이러한 피드백 과정은 반복적인 모델 개발 및 튜닝 단계에서 매우 중요합니다.

한편 이 장은 주로 생성 언어 모델의 미세 조정에 중점을 두지만, 멀티모달 모델도 인스트럭션 기반 미세 조정의 이점을 누릴 수 있습니다. 멀티모달 모델은 "주어진 이미지 내용을 요약해 줘", "이 이미지에 나온 음식을 어떻게 요리하나요?"와 같은 언어 기반 인스트럭션 프롬프트를 거의 항상 받아들이기 때문입니다. 따라서 다양한 유형의 콘텐츠 형식을 다루는 생성 모델로 작업할 때 인스트럭션 기반 미세 조정을 이해하는 것이 중요합니다. 멀티모달 미세 조정에 관해서는 11 장에서 자세히 알아보기로 하고, 지금은 인스트럭션 기반 미세 조정 논의를 계속하겠습니다.

인스트럭션 기반 미세 조정

파운데이션 모델은 수백만 개의 문서, 이미지, 비디오, 오디오 클립으로 사전 학습되어 인간처럼 추론하는 법을 포함한 인간 언어의 기본을 익혔습니다. 그럼에도 불구하고 이런 파운데이션 모델은 특정 데이터 세트나 도메인에 대해 더 많이 학습하고, 인간처럼 작업하고 단계별로 추론하는 방법을 학습하기 위해 종종 추가 데이터나 인스트럭션이 필요합니다. 이러한 추가 도움을 **미세 조정**, 특히 **인스트럭션 기반 미세 조정**(instruction fine-tuning)이라고 합니다.

사람들이 가장 자주 사용하는 모델을 '지시(instruct)' 또는 '챗(chat)' 모델이라고 합니다. 이 모델은 파운데이션 모델을 기반으로 인스트럭션 데이터로 미세 조정됩니다. 인스트럭트 모델은 여러 작업을 수행하고, 인간처럼 프롬프트를 받아들이며, 인간과 유사한 응답을 생성하므로 범용 챗봇 인터페이스에 유용합니다. 인스트럭션 데이터로 미세 조정된 몇 가지 모델 예를 살펴보겠습니다.

Llama 2-Chat

Llama-2-70b-chat[1]은 Llama-2-70b[2]의 인스트럭션 미세 조정 버전입니다. 이 책의 많은 예제가 Llama 2 모델 계열에서 나왔습니다. 특히 2장 프롬프트 엔지니어링에서는 Llama 2의 인스트럭션 또는 챗 버전을 사용합니다.

---

1 https://huggingface.co/meta-llama/Llama-2-70b-chat
2 https://huggingface.co/meta-llama/Llama-2-70b

Falcon-Chat

Falcon-180B[3]는 1,800억 개의 매개변수로 구성된 강력한 파운데이션 모델이며 Refined Web[4]이라는 고도로 정제된 데이터 세트로 학습됐습니다. Falcon-180B-chat[5] 버전은 여러 작업에 걸쳐 인스트럭션 데이터로 미세 조정됐습니다.

FLAN-T5

FLAN-T5[6]는 인스트럭션 기반 미세 조정된 생성 모델 중 하나로 기본 T5 모델[7]의 인스트럭션 버전입니다. 이 경우 FLAN[8]은 인스트럭션 기반 미세 조정에 사용되는 미리 정의되고 잘 문서화된 인스트럭션 데이터 집합입니다. FLAN은 PaLM과 다른 파운데이션 모델에도 적용됐지만,[9] FLAN-T5가 FLAN 인스트럭션 기반 미세 조정 모델 중에서 가장 널리 알려진 버전입니다. 가장 큰 XXL[10] 버전은 110억 개의 매개변수만 가지고 있지만, FLAN-T5는 수백 개의 인스트럭션 데이터로 학습되어 강력한 연쇄 사고 추론이 가능한 훌륭한 범용 모델입니다.

FLAN-T5 문서가 잘 정리돼 있으므로 FLAN 인스트럭션 데이터 세트를 사용해 FLAN-T5 모델 버전을 어떻게 미세 조정했는지 자세히 살펴보겠습니다.

인스트럭션 데이터 세트

3장에서 설명한 파운데이션 모델을 사전 학습하는 데 필요한 수십억 개의 토큰과 달리, 비교적 적은 양의 인스트럭션 데이터 세트(보통 500~1,000개의 예제로 충분)를 사용한 인스트럭션 기반 미세 조정으로도 매우 좋은 결과를 얻을 수 있습니다. 그러나 일반적으로 미세 조정 중에 모델에 입력하는 예제가 많을수록 모델의 성능이 더욱 향상됩니다.

---

3 https://huggingface.co/tiiuae/falcon-180B
4 https://huggingface.co/datasets/tiiuae/falcon-refinedweb
5 https://huggingface.co/tiiuae/falcon-180B-chat
6 https://huggingface.co/google/flan-t5-base
7 https://huggingface.co/google-t5/t5-base
8 https://github.com/google-research/FLAN/
9 정형원 외, "Scaling Instruction-Finetuned Language Models", arXiv, 2022. (https://arxiv.org/abs/2210.11416)
10 https://huggingface.co/google/flan-t5-xxl

다중작업 인스트럭션 데이터 세트

모델의 범용 기능을 유지하려면 미세 조정 중에 모델에 다양한 유형의 인스트럭션을 입력해야 합니다. 미세 조정 중에 단일 작업(예: 요약)에 대한 인스트럭션만 입력하면 모델이 단일 작업에 너무 능숙해져서 다른 작업을 처리하거나 일반화된 능력을 상실하는 '파괴적 망각'이 발생할 수 있습니다.

그림 5.1에서는 요약, 분류, 코드 번역, 개체명 인식 등 다양한 작업에 걸친 인스트럭션 예제를 포함하는 다중작업 데이터 세트 예제를 볼 수 있습니다.

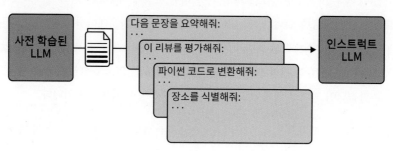

그림 5.1 인스트럭션 기반 다중작업 미세 조정

혼합 인스트럭션 데이터 세트로 모델을 학습시키면 여러 작업에 대한 모델 성능을 동시에 향상하고, 파괴적 망각 문제를 피하며, 여러 작업에 대한 모델의 일반화 능력을 유지할 수 있습니다.

주로 단일 인스트럭션(예: 요약) 데이터가 있다면 미세 조정 과정에서 단일작업 인스트럭션 예제에 소량의 다중작업 예제(예: 단일작업 인스트럭션의 5%)를 추가해 파괴적 망각을 최소화할 수 있습니다. 공개 데이터 세트를 사용하거나 스탠퍼드 대학 알파카(Alpaca) 프로젝트[11]의 데이터 세트 카드[12]에 설명된 대로 기존 인스트럭트 모델을 사용해 다중작업 인스트럭션 데이터 세트를 만들 수 있습니다.

 다른 모델이나 메커니즘을 활용해 자신의 모델을 개선하기 전에 관련 라이선스를 반드시 검토해야 합니다. 라이선스 조건에 따라 사용이 허용되거나 제한될 수도 있습니다. 법률 전문가와 상담하는 것이 좋습니다.

---

11 Rohan Taori 외, "Alpaca: A Strong, Replicable Instruction-Following Model", Center for Research on Foundation Models, Stanford University, 2021. (https://crfm.stanford.edu/2023/03/13/alpaca.html)

12 https://huggingface.co/datasets/tatsu-lab/alpaca

이제 FLAN 다중작업 미세 조정 데이터 세트를 살펴보겠습니다.

FLAN: 다중작업 인스트럭션 데이터 세트 예제

현재 버전 2인 FLAN 인스트럭션 데이터 세트[13]는 그림 5.2에서 볼 수 있듯이 146개의 작업 범주와 약 1,800개의 세분된 작업에 걸친 473개의 각 데이터 세트의 모음입니다.

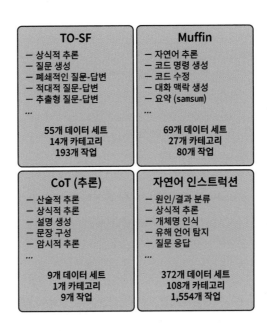

그림 5.2 FLAN 데이터 세트
(출처: "Scaling Instruction–Finetuned Language Models" 논문[14]의 이미지를 바탕으로 수정)

FLAN 컬렉션의 데이터 세트 중 하나인 samsum[15]에는 16,000개의 대화와 사람이 직접 선별한 요약이 포함되어 있습니다. 이 대화와 요약은 언어학 전문가가 대화 요약 생성 작업을 위한 고품질 학습 예제를 만들기 위해 작성했습니다. 표 5.1에서 이 데이터 세트의 예제를 확인할 수 있습니다.

---

13 https://github.com/google–research/FLAN/tree/5e0b804/flan/v2

14 정형원 외, "Scaling Instruction–Finetuned Language Models", arXiv, 2022 (https://arxiv.org/abs/2210.11416)

15 https://huggingface.co/datasets/Samsung/samsum

dialogue	summary
Amanda: I baked cookies. Do you want some? Jerry: Sure! Amanda: I'll bring you tomorrow :-)	Amanda baked cookies and will bring Jerry some tomorrow.
Olivia: Who are you voting for in this election? Oliver: Liberals as always. Olivia: Me too!! Oliver: Great	Olivia and Olivier are voting for liberals in this election.
Laura: ok , I'm done for today -) Laura: let me know once u're free and we come back home together. Kim: hmm.. 7? Laura: ok Kim: cool, wait for me at work, I'll call once I get here.	Laura will pick up Kim from work around 7, and they will come back home together.

표 5.1 사람이 작성한 요약을 포함한 samsum 대화 데이터 세트

다음으로 프롬프트 템플릿을 사용해 테이블 형태의 데이터 세트를 인스트럭션 형식으로 변환해 인스트럭션 데이터 세트를 만드는 방법을 알아보겠습니다.

프롬프트 템플릿

앞서 보여준 텍스트 테이블을 미세 조정용 인스트럭션으로 변환할 때는 인스트럭션 프롬프트의 구조를 정의하는 프롬프트 템플릿을 활용할 수 있습니다. 다음은 FLAN 깃허브 저장소의 samsum 전용 프롬프트 템플릿[16]으로, samsum 데이터 세트의 `dialogue` 및 `summary` 열에 대한 자리 표시자(placeholders)가 포함되어 있습니다.

```
{dialogue}
Briefly summarize that dialogue.
{summary}
Here is a dialogue:
{dialogue}
Write a short summary.
{summary}
```

---

16 https://github.com/google-research/FLAN/blob/2c79a31/flan/v2/templates.py#L297

```
Dialogue:
{dialogue}
What is a summary of this dialogue?
{dialogue}
What was that dialogue about, in two sentences or less?
{summary}
Here is a dialogue:
{dialogue}
What were they talking about?
{summary}
Dialogue:
{dialogue}
What were the main points in that conversation?
{summary}
Dialogue:
{dialogue}
What was going on in that conversation?
{summary}
```

템플릿이 samsum 테이블의 각 대화 요약 데이터 행마다 여러 인스트럭션을 포함한다는 점을 참고하기를 바랍니다. 이 템플릿을 samsum 데이터 세트 각 행에 적용하면 7개의 인스트럭션 예제를 만들 수 있습니다. 같은 작업에 대해 약간씩 다른 형식의 다양한 인스트럭션을 만들면 모델이 더 많은 예제를 학습할 수 있고, 추론 단계에서 처음 보는 새로운 인스트럭션에도 더 잘 대응할 수 있습니다.

samsum에는 약 16,000개의 데이터 행이 포함돼 있어서 이 템플릿을 samsum 데이터 세트에 적용하면 16,000×7=112,000개의 인스트럭션이 생성됩니다! 이를 10,000줄의 FLAN 프롬프트 템플릿을 활용해 약 1,800개의 세분화된 작업에 걸쳐 473개 데이터 세트로 구성된 FLAN의 전체 데이터 세트로 확장하면 FLAN-T5와 같은 FLAN 모델 계열을 학습하는 데 사용되는 대규모 다중작업 인스트럭션 데이터 세트가 만들어집니다!

이제 FLAN-T5가 어떻게 학습됐는지 살펴봤으니 동일한 프롬프트 템플릿 기법을 적용해 자체 생성형 AI 모델의 인스트럭션 기반 미세 조정을 위한 사용자 정의 데이터 세트를 준비하는 방법을 배워보겠습니다.

사용자 정의 데이터 세트를 인스트럭션 데이터 세트로 변환하기

samsum 데이터 세트의 대화 관련 FLAN-T5 템플릿이 FLAN-T5 모델의 대화 요약 학습에 도움이 됐지만, FLAN-T5는 특정 생성 작업이나 과제에서 요구되는 뉘앙스와 고유성을 포착하지 못할 수 있습니다. 따라서 고객 지원 담당자와 고객 간의 대화 같은 사용자 정의 데이터 세트를 사용해 파운데이션 모델을 미세 조정하는 것이 좋습니다.

생성 모델을 미세 조정하는 데 활용할 사용자 정의 데이터 세트로 공개 대화 요약 데이터 세트인 dialogsum[17]을 고려해 보겠습니다. dialogsum 데이터 세트는 13,000개가 넘는 대화와 요약을 포함하고 있습니다. 요약(summary) 열은 사람이 작성한 기본 요약입니다. 표 5.2는 사람이 주석을 단 요약과 함께 대화 예제를 보여줍니다.

dialogue	summary
#Person1#: Hello, I have a reservation.	#Person1# has got a reservation.
#Person2#: May I see some identification, sir, please?	#Person2# asks for his identification and
#Person1#: Sure. Here you go.	credit card and helps his check-in.
#Person2#: Thank you so much. Have you got a credit card? ...	
#Person2#: Enjoy your stay!	

표 5.2 사람이 주석을 단 대화 요약 예시

표 형식 데이터 세트를 인스트럭션 데이터 세트로 변환한 후, 이 사용자 정의 인스트럭션 데이터 세트를 사용해 생성 모델을 요약 작업에 맞게 미세 조정할 수 있습니다. 목표는 모델이 사람이 작성한 요약만큼 혹은 더 나은 품질을 얻을 수 있게 모델을 미세 조정하는 것입니다. 이 장의 후반부에는 모델이 생성한 요약을 사람이 작성한 요약과 비교해 측정하는 방법을 설명합니다. 이를 **모델 평가**라고 합니다.

그보다 먼저 Python의 **f-String** 및 **.format()** 코드를 사용해 대화-요약 쌍의 행을 인스트럭션으로 변환하여, 이 표 형식 데이터 세트를 인스트럭션 데이터 세트로 변환하는 방법을 시연해 보겠습니다. 다음 코드는 이 변환을 수행합니다.

---

17 https://huggingface.co/datasets/knkarthick/dialogsum

```python
prompt_template = f"""
Here is a dialogue:

{dialogue}

Write a short summary.

{summary}
"""

from transformers import AutoTokenizer
from datasets import load_dataset

# 사용자 정의 데이터 세트를 적재합니다.
dataset = load_dataset("knkarthick/dialogsum")

def convert_row_to_instruction(row):
    prompt = prompt_template.format(
        dialogue=row["dialogue"],
        summary=row["summary"]
    )

instruction_dataset = dataset.map(convert_row_to_instruction)

print(instruction_dataset[0])
```

출력:

Here is a dialogue:

#Person1#: Hello, I have a reservation.
#Person2#: May I see some identification, sir, please?
#Person1#: Sure. Here you go.
#Person2#: Thank you so much. Have you got a credit card?
…
#Person2#: Enjoy your stay!

Write a short summary.

#Person1# has got a reservation. **#Person2#** asks for his identification and credit card and helps his check-in.

다음으로 새로 생성된 이 인스트럭션 데이터 세트를 활용해 사용자 정의 데이터 세트로 생성 모델을 미세 조정하는 방법을 배웁니다.

인스트럭션 기반 미세 조정

인스트럭션 기반 미세 조정은 주어진 입력(예: dialogue가 포함된 인스트럭션 프롬프트)에 대한 모델의 출력을 실제 정답 레이블(예: 사람이 작성한 summary)과 지속적으로 비교해 모델을 개선하는 지도 학습의 한 유형입니다.

그림 5.3은 인스트럭션 기반 미세 조정 과정을 개략적으로 보여줍니다. 모델은 먼저 주어진 입력(예: 인스트럭션 프롬프트)을 사용해 예측(예: 요약 생성)을 수행합니다. 그런 다음 예측을 정답 레이블(예: 사람이 작성한 summary)과 비교합니다. 예측과 실제 정답 레이블 간의 차이(예: 손실)를 계산한 후 손실을 신경망으로 역전파하고 모델 매개변수 또는 가중치를 업데이트해 향후 예측을 개선합니다.

모델은 예측과 역전파를 여러 차례 반복하면서 기준이 되는 실제 정답을 만든 사람보다 더 나은 텍스트를 생성하는 방법을 학습합니다.

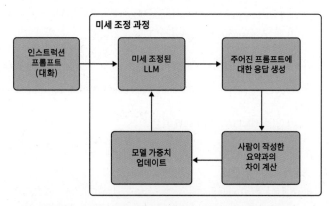

그림 5.3 모델을 개선하기 위해 네트워크를 통해 손실을 역전파하는 과정

다음으로 단일 노드와 다중 노드 분산 예제를 포함해 아마존 세이지메이커를 사용한 미세 조정 구현 예제를 살펴보겠습니다. 이 예제에서는 8개의 엔비디아 A100 GPU와 총 640GB의 메모리를 갖춘 세이지메이커 ml.p4de.24xlarge[18] 인스턴스를 사용합니다. 전체 코드는 이 책과 관련된 깃허브 저장소[19]에 있습니다.

---

18 https://aws.amazon.com/ko/about-aws/whats-new/2022/12/sagemaker-model-training-ml-p4de-instances-preview/
19 https://github.com/wikibook/gai-aws

아마존 세이지메이커 스튜디오

다음은 허깅 페이스 모델 허브의 모델을 사용해 생성 모델을 단일 노드에서 미세 조정하는 코드입니다. 세이지메이커 스튜디오는 오픈 소스인 주피터 노트북 프로젝트[20]를 기반으로 하며 다양한 프롬프트 템플릿과 생성 모델을 실험해 볼 수 있는 좋은 방법입니다.

```python
import torch
from transformers import (
    AutoModelForCausalLM,
    AutoTokenizer,
    Trainer,
    TrainingArguments,
)

from datasets import load_dataset

# 데이터 세트를 적재하고 각 행을 인스트럭션 프롬프트로 변환합니다.
dataset = load_dataset(...)
dataset = dataset.map(convert_row_to_instruction)

# 미세 조정을 위해 모델을 정의하고 적재합니다.
model_checkpoint = "<choose a model>"
model = AutoModelForCausalLM.from_pretrained(model_checkpoint)

# 모델의 토크나이저를 사용해 텍스트를 토큰으로 변환합니다.
tokenizer = AutoTokenizer.from_pretrained(model_checkpoint)
tokenized_dataset = dataset.Map(
    lambda row: tokenizer(...)
)

# 트레이닝 인수 정의
training_args = TrainingArguments(
    bf16=True, # bfloat16 사용

    ...
```

---

20 https://jupyter.org/

```
)

# 트레이너 인스턴스 생성
trainer = Trainer(
    model=model,
    args=training_args,
    train_dataset=tokenized_dataset,
    ...
```

 실험 단계에서 아마존 세이지메이커 스튜디오를 사용하는 것이 일반적이지만, 노트북 코드를 변경하지 않고도 미세 조정 과정을 자동화하기 위해 세이지메이커 스튜디오 노트북 작업[21]을 쉽게 생성할 수 있습니다.

아마존 세이지메이커 점프스타트

AWS에서 강력한 생성 모델을 쉽고 간단하게 미세 조정하려면 아마존 세이지메이커 점프스타트를 활용하는 것이 좋습니다. 세이지메이커 점프스타트와 세이지메이커 파이썬 라이브러리[22]를 사용하면 다음에서 볼 수 있듯이 instance_count라는 단일 매개변수를 변경하는 것만으로 미세 조정 작업을 대규모의 분산된 GPU 인스턴스 클러스터로 확장할 수 있습니다.

```
from sagemaker.jumpstart.estimator import JumpStartEstimator
from datasets import load_dataset

# 데이터 세트를 적재하고 각 행을 인스트럭션 프롬프트로 변환합니다.
dataset = load_dataset(...)
dataset = dataset.map(convert_row_to_instruction)

# 미세 조정을 위해 모델을 정의하고 적재합니다.
model_checkpoint = "<choose a model>"

# 로컬 파일에 트레이닝 데이터를 저장해 S3에 업로드합니다.
```

---

21 https://docs.aws.amazon.com/sagemaker/latest/dg/create-notebook-auto-run.html
22 https://pypi.org/project/sagemaker/

```
local_data_file = "train.jsonl"
dataset.to_json(local_data_file)

# S3 위치 지정 및 로컬 데이터 세트 파일을 업로드합니다.
train_data_s3_location = "s3://<your-private-s3-location>/"
S3Uploader.upload(local_data_file, train_data_s3_location)

# 인스턴스 유형 및 개수를 포함한 Estimator를 구성합니다.
estimator = JumpStartEstimator(
    model_id=model_checkpoint,
    instance_type="ml.p4de.24xlarge",
    instance_count=2  # 더 큰 클러스터를 사용하려면 이 값을 증가시킵니다.
)

# instruction_tuned="True"를 포함한 하이퍼파라미터를 설정합니다.
estimator.set_hyperparameters(
    instruction_tuned="True",
    ...
)

# 학습 데이터의 S3 위치를 지정하고 미세 조정을 시작합니다.
estimator.fit({"training": train_data_s3_location})
```

허깅 페이스용 아마존 세이지메이커 Estimator

유연성과 구성 가능성을 극대화하려면 아마존 세이지메이커 Estimator 클래스[23]의 허깅 페이스 버전[24]을 활용할 수 있습니다. 이 클래스는 세이지메이커 파이썬 라이브러리[25]의 일부로, 설정 및 해제를 포함해 세이지메이커 백엔드 인프라를 활용해 엔드-투-엔드 학습 작업을 조정합니다. 이를 통해 다음과 같이 train.py 스크립트의 내용을 필요에 따라 자유롭게 조정할 수 있습니다.

---

23 https://github.com/aws/sagemaker-python-sdk/blob/f7de00f74a111a07e1f7cf17181c8efa596f41b3/src/sagemaker/estimator.py#L109C3-L109C3

24 https://github.com/aws/sagemaker-python-sdk/blob/f7de00f74a111a07e1f7cf17181c8efa596f41b3/src/sagemaker/huggingface/estimator.py

25 https://pypi.org/project/sagemaker/

```
from sagemaker.huggingface import HuggingFace  # 허깅 페이스 Estimator

# 트레이닝 작업에 전달되는 하이퍼파라미터
hyperparameters = {
    'model_id': model_checkpoint,  # 사전 학습된 모델
    ...
}

# Estimator 만들기
huggingface_estimator = HuggingFace(
    entry_point='train.py',  # train.py 스크립트는 아래와 같습니다.
    instance_type='ml.p4de.24xlarge',
    instance_count=2,  # 더 큰 클러스터를 사용하려면 이 값을 증가시킵니다.
    hyperparameters=hyperparameters,  # 하이퍼파라미터
    ...
)
```

다음은 HuggingFace Estimator에서 참조한 **train.py**의 코드 일부입니다.

```
from transformers import (
    AutoModelForCausalLM,
    Trainer,
    TrainingArguments,
)
from datasets import load_from_disk

# 데이터 세트를 적재하고 각 행을 명령 프롬프트로 변환합니다.
dataset = load_from_disk(...)
dataset = dataset.map(convert_row_to_instruction)

# 미세 조정을 위해 모델을 정의하고 적재합니다.
model_checkpoint = "..."  # Llama2, Falcon 같은 생성 모델

model = AutoModelForCausalLM.from_pretrained(model_checkpoint)

# 모델의 토크나이저를 사용해 텍스트를 토큰으로 변환합니다.
```

```
tokenizer = AutoTokenizer.from_pretrained(model_checkpoint)
tokenized_dataset = dataset.map(
    lambda row: tokenizer(...)
)

training_args = TrainingArguments(
    bf16=True,  # bfloat16 사용
    ...
)

# Trainer 인스턴스 생성
trainer = Trainer(
    model=model,
    args=training_args,
    train_dataset=dataset,
    ...
)

# 미세 조정 시작하기
trainer.train()

# 미세 조정된 모델 저장하기
trainer.model.save_pretrained("/opt/ml/model/")
```

평가

생성형 AI 모델의 성능을 평가하는 많은 지표가 있으며, 이 지표의 중요성과 효과에 대해 커뮤
니티에서 많은 논쟁이 있습니다. 기본적으로 리콜 지향 요약 평가를 위한 보조 연구(Recall-
Oriented Understudy for Gisting Evaluation; ROUGE)[26]와 같은 평가 지표, 언어 모델의
종합적 평가(holistic evaluation of language models; HELM)[27], 대규모 다중작업 언어 이

---

26 https://huggingface.co/spaces/evaluate-metric/rouge
27 https://crfm.stanford.edu/helm/lite/latest/

해(massive multitask language understanding; MMLU)[28]와 같은 벤치마크는 모델의 변경 사항, 예를 들어 미세 조정을 비교할 수 있는 기준선을 제공합니다. 인스트럭션 기반 미세 조정과 같은 메커니즘을 통해 생성 모델의 개선 사항을 측정하는 데 이러한 평가 지표와 벤치마크가 어떻게 사용되는지 자세히 살펴보겠습니다.

평가 지표

정확도와 평균 제곱근 오차(root-mean-square error; RMSE) 같은 전통적인 머신러닝 평가 지표는 예측값이 확정적이고 검증 또는 테스트 데이터 세트의 레이블과 쉽게 비교할 수 있어 계산이 간단합니다.

그러나 생성형 AI 모델의 출력은 본질적으로 비결정적이어서 사람의 개입 없이는 평가가 매우 어렵습니다. 또한 생성 모델의 평가 지표는 작업에 따라 매우 다양합니다. 예를 들어 요약 작업을 평가할 때는 ROUGE 지표를 사용하고 번역 작업에는 이중언어 평가 연구(bilingual evaluation understudy; BLEU) 지표를 사용합니다.

이 장에서는 요약에 중점을 두었으므로 ROUGE 지표를 계산하는 방법을 배우게 됩니다. 이 과정을 통해 ROUGE가 유용하면서도 논란의 여지가 있는 이유를 명확히 알 수 있습니다.

ROUGE는 생성된 출력(이 경우 **summary**)이 정답지(사람이 만든 요약문)[29]와 얼마나 잘 비교되는지 계산합니다. 이를 위해 ROUGE는 입력과 생성된 출력 간에 유사한 유니그램(단일 단어), 바이그램(연속된 두 단어), 최장 공통 시퀀스(연속된 n-그램)의 숫자를 계산해 ROUGE-1, ROUGE-2, ROUGE-L 점수를 산출합니다. 점수가 높을수록 두 텍스트가 더 유사하다는 것을 의미합니다.

여기서 논란이 될 만한 부분을 벌써 짐작했을 것입니다. 인간의 언어에는 단어 몇 개만 다르거나 위치가 약간만 바뀌어도 의미가 크게 달라지는 비슷한 구문의 많은 예가 있습니다. 예를 들어, "This book is great"와 "This book is not great"는 ROUGE만 사용하면 비슷한 구문으로 보입니다. 하지만 실제로 두 문장은 정반대의 의미를 가지고 있습니다.

---

28 Dan Hendrycks 외, "Measuring Massive Multitask Language Understanding", arXiv, 2009. (https://arxiv.org/pdf/2009.03300)

29 (옮긴이) 원문은 "ROUGE calculates how well the input (dialogue, in this case) compares to the generated output (summary, in this case)."로 input이 모호하게 표현되어 사람이 만든 요약문으로 명확하게 표현했습니다.

ROUGE는 완벽하지 않지만 상대적인 개선을 보여주므로 모델을 미세 조정하기 전과 후의 기준 지표로서 유용합니다. 허깅 페이스를 비롯한 많은 인기 있는 자연어 처리 라이브러리가 ROUGE를 지원합니다. 다음은 허깅 페이스의 평가 라이브러리를 사용해 모델을 평가하는 코드입니다. 여기서 미세 조정 중에 모델이 학습하지 않은 홀드아웃 테스트 데이터 세트를 기준으로 dialogsum 데이터 세트로 미세 조정한 후 ROUGE 점수가 약 80% 향상된 것을 볼 수 있습니다.

```
import evaluate

rouge = evaluate.load('rouge')

foundation_model_results = rouge.compute(
    predictions=foundation_model_summaries,
    references=human_baseline_summaries,
    use_aggregator=True,
    use_stemmer=True,
)
print(foundation_model_results)
```

인스트럭션 기반 미세 조정 전 파운데이션 모델의 ROUGE 점수는 다음과 같습니다.

```
{'rouge1': 0.2334,
 'rouge2': 0.0760,
 'rougeL': 0.2014}
fine_tuned_results = rouge.compute(
    predictions=fine_tuned_model_summaries,
    references=human_baseline_summaries,
    use_aggregator=True,
    use_stemmer=True,
)
print(fine_tuned_results)
```

다음은 인스트럭션 기반 미세 조정 후 파운데이션 모델의 ROUGE 점수입니다. 점수가 더 높아졌는데 이는 모델의 미세 조정된 버전에서 기대하는 결과입니다.

```
{'rouge1': 0.4216,
 'rouge2': 0.1804,
 'rougeL': 0.3384}
```

벤치마크 및 데이터 세트

생성 모델을 더욱 전체적으로 평가하고 비교하려면 일반 언어 이해 평가(general language understanding evaluation; GLUE)[30], SuperGLUE[31], HELM[32], 모방 게임을 넘어서 (beyond the imitation game; BIG-bench)[33], MMLU 등 커뮤니티에서 확립한 기존의 벤치마크와 데이터 세트를 사용할 수 있습니다. 이러한 벤치마크는 수년에 걸쳐 발전하여 독해력과 상식 추론과 같은 복잡한 작업까지 아우르게 되었습니다.

GLUE는 언어 작업에 전반에 걸쳐 모델 성능을 평가하고 비교하기 위해 2018년에 도입됐습니다. 그 결과 자연어 연구와 개발 환경에 긍정적인 영향을 미치는 다양한 범용 언어 모델이 탄생했습니다. GLUE의 후속 버전인 SuperGLUE는 2019년에 도입됐으며, 다중 문장 추론과 독해력 같은 더 어려운 작업을 포함하고 있습니다. GLUE와 SuperGLUE는 모두 언어 이해력 향상을 장려하고 보상하기 위해 공개 리더보드를 운영하고 있습니다.

HELM은 모델 투명성을 장려하고 궁극적으로 사용자에게 주어진 작업에 대해 어떤 모델을 선택해야 하는지 정보를 제공하기 위해 설계된 벤치마크입니다. HELM은 HELM 커뮤니티에서 정의한 16가지 핵심 '시나리오'를 바탕으로 7가지 지표를 조합하여 구성됩니다. 시나리오에는 질문-답변, 요약, 감정 분석뿐만 아니라 유해성, 편향 탐지와 같은 작업이 포함됩니다. 또한 HELM은 새로운 시나리오와 작업을 추가할 수 있는 확장 메커니즘을 갖추고 있습니다. 이러한 특성으로 인해 HELM은 시간이 지남에 따라 진화할 수 있는 '살아있는' 벤치마크로 간주합니다.

MMLU는 모델의 지식과 문제 해결 능력을 평가합니다. 이 벤치마크는 수학, 역사, 과학 등 다양한 주제를 아우르며 모델을 테스트합니다.

---

30 https://gluebenchmark.com/

31 https://super.gluebenchmark.com/

32 https://crfm.stanford.edu/helm/lite/latest/

33 Aarohi Srivastava 외, "Beyond the Imitation Game: Quantifying and Extrapolating the Capabilities of Language Models", arXiv, 2023. (https://arxiv.org/abs/2206.04615)

커뮤니티에서 생성된 벤치마크는 서로 다른 작업과 데이터 세트를 다루는 다양한 버전이 존재할 수 있습니다. 예를 들어, 이 글을 쓰는 현재 MMLU 벤치마크에는 세 가지 버전이 있습니다. 안타깝게도 이러한 상황으로 인해 벤치마크의 전반적인 적절성에 관한 논란이 점점 더 커지고 있습니다.

BIG-bench는 생성 모델의 또 다른 인기 있는 벤치마크입니다. 언어학, 수학, 생물학, 물리학, 소프트웨어 개발, 상식 추론 등 204개의 과제로 구성되어 있습니다. BIG-bench는 매우 방대하므로 벤치마크 리더보드에 참여하는 데 드는 추론 비용을 줄이기 위해 다양한 크기로 출시되었습니다.

모델의 생성 능력 평가와 더불어, 모델이 혐오 발언, 가짜 뉴스, 기타 유해한 결과물을 생성할 가능성을 평가하는 데 도움이 되는 지표, 벤치마크, 데이터 세트를 선택하는 것이 중요합니다. 'RealToxicityPrompts'와 'TruthfulQA' 데이터 세트는 각각 모델이 혐오 발언과 잘못된 정보를 생성할 가능성을 평가하기에 좋은 시작점입니다.

요약

이 장에서는 생성 작업에 적합한 데이터 세트에 프롬프트 템플릿을 적용해 인스트럭션으로 모델을 미세 조정하는 방법을 배웠습니다. 또한 아마존 세이지메이커 스튜디오 노트북, 세이지메이커 점프스타트, 허깅 페이스 트랜스포머 라이브러리가 포함된 세이지메이커 파이썬 라이브러리를 활용한 미세 조정의 예제도 살펴봤습니다. 또한 미세 조정 전후에 모델을 평가할 수 있는 ROUGE와 같은 일반적인 지표와 MMLU와 같은 벤치마크도 배웠습니다.

6장에서는 이 장에서 소개한 모든 매개변수를 '완전히' 미세 조정하는 것과 달리, 미세 조정 중에 업데이트해야 하는 매개변수의 수를 줄이는 효율적인 매개변수 미세 조정(parameter-efficient fine-tuning; PEFT) 방법을 알아봅니다.

06

효율적인 매개변수 미세 조정(PEFT)

이전 장에서 설명한 것처럼 생성 모델을 학습하는 것은 계산 비용이 많이 듭니다. 활용하려는 도메인에 맞게 완전 미세 조정(full fine-tuning)을 하려면 모델과 학습 과정에 필요한 다양한 매개변수를 저장하는 메모리가 필요합니다. 하지만 완전 미세 조정과 달리 효율적인 매개변수 미세 조정(parameter-efficient fine-tuning; PEFT)은 더 적은 컴퓨팅 자원을 쓰면서 모델을 미세 조정할 수 있는 기법입니다.

PEFT 기법과 범주에는 다양한 종류가 있으며, 이는 스케일링에 관한 논문[1]에서 확인할 수 있습니다. 이 기법은 구현 방식에서 차이가 있지만 일반적으로 모델의 기존 매개변수 전부 또는 대부분을 고정하고 훨씬 더 작은 규모의 매개변수 세트를 추가하고 학습해 모델 레이어를 확장하거나 교체하는 데 초점을 맞춥니다. 가장 일반적으로 사용되는 기법은 가산(additive)형과 재매개변수화(reparameterization)형 두 가지 범주로 나뉩니다.

프롬프트 튜닝과 같은 가산 기법은 사전 학습된 모델에 매개변수나 레이어를 추가하고 미세 조정해 모델을 증강합니다. 저순위 적응(Low-Rank Adaptation; LoRA)과 같은 재매개변수화 기법은 저순위 표현을 활용해 미세 조정에 필요한 학습 매개변수의 수와 컴퓨팅 자원을 줄입니다.

---

1 Vladislav Lialin 외, "Scaling Down to Scale Up: A Guide to Parameter-Efficient Fine-Tuning", arXiv, 2023.
   (https://arxiv.org/pdf/2303.15647)

이번 장에서는 프롬프트 튜닝, LoRA, QLoRA 등 생성 모델에 적용할 수 있는 몇 가지 특정 PEFT 기법을 배워보겠습니다. 이 장에서는 대규모 언어 모델(large language model; LLM) 예제를 통해 주요 개념을 설명하고, 11장에서는 멀티모달 모델을 위한 PEFT를 살펴보겠습니다.

완전 미세 조정과 PEFT 비교

이 섹션에서는 파운데이션 모델의 완전 미세 조정과 PEFT를 활용한 미세 조정의 차이를 더 자세히 살펴보겠습니다. 개략적으로 보면, 완전 미세 조정에서는 지도 학습을 통해 모델의 모든 매개변수를 업데이트합니다. 반면 PEFT 기법은 사전 학습된 모델의 매개변수를 고정하고 더 작은 규모의 매개변수 세트만 미세 조정합니다.

4장에서 설명한 바와 같이, 파운데이션 모델을 학습하고 튜닝할 때는 모델 매개변수를 적재할 뿐만 아니라 옵티마이저 상태, 그래디언트, 순방향 활성화 값, 임시 메모리도 할당해야 합니다. 이러한 추가 구성 요소로 인해 모델의 매개변수 하나당 12~20바이트의 추가 GPU 메모리가 필요할 수 있습니다.

완전 미세 조정에는 보통 대량의 GPU 메모리가 필요하며, 이는 전체적인 컴퓨팅 예산과 비용을 빠르게 증가시킵니다. PEFT는 기존 파운데이션 모델의 매개변수를 고정하고 소수의 새로운 매개변수 세트만 미세 조정해 컴퓨팅과 메모리 사용량을 줄입니다.

어떤 경우에는 새로 학습된 매개변수의 수가 기존 LLM 가중치의 단 1~2%에 불과합니다. 상대적으로 더 적은 수의 매개변수만 학습하므로 미세 조정을 위한 메모리 사용량 관리가 더 쉬워지며, 때로는 단일 GPU에서 수행할 수 있습니다.

PEFT 방법은 미세 조정 과정에서 더 적은 자원을 사용할 뿐만 아니라 5장에서 설명한 파괴적 망각(catastrophic forgetting)에도 덜 취약합니다. 이는 기존 파운데이션 모델의 가중치가 고정된 상태로 유지돼 지식을 보존하기 때문입니다.

PEFT는 모델을 다양한 테넌트에 맞게 미세 조정할 때도 유용합니다. 예를 들어, 시스템의 각 테넌트마다 고유한 챗봇 경험을 만드는 초개인화(hyperpersonalization)를 지원하기 위해 미세 조정을 해야 한다고 가정해 보겠습니다. 각 테넌트마다 완전 미세 조정을 한다면 그림 6.1과 같이 모든 테넌트에 대해 새로운 모델 버전이 만들어질 것입니다.

이렇게 미세 조정된 새로운 모델은 각각 기존 모델과 같은 크기가 될 것입니다. 여러 테넌트에 대해 완전 미세 조정을 수행한다면 스토리지와 호스팅 비용이 많이 드는 문제가 발생할 수 있습니다.

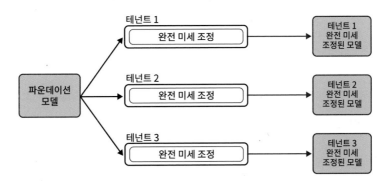

그림 6.1 완전 미세 조정은 각 테넌트에 대해 기존 모델과 같은 크기의 복사본을 만듭니다.

PEFT를 활용하면 세 개의 각 테넌트에 대해 소수의 가중치만 학습하므로 전체적으로 모델 크기가 훨씬 작아집니다. 그림 6.2에서 볼 수 있듯이, 새로 추가되거나 업데이트된 매개변수는 추론 단계에서 기존 매개변수와 결합합니다. 이런 방식으로 기존 모델을 여러 테넌트에 맞게 효율적으로 미세 조정할 수 있습니다.

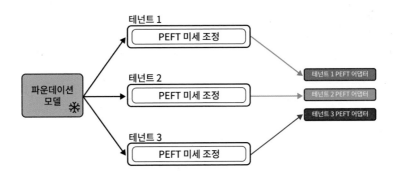

그림 6.2 PEFT는 각 테넌트 모델의 가중치를 줄이고 추론할 때 기존 LLM과 병합합니다.

완전 미세 조정과 PEFT 중에서 선택할 때 고려할 몇 가지 사항이 있습니다. 표 6.1은 이러한 고려 사항을 요약한 것입니다.

고려 사항	완전 미세 조정	PEFT
미세 조정 컴퓨팅 자원 요구사항	컴퓨팅 사용량 증가 (컴퓨팅, 메모리, 스토리지)	모델 매개변수의 일부만 학습하므로 컴퓨팅 사용량 감소
스토리지 자원 요구사항	모델 저장공간 사용량 증가	스토리지 사용량 감소
학습 데이터	예제가 많은 큰 데이터 세트	예제가 적은 작은 데이터 세트
매개변수 효율성	미세 조정 시에 모든 가중치 업데이트	미세 조정 시에 일부 가중치 업데이트
모델 성능	일반적으로 더 높은 성능	완전 미세 조정보다 비슷하거나 약간 낮음
추론 호스팅 요구 사항	미세 조정된 모델 호스팅	기존 LLM과 추가한 모델 가중치 호스팅

표 6.1 완전 미세 조정과 PEFT를 선택할 때 고려할 사항

일반적으로 PEFT 방법은 모델을 활용하려는 용도나 작업에 대해 성능을 적절히 유지하면서도 자원 사용량을 최소화하는 좋은 옵션이 될 수 있습니다. 다음으로는 저순위 적응(LoRA)과 양자화된 LoRA(Quantized LoRA; QLoRA)라는 두 가지 구체적인 PEFT 기법을 알아보겠습니다.

LoRA와 QLoRA

LoRA는 널리 활용되는 PEFT 기법으로, LLM의 기존 가중치를 고정하고 트랜스포머 아키텍처의 각 레이어에 새로 학습할 수 있는 저순위 행렬(low-rank matrices)을 만듭니다. 이 기법은 한 연구 논문에서 처음 소개됐습니다.[2] 연구진은 파운데이션 모델이 학습한 내재적 표현은 상대적으로 낮은 차원 수로도 나타낼 수 있어 기존 가중치로 표현된 것보다 훨씬 더 적은 차원으로 설명될 수 있다는 점을 강조합니다.

이를 종합해 연구진은 모델 미세 조정 시 모델 가중치(즉, 매개변수)의 변화가 본질적으로 낮은 순위를 갖는다고 가정했습니다. 즉, 더 낮은 차원의 작은 행렬을 활용해 미세 조정을 할 수 있습니다. 이 미세 조정 방법은 결과적으로 학습할 매개변수의 수를 줄여 학습에 필요한 시간을 단축합니다. 그 결과 필요한 컴퓨팅과 스토리지 사용량의 감소로 이어집니다.

---

2 Edward Hu 외, "LoRA: Low-Rank Adaptation of Large Language Models", arXiv, 2021. (https://arxiv.org/pdf/2106.09685)

원래의 LoRA 논문은 언어 모델에 초점을 맞추었지만, LoRA는 트랜스포머 기반 언어 모델을 활용해 텍스트와 이미지를 정렬하는 데 도움을 주는 Stable Diffusion과 같은 멀티모달 모델에도 활용됩니다. 멀티모달 모델에서의 LoRA는 11장에서 살펴보겠습니다.

LoRA 기본 원리

LoRA의 원리를 이해하기 위해 먼저 3장에서 설명한 트랜스포머 아키텍처를 다시 살펴봐야 합니다. 완전 미세 조정 과정에서는 모델의 모든 매개변수가 업데이트됩니다. 이렇게 모든 매개변수를 업데이트하려면 많은 컴퓨팅 자원과 시간이 필요합니다.

LoRA는 기존 모델의 모든 매개변수를 고정하고, 모델의 대상 모듈(예: 레이어) 세트의 기존 가중치와 함께 한 쌍의 순위 분해 행렬을 삽입해 학습할 매개변수의 수를 줄이는 미세 조정 전략입니다. 이는 주로 셀프 어텐션을 포함한 선형 레이어에 적용됩니다. 이 순위 분해 행렬은 LoRA 미세 조정 과정에서 학습해 나타내려는 기존 모델 가중치보다 매개변수가 훨씬 적습니다.

그림 6.3에서 A와 B로 표시된 작은 행렬의 차원은 그 곱이 수정하려는 가중치와 같은 차원의 행렬이 되게 정의됩니다.

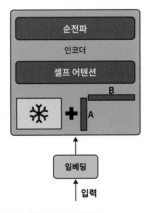

그림 6.3 저순위 행렬 A와 B는 LoRA 미세 조정 과정에서 학습됩니다.

순위

LoRA를 활용하면 모델의 기존 가중치는 고정하고 5장에서 정의한 것과 같은 지도 학습 과정을 통해 이러한 작은 행렬을 학습합니다. 저순위 행렬의 크기는 **순위(r)**라는 매개변수에 의해 설정됩니다. 순위는 가중치 행렬에서 선형적으로 독립적인 열(또는 행)의 최대 수를 의미합니다. 값이 작을수록 학습할 매개변수의 수가 더 적은 단순한 저순위 행렬이 만들어집니다. 이는 더 적은 컴퓨팅과 메모리 자원을 사용해 비용 절감으로 이어집니다.

연구진은 다양한 순위 값이 생성 작업에서 모델 성능에 미치는 영향을 연구했습니다. 일반적으로 순위 값을 16 이상으로 설정할 경우 성능 개선 효과가 크게 나타나지 않는 것으로 밝혀졌습니다.

순위 값을 4에서 16 사이로 설정하면 학습할 매개변수의 수를 줄이면서도 모델 성능은 허용할 수 있는 수준으로 유지할 수 있는 좋은 절충안이 됩니다. 더 작은 r 값(예: 4, 8 또는 16)으로도 좋은 결과를 얻으므로 각 테넌트에 맞는 적절한 r 값을 테스트하는 것이 중요합니다.

목표 모듈과 레이어

연구진은 LoRA를 트랜스포머 아키텍처의 모든 가중치 행렬의 하위 집합(예: 셀프 어텐션 레이어, 순전파 레이어 등) 어디에도 적용할 수 있지만, 모델의 선형 레이어에만 LoRA를 적용해도 테넌트에 맞게 미세 조정하고 성능 향상을 달성할 만하다는 것을 발견했습니다. 대부분의 모델 매개변수가 어텐션 레이어에 집중돼 매개변수 효율성도 높아집니다.

아쉬쉬 바스와니(Ashish Vaswani) 연구진의 논문[3]에서는 트랜스포머 가중치의 실제 크기를 64 × 512차원으로 제시합니다. 이는 그림 6.4에서 볼 수 있듯이 아키텍처의 각 가중치 행렬이 32,768개의 학습할 수 있는 매개변수(64 × 512 = 32,768)로 구성됩니다.

그림 6.4 완전 미세 조정은 모든 매개변수를 학습합니다.

완전 미세 조정을 수행한다면 아키텍처의 각 가중치 행렬마다 32,768개의 매개변수를 업데이트 해야 합니다. 하지만 LoRA를 활용하고 순위 값을 4라고 가정하면 차원이 4인 두 개의 작은 저순위 분해 행렬을 학습하게 됩니다. 그림 6.5와 같이 행렬 A가 64 × 4의 차원으로 총 256개의

---

3 Ashish Vaswani 외, "Attention Is All You Need", arXiv, 2023. (https://arxiv.org/pdf/1706.03762)

매개변수를 갖게 되고, 행렬 B는 4 × 512의 차원으로 2,048개의 학습할 수 있는 매개변수를 갖습니다.

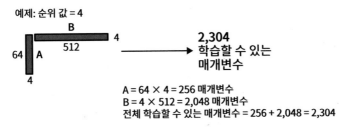

그림 6.5 LoRA는 학습해야 하는 매개변수의 숫자를 크게 줄입니다.

이 경우, 새로운 저순위 행렬의 가중치만 업데이트하면 전체 32,768개 대신 2,304개(256 + 2,048)의 매개변수만 학습해 단일 테넌트에 맞게 미세 조정할 수 있습니다.

LoRA를 활용하면 학습할 매개변수의 수를 크게 줄일 수 있습니다. 따라서 단일 GPU로 PEFT를 수행할 수 있으므로 분산된 GPU 클러스터가 필요하지 않습니다. 이는 비용 절감뿐만 아니라 모델을 미세 조정하는 데 필요한 시간도 단축합니다.

LoRA 적용

기술 구현 측면에서 LoRA를 미세 조정에 활용하는 방법은 다양합니다. 일반적으로 오픈 소스 라이브러리는 다양한 PEFT 방법을 지원합니다. 다음은 허깅 페이스 트랜스포머와 아마존 세이지메이커 스튜디오 노트북을 활용해 특정 테넌트에 대해 순위 값 16으로 LoRA 미세 조정을 수행하는 예제입니다. 아마존 세이지메이커 점프스타트는 여러 파운데이션 모델에 대해 LoRA를 지원합니다.

```
from peft import LoraConfig, get_peft_model, TaskType

lora_config = LoraConfig(
    r=16, # 순위
    lora_alpha=32,
    target_modules=["q", "v"],
    lora_dropout=0.05,
```

```
        bias="none",
        task_type=TaskType.CAUSAL_LM
)

peft_model = get_peft_model(original_model,lora_config)
peft_training_args = TrainingArguments(
    output_dir="./model",
    auto_find_batch_size=True,
    learning_rate=1e-3,
    num_train_epochs=1,
    logging_steps=1,
    max_steps=1
)

peft_trainer = Trainer(
    model=peft_model,
    args=peft_training_args,
    train_dataset=tokenized_datasets["train"]
)
```

그림 6.6에서 볼 수 있듯이, 저순위 행렬 A와 B를 곱하면 기존의 고정된 가중치와 동일한 차원의 행렬이 만들어집니다. 이렇게 만든 행렬을 기존 가중치에 더합니다.

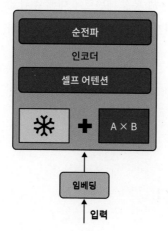

그림 6.6 저순위 행렬을 서로 곱하고 기존 가중치에 더합니다.

LoRA는 기존 모델 가중치에 영향을 주지 않으므로 다른 테넌트의 기존 가중치로 되돌아가려면 병합된 가중치에서 저순위 행렬을 제거하면 됩니다.

추론을 수행하려면 허깅 페이스의 구현체에 활용한 코드에서 확인할 수 있듯이 사전 학습된 LLM 가중치와 새로운 LoRA 가중치를 모두 적재하고 결합해야 합니다.

```
from peft import PeftModel, PeftConfig

peft_model_base = AutoModelForCausalLM.from_pretrained(
    base_model_dir,
    torch_dtype=torch.bfloat16
)

tokenizer = AutoTokenizer.from_pretrained(base_model_dir)

peft_model = PeftModel.from_pretrained(
    peft_model_base,
    model_dir,
    torch_dtype=torch.bfloat16,
    is_trainable=False
)
```

순위 분해 행렬은 기존 가중치보다 훨씬 작아서 테넌트별로 서로 다른 세트를 효율적으로 미세 조정할 수 있고 추론 시에는 기존 모델의 가중치와 결합할 수 있습니다. 어댑터 가중치를 기존 파운데이션 모델과 결합하는 방법에는 몇 가지 접근 방식이 있으며 다음 섹션에서 이를 살펴보 겠습니다.

LoRA 어댑터와 원본 모델 병합

특정 테넌트인 Tenant 1에 대해 LoRA 행렬 세트(LoRA 어댑터)를 학습시키고 이 테넌트에 대 해 추론을 수행한다고 가정해 보겠습니다. 모델을 추론에 활용할 준비가 되면 LoRA 행렬을 서 로 곱한 다음, 결과 행렬을 기존의 고정된 가중치에 더할 수 있습니다. 이 새로운 합산된 가중 치 행렬은 LoRA 어댑터가 표현한 기존 가중치를 대체합니다. 그런 다음 병합된 모델을 활용해 Tenant 1에 대한 추론을 수행할 수 있습니다.

세이지메이커 엔드포인트와 같은 독립형 추론 서버에 모델을 배포할 때는 원본 모델과 LoRA 어댑터를 미리 병합해야 할 수 있습니다. 다음은 모델을 저장하는 **save_pretrained()**를 호출하기 전에 PEFT 라이브러리[4]의 merge_and_unload() 함수를 호출해 가중치를 병합하는 코드입니다.

```
merged_model = PeftModel.from_pretrained(
    original_model,
    "tenant_1_lora_adapter/"
)
# 병합된 모델을 저장하기 전에 'merge_and_unload()'를 호출
merged_model = model.merge_and_unload()
merged_model.save_pretrained("merged_model/")
```

이렇게 하면 병합된 모델이 들어있는 **merged_model/**이라는 폴더가 생성됩니다. 그러면 추론 서버는 이 폴더를 일반 모델로 취급하며 추론을 위해 모델을 적재할 때 PEFT 라이브러리가 필요하지 않습니다.

LoRA 어댑터 테넌트별 유지

Tenant 2로 표시된 테넌트에 대해 또 다른 LoRA 행렬 쌍을 미세 조정할 수 있습니다. Tenant 2에 대한 추론을 수행할 때는 이 테넌트용으로 학습된 LoRA 행렬을 가져와 곱을 계산하고 그 결과 행렬을 기존 가중치에 더합니다.

이 방법은 연산과 스토리지 사용량 측면에서 효율적입니다. 왜냐하면 전체 크기의 사전 학습된 모델 복사본을 하나만 저장하고, 테넌트별로 미세 조정된 작은 행렬을 학습하며, 필요할 때만 가중치를 전환하기 때문입니다. 다음 코드는 하나의 기본 모델에서 두 개의 PEFT 모델(**merged_model_1**과 **merged_model_2**)을 적재하는 방법을 보여줍니다.

---

4 https://github.com/huggingface/peft/

```
merged_model_1 = PeftModel.from_pretrained(
    original_model,
    "tenant_1_lora_adapter/"
)
merged_model_2 = PeftModel.from_pretrained(
    original_model,
    "tenant_2_lora_adapter/"
)
```

완전 미세 조정과 LoRA 성능 비교

5장에서 배운 ROUGE 지표를 활용해 LoRA로 미세 조정된 모델의 성능을 기본 모델과 완전 미세 조정된 버전 모두와 비교해 보겠습니다.

표 6.2는 대화 요약에 대한 생성 모델을 미세 조정할 때의 성능 비교를 요약한 것입니다. 여기서 기준 점수는 사전 학습된 모델이 dialogsum 데이터 세트에 대해 보인 성능이며, 점수가 높을수록 성능이 더 우수하다는 것을 보여줍니다.

	기본 모델	완전 미세 조정(약 +80%)	LoRA 미세 조정(약 −3%)
rouge1	0.2334	0.4216	0.4081
rouge2	0.0760	0.1804	0.1633
rougeL	0.2014	0.3384	0.3251
rougeLsum	0.2015	0.3384	0.3249

표 6.2 완전 미세 조정과 LoRA 미세 조정 비교를 위한 ROUGE 지표 샘플

보다시피 기본 모델에서는 점수가 상당히 낮지만, 모델의 모든 매개변수를 업데이트해 완전 미세 조정을 수행하면 점수가 향상됩니다. LoRA 기반 PEFT를 활용하면 지표가 약간 떨어집니다. 그러나 LoRA를 활용한 미세 조정은 완전 미세 조정에 비해 훨씬 적은 수의 매개변수만 학습하므로 컴퓨팅 자원 사용량이 크게 줄어듭니다(이 경우 1.4%만 사용). 따라서 성능이 약간 저하되더라도 그 가치가 있다고 할 수 있습니다. 이는 컴퓨팅 및 메모리 사용량을 줄여 직접적인 비용 절감으로 이어집니다.

QLoRA

LoRA는 메모리 사용량을 줄여주지만, 저순위 적응과 양자화를 결합[5]해 메모리 사용량을 더 줄이는 것을 목표로 하는 QLoRA가 있습니다. QLoRA는 NormalFloat4 또는 nf4라고 불리는 4비트 형식의 양자화를 사용합니다.

QLoRA를 활용한 미세 조정은 16비트 미세 조정 방법과 차이가 없는데, 이는 4비트 가중치를 순전파, 역전파 과정에서 계산이 필요할 때만 16비트로 역 양자화하기 때문입니다. 다음 코드 예제는 오픈소스 bitsandbytes 라이브러리를 활용해 QLoRA로 미세 조정하는 방법을 보여줍니다. 여기서 bitsandbytes 라이브러리는 모델을 nf4 4비트 형식으로 적재하는 데 쓰입니다.

```python
from transformers import BitsAndBytesConfig, AutoModelForCausalLM

bnb_config = BitsAndBytesConfig(
    load_in_4bit=True,
    bnb_4bit_use_double_quant=True,
    bnb_4bit_quant_type="nf4",
    bnb_4bit_compute_dtype=torch.bfloat16
)


model = AutoModelForCausalLM.from_pretrained(
    model_checkpoint,
    quantization_config=bnb_config
)


from peft import LoraConfig, get_peft_model

config = LoraConfig(
    r=16,
    lora_alpha=32,
    target_modules=[
```

---

5 Tim Dettmers 외, "QLoRA: Efficient Finetuning of Quantized LLMs", arXiv, 2023. (https://arxiv.org/pdf/2305.14314)

```
        "query_key_value",
        "dense",
        "dense_h_to_4h",
        "dense_4h_to_h",
    ],
    lora_dropout=0.05,
    bias="none",
    task_type="CAUSAL_LM"
)

model = get_peft_model(model, config)

trainer = transformers.Trainer(
    model=model,
    args=transformers.TrainingArguments(
        ...
        bf16=True
    )
)
```

4장에서 가중치를 32비트 부동 소수점에서 더 낮은 정밀도 표현으로 줄임으로써 모델의 가중치를 저장하는 데 필요한 메모리 사용량을 줄이는 양자화 방법에 대해 배웠습니다. QLoRA는 이중 양자화라는 기법을 활용해 양자화된 상수를 다시 한번 양자화해 미세 조정에 필요한 메모리 사용량을 더욱 줄입니다. QLoRA는 LoRA가 셀프 어텐션 레이어만 대상으로 한 것과 달리 모든 선형 레이어를 대상으로 하므로 더 최적화할 수 있습니다.

LoRA와 QLoRA는 특정 작업에 맞춰 모델을 미세 조정할 때 필요한 자원을 효율적으로 활용할 수 있게 해줍니다. 이 두 가지 기법 모두 미세 조정을 위해 저순위 분해 행렬을 활용합니다. 다음 섹션에서는 미세 조정을 위한 다른 접근 방식인 소프트 프롬프트와 프롬프트 튜닝에 대해 알아보겠습니다.

프롬프트 튜닝과 소프트 프롬프트

프롬프트 튜닝은 2장에서 배운 프롬프트 엔지니어링과는 다르다는 점을 기억해야 합니다. 프롬프트 엔지니어링은 생성 모델로부터 의도한 결과를 얻기 위해 텍스트 기반 프롬프트를 세밀하게 조정해야 합니다. 이러한 작업을 효과적으로 수행하려면 많은 시간과 노력이 필요합니다. 프롬프트 엔지니어링은 수동적인 작업이지만, 프롬프트 튜닝은 머신러닝을 활용해 작업에 필요한 최적의 지침을 학습하고 이를 입력 프롬프트에 가상 토큰으로 추가해 구현합니다.

프롬프트 엔지니어링에서는 선택한 모델의 최대 콘텍스트 윈도 길이에 따른 제한이 있습니다. 반면에 프롬프트 튜닝은 학습할 수 있는 토큰을 입력 프롬프트에 추가하는 데 초점을 맞춥니다. 이러한 토큰은 인스트럭션을 압축해 표현하므로 콘텍스트 윈도 제한 측면에서 더 효율적입니다.

기존 프롬프트 엔지니어링은 자연어로 표현된 하드 프롬프트(예: "트랜스포머에 대해 누군가를 가르치는 데 가장 좋은 책은 무엇인가요?")를 활용합니다. 이러한 하드 프롬프트는 임베딩 벡터 공간에서 고정된 좌표에 대응합니다. 반면에 프롬프트 튜닝은 연속적인 다차원 임베딩 공간 내에서 어떤 값이든 표현할 수 있기 때문에 가상 토큰이라고도 하는 소프트 프롬프트를 활용합니다. 그림 6.7에 표시된 소프트 프롬프트는 자연어로 번역되지 않는 벡터 시퀀스를 나타냅니다.

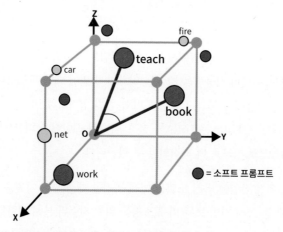

그림 6.7 소프트 프롬프트는 자연어로 번역되지 않는 벡터 시퀀스를 나타냅니다.

프롬프트 튜닝은 기존 파운데이션 모델의 가중치에 영향을 주지 않습니다. 대신 프롬프트 튜닝은 텍스트 프롬프트를 인코딩하고 작업에 특화된 가상 토큰을 만드는 작은 모델을 만드는 과정이 필요합니다. 이러한 가상 토큰의 최적값은 역전파를 통한 지도 학습 과정에서 학습됩니다. 다음 코드는 허깅 페이스의 PEFT 라이브러리를 활용해 가상 토큰 생성에 사용할 모델을 학습하기 위한 설정의 일부를 보여주는 예제입니다.

```
peft_config = PromptTuningConfig(
    task_type=TaskType.CAUSAL_LM,
    prompt_tuning_init=PromptTuningInit.TEXT,
    num_virtual_tokens=8,
    prompt_tuning_init_text="Classify if the tweet is a complaint or not:",
    tokenizer_name_or_path=model_checkpoint,
)
```

그림 6.8에서 볼 수 있듯이, 프롬프트에는 이러한 작업에 특화된 가상 토큰 또는 소프트 프롬프트가 추가됩니다.

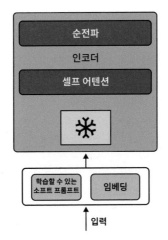

그림 6.8 소프트 프롬프트는 성능을 극대화하도록 학습됩니다.

소프트 프롬프트는 입력 텍스트를 나타내는 임베딩 벡터 앞에 추가됩니다. 이 소프트 프롬프트 벡터는 언어 토큰을 표현하는 임베딩 벡터와 동일한 길이를 가집니다. 연구에 따르면 20개에서 100개 사이의 가상 토큰만으로도 충분히 좋은 성능을 달성할 수 있다고 합니다. 하드 프롬프트의 토큰은 입력한 텍스트와 직접적으로 연관돼 있지만, 학습할 수 있는 소프트 프롬프트[6]로 구성된 가상 토큰은 특정 텍스트를 직접적으로 표현하지 않습니다.

---

6 (옮긴이) 학습할 수 있는 소프트 프롬프트(trainable soft prompts)란 모델 학습 과정에서 최적화된 벡터로 구성한 프롬프트를 의미합니다.

프롬프트 튜닝은 기존 모델의 가중치는 고정된 상태로 유지하면서 소프트 프롬프트를 추가하는 방식이므로 PEFT 미세 조정 방법 중 가산 범주에 속합니다. 학습 과정에서 소프트 프롬프트의 임베딩 벡터가 업데이트돼 모델이 프롬프트를 정확하게 만드는 능력을 최적화합니다.

소프트 프롬프트 세트만 튜닝하고 기존 파운데이션 모델은 변경하지 않으므로 이는 매개변수를 효율적으로 튜닝할 수 있는 전략입니다. LoRA와 유사하게 다양한 작업에 맞게 프롬프트를 학습하고 최적화할 수 있습니다. 이를 위해서는 입력 프롬프트 앞에 해당 작업 전용의 학습된 토큰 (소프트 프롬프트)을 추가하면 됩니다.

프롬프트 튜닝 성능은 상황에 따라 다를 수 있습니다. 연구 결과에 따르면, 작은 규모의 LLM에서는 프롬프트 튜닝의 성능이 완전 미세 조정보다 떨어질 수 있습니다. 그러나 모델의 크기가 커질수록 프롬프트 튜닝의 성능이 향상되는 경향이 있습니다. 예를 들어, SuperGLUE 평가 벤치마크를 활용한 연구[7]에서는 100억 개의 매개변수를 가진 일부 모델에서 완전 미세 조정과 동등한 성능을 보였습니다.

그러나 프롬프트 튜닝은 학습된 내용을 이해하기 어렵다는 한계가 있습니다. 학습된 가상 토큰은 연속적인 임베딩 벡터 공간 내에서 어떤 값이든 가질 수 있고 이 값은 LLM의 어휘에 있다고 알려진 토큰이나 개별 언어와는 관련이 없을 수 있기 때문입니다.

프롬프트 튜닝의 또 다른 고려 사항은 모델을 새로운 작업에 맞게 미세 조정하는 것은 아니라는 점입니다. 프롬프트 튜닝의 주요 목표는 기존 파운데이션 모델에 전달되는 프롬프트를 최적화하는 것에 초점을 맞추기 때문입니다. 따라서 잠재적으로 더 나은 모델 응답을 생성할 수는 있지만, 기본 파운데이션 모델이 모르는 지식이나 맥락을 추가할 수는 없습니다.

일반적으로 소프트 프롬프트는 가상 토큰의 위치에서 가장 가까운 이웃 토큰 분석을 통해 의미가 밀접한 시맨틱 클러스터를 형성합니다. 즉, 이러한 소프트 프롬프트 토큰에 가장 가까운 단어가 비슷한 의미를 가집니다. 이를 통해 토큰이 단어 표현을 기반으로 학습된다는 것을 알 수 있습니다.

---

7   Brian Lester 외, "The Power of Scale for Parameter-Efficient Prompt Tuning", arXiv, 2021 (https://arxiv.org/abs/2104.08691)

요약

이 장에서는 순위 분해 행렬을 활용해 모델의 매개변수를 효율적인 방법으로 업데이트하는 LoRA에 대해 살펴봤습니다. LoRA에서 목표는 모든 매개변수를 다시 학습할 필요 없이 모델의 가중치를 효율적으로 업데이트하는 방법을 찾는 것입니다.

LoRA는 뛰어난 성능의 강력한 미세 조정 방법입니다. LoRA는 완전 미세 조정에 비해 모델을 미세 조정하는 데 필요한 자원의 양을 줄여주므로 다양한 작업에서 널리 활용됩니다. 이 방법의 원리는 생성형 언어 모델뿐만 아니라 이미지, 비디오를 포함한 다른 유형의 모델을 학습하는 데도 유용합니다.

QLoRA는 LoRA의 변형으로, `Normal Float4(nf4)`라는 새로운 데이터 유형을 사용하며 트랜스포머의 어텐션 레이어뿐만 아니라 그 외의 레이어도 대상으로 삼습니다.

또한 학습할 수 있는 소프트 토큰을 입력 프롬프트 앞에 추가해 프롬프트를 최적화하는 프롬프트 튜닝 방법도 살펴봤습니다. LoRA가 특화된 작업을 미세 조정하는 데 더 뛰어날 수 있지만, 프롬프트 튜닝은 프롬프트를 최적화하는 비교적 간단한 기법입니다.

7장에서는 생성 모델을 인간의 가치와 선호도에 맞춰 미세 조정하기 위한 인간 피드백을 통한 강화 학습(reinforcement learning from human feedback; RLHF)이라는 강력한 기법을 배울 것입니다.

AWS로 구현하는
생성형 AI

07

인간 피드백을 통한 강화 학습으로
미세 조정

5장과 6장에서 배운 것처럼 인스트럭션 기반 미세 조정은 모델 성능을 개선하고, 모델이 인간과 유사한 프롬프트를 더 잘 이해하게 도우며, 보다 인간처럼 응답을 생성하게 합니다. 그러나 이 방법으로는 모델이 바람직하지 않고 거짓되며 때로는 유해한 컴플리션을 생성하는 것을 막을 수 없습니다.

이러한 모델이 안타깝게도 많은 부적절한 언어와 유해한 내용을 포함하는 인터넷의 방대한 텍스트 데이터로 학습되었다는 점을 고려하면, 바람직하지 않은 출력이 나오는 것은 놀라운 일이 아닙니다. 연구원과 실무자는 원치 않는 데이터를 제거하기 위해 사전 학습 데이터 세트를 계속 정제하고 개선하지만, 모델은 여전히 인간의 가치와 선호에 부합하지 않는 내용을 만들 가능성이 있습니다.

인간 피드백을 통한 강화 학습(Reinforcement Learning from Human Feedback; RLHF)은 인간이 단 주석(인간 피드백)을 활용해 모델이 인간의 가치와 선호도에 부합하도록 유도하는 미세 조정 메커니즘입니다. RLHF는 주로 인스트럭션 기반 미세 조정 등 다른 형태의 미세 조정 후에 적용됩니다.

RLHF는 일반적으로 모델이 더 사람답고 사람에 맞춘 결과를 생성하는 데 사용되지만, 고도로 개인화된 모델을 미세 조정하는 데도 활용할 수 있습니다. 예를 들어 애플리케이션의 각 사용자에 맞춘 채팅 어시스턴트를 미세 조정할 수 있습니다. 이 채팅 어시스턴트는 사용자가 애플리케이션과 상호작용을 한 내용에 따라 각 사용자의 스타일, 목소리, 유머 감각을 반영할 수 있습니다.

이 장에서는 RLHF를 사용해 모델이 생성하는 결과물이 인간의 선호와 가치에 더 잘 부합하도록 미세 조정하는 방법을 배웁니다. 이는 궁극적으로 모델의 유용성, 정직성, 무해성(helpfulness, honesty, and harmlessness; HHH)을 높일 수 있습니다.

인간 가치 정렬(Human Alignment): 유용성, 정직성, 무해성

긍정적인 언어는 사람들에게 더 큰 호소력을 갖습니다. 모델이 생성한 결과물이 유용성, 정직성, 무해성 측면에서 얼마나 잘 최적화되었는지 논의해 보겠습니다.

유용성

모델이 프롬프트에 대해 유용한 컴플리션을 만들지 못할 수 있습니다. 예를 들어 모델에 "미국에서 여름휴가로 가장 인기 있는 도시는 어디인가요?"라고 물으면 "미국의 대부분 주요 도시가 여름 휴가지로 인기가 있습니다."라고 응답합니다. 이는 분명 유용한 답변이 아니므로 개선이 필요합니다.

정직성

모델은 오해의 소지가 있거나 잘못된 응답을 생성할 수도 있습니다. 모델에 고개를 흔들면 청력이 좋아지는지 물어본다고 가정해 보겠습니다. 모델은 때로 "네! 고개를 흔들면 청력이 좋아질 수 있습니다."라는 자신감 넘치지만, 과학적으로 입증되지 않고 완전히 잘못된 응답을 생성할 수 있습니다.

무해성

모델이 유해하거나 공격적이거나 범죄 행동을 조장하는 응답을 생성하는 것 또한 원하지 않습니다. 이러한 응답 대신에 모델을 미세 조정해 질문을 무시하거나 공격성을 유발하지 않고 범죄 행동을 조장하지 않는 덜 유해한 응답을 하게 합니다. 예를 들어 모델에 컴퓨터 시스템을 해킹하는 방법을 물어보면 "범죄 행위를 조장하면 안 되므로 이 질문에 대답할 수 없습니다."라고 응답할 수 있습니다.

다음으로 RLHF 미세 조정 과정의 기반이 되는 강화 학습을 알아봅니다.

강화 학습 개요

RLHF를 자세히 알아보기 전에 강화 학습을 이해하는 것이 중요합니다. 강화 학습의 대표적인 예로 AWS 딥레이서가 있습니다. 이는 플레이어가 소형 무인 자동차를 학습해 경주로를 자율 주행하고 충돌을 피하게 하는 시스템입니다. 플레이어는 다른 운전자와 경쟁해 최단 시간 내에 경주로를 완주하는 것이 목표이며, 가장 짧은 시간을 기록한 플레이어가 경주에서 승리합니다.

그림 7.1에서 **에이전트**는 경주로에 머물며 적절한 행동을 선택했을 때 받는 보상을 기반으로 **정책**이나 모델을 학습하는 자동차입니다. 학습 알고리즘은 자동차가 최단 시간 내에 경주로를 완주하고 경주에서 승리하는 **목표**를 달성할 수 있도록 최적화됩니다.

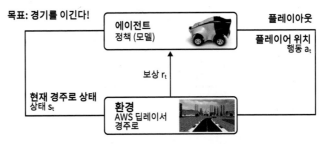

그림 7.1 AWS 딥레이서 환경에서의 강화 학습

환경은 곡선과 조건을 포함한 경주로입니다. 어느 순간의 **상태**는 경주장에서 자동차의 현재 위치와 속도입니다. **행동 공간**은 좌/우 조향, 제동, 가속 등 현재 상태에 따라 자동차가 선택할 수 있는 모든 가능한 행동으로 구성됩니다. 에이전트는 강화 학습 정책이라는 전략에 따라 결정을 내립니다. 경주 중 에이전트는 승리 또는 패배로 이어지는 행동을 선택하게 됩니다.

각 경주 후에 에이전트는 다음 경주에서 행동에 영향을 미치는 **총보상**을 수집합니다. 강화 학습의 목표는 에이전트가 주어진 환경에서 보상을 극대화하는 행동을 선택하기 위한 최적의 정책 또는 모델을 학습하는 것입니다.

이 학습 과정은 반복적이며 시행착오를 포함합니다. 처음에 에이전트는 무작위 행동을 선택하며, 이러한 행동은 새로운 상태로 전이됩니다. 이 새로운 상태에서 에이전트는 추가 행동을 통해 이어지는 상태를 탐색해 나갑니다.

보상으로 이어지는 상태와 행동의 순서를 강화 학습 용어로 **플레이아웃**이라고 합니다. 에이전트가 더 많은 플레이아웃을 통해 경험을 쌓아감에 따라 높은 보상으로 이어지는 행동, 즉 이 경우 경주에서 승리하기 위한 행동 패턴을 학습하게 됩니다.

그림 7.2에서는 생성 모델에 적용된 강화 학습 개념을 볼 수 있습니다. 여기서 모델은 에이전트입니다. 정책은 모델 가중치로 구성됩니다. 강화 학습 알고리즘은 환경, 상태, 목표를 고려해 더 나은 행동을 선택하거나 더 적합한 다음 토큰을 생성하게 모델 가중치를 조정합니다. 목표는 모델이 유용성, 정직성, 무해성(HHH)과 같은 인간의 선호에 더 잘 부합하는 컴플리션을 생성하는 것입니다.

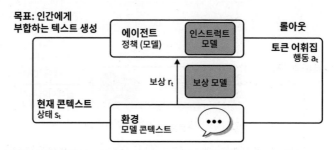

그림 7.2 생성형 AI 모델에서의 강화 학습

행동은 가능한 모든 토큰으로 이루어진 행동 공간 내에서 선택됩니다. 구체적으로 다음 토큰은 모델 어휘집의 모든 토큰에서 확률 분포를 기반으로 선택됩니다. 환경은 모델의 콘텍스트 윈도입니다. 상태는 현재 콘텍스트 윈도에 있는 토큰으로 구성됩니다.

이 생성 모델의 맥락에서 보상으로 이어지는 행동과 상태의 순서를 **롤아웃**이라고 합니다.

 플레이아웃은 고전적인 강화 학습 맥락에서 활용되는 반면, **롤아웃**은 일반적으로 생성 모델의 맥락에서 활용됩니다. 둘은 같은 개념입니다.

보상은 모델이 생성한 컴플리션이 유용성과 같은 인간의 선호도에 얼마나 잘 부합하는지에 따라 결정됩니다. 모델이 더 많은 롤아웃을 경험하고 보상을 받을수록 더 높은 보상을 얻을 수 있는 토큰을 생성하는 방법을 학습하게 됩니다. 이 장의 예시에서는 더 유용하고, 정직하며, 무해한 텍스트에 더 높은 보상을 주는 보상 모델을 보여줄 것입니다.

RLHF에서 보상 모델은 모델이 인간의 선호에 더 잘 부합하는 컴플리션을 더 많이 생성하게 유도하고, 선호하지 않는 응답을 억제하는 데 핵심적인 역할을 합니다. 어떤 결과가 선호되는지 판단하는 것은 자동차가 경주를 완주하는 데 걸리는 시간을 측정하는 것보다 조금 더 복잡한 과정입니다. 무엇을 유용하고 정직하며 무해한 것으로 간주하는지 결정하려면 다음에 살펴볼 세이지메이커 그라운드 트루스(SageMaker Ground Truth)와 같은 휴먼인더루프(human-in-the-loop; HITL) 관리형 서비스를 활용해 사람이 콘텍스트에 레이블을 지정해 맞춤형 보상 모델을 학습해야 합니다.

맞춤형 보상 모델 학습하기

보상 모델은 일반적으로 긍정 또는 부정의 두 클래스 중 하나를 예측하는 분류기입니다. 이진 분류기라고도 하며, BERT[1]와 같은 소규모 언어 모델을 기반으로 하는 경우가 많습니다. 감정[2]을 분류하거나 유해 언어를[3] 감지하기 위한 많은 언어 인식 이진 분류기가 이미 존재합니다. 이러한 분류기가 사용자의 상황에 적합하지 않다면 사용자는 자신만의 고유한 보상 모델을 직접 학습시킬 수 있습니다.

맞춤형 보상 모델을 학습하는 것은 비교적 높은 노동력과 비용이 드는 작업입니다. 이 작업에 착수하기 전에 기존의 이진 분류기를 살펴보는 것이 좋습니다.

---

1 https://huggingface.co/google-bert/bert-base-uncased

2 https://huggingface.co/lvwerra/distilbert-imdb

3 https://huggingface.co/facebook/roberta-hate-speech-dynabench-r4-target

휴먼인더루프를 활용한 학습 데이터 수집

맞춤형 보상 모델을 학습하는 첫 번째 단계는 무엇이 유용하고, 정직하며, 무해한지에 대한 데이터를 사람으로부터 수집하는 것입니다. 이 과정을 가리켜 '레이블러(주석을 다는 사람)에게 인간 피드백을 수집'한다고 말합니다. 이 단계에서는 일반적으로 세이지메이커 그라운드 트루스와 같은 관리형 서비스를 활용합니다.

생성 모델의 맥락에서는 레이블러에게 주어진 프롬프트에 대한 여러 컴플리션의 순위를 매기도록 요청하는 것이 일반적입니다. 레이블러가 컴플리션에 상대적인 순위를 매김으로써 보상 모델을 위해 프롬프트당 여러 개의 학습 데이터 행을 생성하게 되는데, 이에 대해서는 곧 자세히 알아보겠습니다.

그러나 먼저 레이블러에게 주어진 프롬프트에 대해 모델 컴플리션의 순위를 매기도록 요청할 때 제공되는 지침의 예시를 살펴보겠습니다.

레이블러를 위한 지침 예시

일반적으로 레이블러는 주어진 기준에 따라 특정 프롬프트에 대한 컴플리션의 순위를 매기도록 요청받습니다. 예를 들어 "가장 유용한 것부터 가장 유용하지 않은 것 순으로 컴플리션의 순위를 매겨 주기를 바랍니다." 또는 "가장 무해한 것부터 가장 무해하지 않은 것까지 컴플리션의 순위를 매겨 주기를 바랍니다."와 같은 방식입니다.

세부 정보를 더 많이 공유할수록 레이블러가 작업을 올바르게 수행하고, 보상 모델 학습에 필요한 고품질의 인간 중심 순위 데이터 세트를 얻을 가능성이 높아집니다. 고품질의 레이블링과 피드백을 보장하려면 레이블러가 자신의 작업, 인간 가치 정렬 기준, 그리고 예외 상황 처리 방법을 이해할 수 있도록 명확한 지침을 제공해야 합니다.

일반적으로 지침은 레이블러가 수행할 작업을 명확하게 설명해야 합니다. 다음은 "Scaling Instruction-Finetuned Language Models(인스트럭션 기반 미세 조정된 언어 모델에서의 확장)" 논문[4]에서 발췌한 레이블링 지침 예시입니다.

---

4 Hyung Won Chung 외, "Scaling Instruction-Finetuned Language Models", arXiv, 2022.
   (https://arxiv.org/pdf/2210.11416)

- 입력 프롬프트에 최상의 답변을 제공하는 순으로 응답의 순위를 매깁니다.

- 최상의 답변은 무엇인가요? (a) 답변의 정확성과 (b) 응답의 정보성을 기준으로 결정하기 바랍니다. (a)의 경우 웹 검색을 할 수 있습니다. 전반적으로 가장 유용하고 무해한 답변을 기준으로 순위를 매기길 바랍니다. 이는 적어도 어느 정도 정확하며, 프롬프트가 요구하는 내용을 최소한으로 담고 있으며, 언어적으로 가장 무해한 것으로 정의됩니다.

- 긴 답변이 항상 최선은 아닙니다. 간결하고 일관성 있는 답변이 적어도 정확하고 유익한 정보를 제공한다면 긴 답변보다 더 좋을 수 있습니다.

이러한 상세한 레이블러를 위한 지침을 주면 응답의 품질이 높아지고 각 개인이 일관된 방식으로 레이블링 작업을 수행할 가능성이 높아집니다.

다음으로 아마존 세이지메이커 그라운드 트루스와 같은 관리형 서비스를 활용해 인간 피드백을 수집하는 방법을 살펴보겠습니다.

인간이 단 주석을 수집하기 위한 아마존 세이지메이커 그라운드 트루스 활용하기

레이블러로부터 데이터를 수집하기 위해 아마존 세이지메이커 그라운드 트루스와 같은 서비스를 활용할 수 있습니다. 그림 7.3과 같은 드래그 앤드 드롭 UI를 통해 레이블러는 주어진 프롬프트에 대한 컴플리션을 가장 높은 순서에서 낮은 순서로 순위를 매길 수 있습니다.

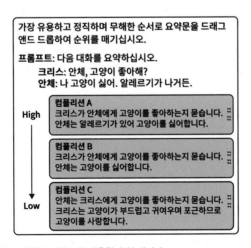

그림 7.3 아마존 세이지메이커 그라운드 트루스를 사용한 순위 매기기

이 단계에서 레이블러는 주어진 대화에 대해 가장 유용한 요약을 선별해 순위를 매기는 작업을 수행합니다. 다음은 이러한 작업 중 하나를 휴먼인더루프 작업으로 세이지메이커 그라운드 트루스에 설정하고 전송하는 코드입니다. 이 경우 작업은 순위를 매겨야 할 세 가지 가능한 컴플리션 세트와 함께 제공되는 프롬프트로 구성됩니다.

```python
items = [
    {
        "prompt":
            """
            크리스: 안체, 고양이 좋아해?
            안체: 나 고양이 싫어. 알레르기가 나거든.
            """,
        "responses": [
            """
            크리스는 안체에게 고양이를 좋아하는지 묻습니다.
            안체는 알레르기가 있어 고양이를 싫어합니다.
            """,
            """
            크리스는 안체에게 고양이를 좋아하는지 묻습니다. 안체는 고양이를 싫어합니다.
            """,
            """
            안체는 크리스에게 고양이를 좋아하는지 묻습니다.
            크리스는 고양이가 푹신하고 귀엽고 포근하므로 고양이를 사랑합니다.
            """
        ]
    }
]

humanLoopName = str(uuid.uuid4())
inputContent = {"taskObject": task}
start_loop_response = a2i.start_human_loop(
    HumanLoopName=humanLoopName,
    FlowDefinitionArn=augmented_ai_flow_definition_arn,
```

```
    HumanLoopInput={"InputContent": json.dumps(inputContent)},
)

loop = a2i.describe_human_loop(HumanLoopName=human_loop_name)
print(f'휴먼루프 상태: {loop["HumanLoopStatus"]}')
print(f'휴먼루프 출력 S3: {loop["HumanLopOutput"]}')

# 출력

# 휴먼루프 상태: InProgress
# 휴먼루프 출력 위치: {'OutputS3Uri':'s3://<ground-truth-ranking-results-s3-
location>/output.json'}
```

레이블러가 주어진 프롬프트에 대한 응답 순위를 매기면 이전 코드와 유사하게 JSON 문자열이 S3 위치에 저장됩니다. 다음은 JSON 문자열 중 하나를 발췌한 것입니다. 여기서 1은 가장 좋은 순위, 3은 가장 낮은 순위를 나타냅니다.

```
{
    "humanAnswers": [{
        "answerContent": {
            "ranking_A": "1", # 컴플리션 A의 순위(1=최우수)
            "ranking_B": "2", # 컴플리션 B의 순위
            "ranking_C": "3", # 컴플리션 C의 순위(3=최악)
        }
    }]
}
```

이 과정을 다수의 레이블러를 통해 반복함으로써 보상 모델 학습에 활용할 수 있는 인간 선호도 데이터 세트를 구축할 수 있습니다. 하지만 보상 모델을 학습하기 전에 JSON 문자열을 이진 분류기 학습에 적합한 숫자 형식으로 변환해야 합니다.

보상 모델을 학습하기 위한 순위 데이터 준비

이제 레이블러가 주석을 단 순위를 수집해 S3에 JSON 형식으로 저장했으므로 이 데이터를 보상 모델이 긍정적 보상(1) 또는 부정적 보상(0)을 예측하는 학습에 사용되는 형식으로 변환해야 합니다. 즉, 순위 1부터 3까지를 다음과 같이 0과 1로 변환해야 합니다.

이 예에서는 그림 7.4에 표시된 것처럼 주어진 프롬프트에 대한 세 가지 컴플리션(컴플리션 A, B, C)이 있습니다. 여기서 레이블러는 주어진 프롬프트에 가장 유용하다고 판단한 컴플리션 A를 가장 높은 순위(순위 1), 그 다음으로 유용하다고 판단한 컴플리션 B를 중간 순위(순위

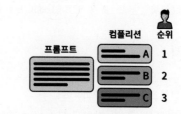

그림 7.4 주어진 프롬프트에 대한 순위가 매겨진 컴플리션

2), 제일 유용하지 않다고 판단한 컴플리션 C를 가장 낮은 순위(순위 3)로 할당했습니다.

즉, 컴플리션 A 〉 컴플리션 B 〉 컴플리션 C, 또는 간단히 A 〉 B 〉 C입니다. 이 관계를 A 〉 B, B 〉 C, A 〉 C의 세 가지 별도의 쌍별 비교로 나눌 수 있습니다. 다음으로 그림 7.5와 같이 각 쌍별 비교에서 각 요소에 0 또는 1을 할당할 수 있습니다. 여기서 1은 선호도가 더 높은 컴플리션을, 0은 선호도가 더 낮은 컴플리션을 나타냅니다.

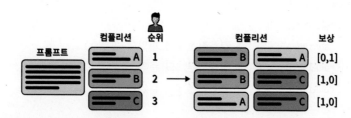

그림 7.5 쌍별 컴플리션 순위에 대한 0과 1 보상 쌍

컴플리션 쌍별 비교(pairwise comparisons)를 수행하는 로직은 간단합니다. 전체 코드는 이 책의 깃허브 저장소[5]에서 확인할 수 있습니다.

주어진 프롬프트에 대한 순위가 매겨진 세 개의 컴플리션은 세 개의 보상 학습 데이터를 만듭니다. 순위가 매겨진 네 개의 컴플리션은 여섯 개의 쌍별 비교를 만듭니다. 순위가 매겨진 다섯 개의 컴플리션은 열 개의 쌍별 비교를 만들고 계속해서 이와 같은 방식으로 증가합니다.

---

5 https://github.com/wikibook/gai-aws

이 관계는 조합론[6]에 의해 설명되는데, n개의 컴플리션은 $\binom{n}{2}$개의 쌍별 비교[7]를 생성하며, 각 쌍별 비교는 보상 모델 학습 데이터의 한 행이 됩니다.

 좋아요/싫어요 버튼을 애플리케이션에 간단히 추가해 사용자 피드백을 얻는 것이 순위를 매기는 것보다 쉽긴 하지만, 순위는 보상 모델 학습에 기하급수적으로 더 많은 데이터를 제공합니다.

이 학습 데이터는 다음 섹션에서 설명할 강화 학습 미세 조정 과정에서 생성된 컴플리션에 대한 보상을 궁극적으로 예측하는 보상 모델의 학습에 활용됩니다. 하지만 보상 모델 학습 데이터 세트 준비는 아직 끝나지 않았습니다.

0과 1의 보상 값으로 구성된 쌍별 보상 학습 데이터를 만든 후에는 선호하는 컴플리션이 첫 번째 열에 오도록 데이터 순서를 조정하는 것이 일반적인 방식입니다. 이는 단순한 규칙이지만, 많은 보상 모델 학습 코드와 문서에서 선호 텍스트를 y_j로, 비선호 텍스트를 y_k로 지칭하므로 이 추가적인 단계를 이해하는 것이 중요합니다. 그림 7.6에서 볼 수 있듯이 r_j를 선호하는 보상(1)로, r_k를 비선호하는 보상(0)으로 배치합니다.

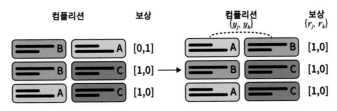

그림 7.6 일반적인 방식에 따라 선호하는 컴플리션을 y_j 열로 이동

첫 번째 행 A와 B의 컴플리션 및 보상이 일반적인 방식에 따라 선호하는 컴플리션을 y_j 위치로, 선호 보상을 r_j 위치로 이동시키기 위해 서로 교환되는 방식에 주목하기를 바랍니다. 이 변환을 수행하는 코드는 간단하며, 이 책의 깃허브 저장소[8]에서 전체 코드를 확인할 수 있습니다. 표 7.1은 이러한 이동과 관련된 출력 예시를 보여줍니다.

---

6 https://en.wikipedia.org/wiki/Combinatorics

7 https://en.wikipedia.org/wiki/Binomial_coefficient

8 https://github.com/wikibook/gai-aws

프롬프트	컴플리션 y_j (선호)	컴플리션 y_k(비선호)	리워드 $[r_j, r_k]$
크리스: 안체, 고양이 좋아해? **안체:** 나 고양이 싫어. 알레르기 가 나거든.	크리스가 안체에게 고양이를 좋아하는지 묻습니다. 안체는 알레르기가 있어 고양이를 싫어합니다.	크리스가 안체에게 고양이를 좋아하는지 묻습니다. 안체는 고양이를 싫어합니다.	[1, 0]
크리스: 안체, 고양이 좋아해? **안체:** 나 고양이 싫어. 알레르기 가 나거든.	크리스가 안체에게 고양이를 좋아하는지 묻습니다. 안체는 고양이를 싫어합니다.	안체는 크리스에게 고양이를 좋아하는지 묻습니다. 크리스 는 고양이가 부드럽고 귀여우 며 포근하므로 고양이를 사랑 합니다.	[1, 0]
크리스: 안체, 고양이 좋아해? **안체:** 나 고양이 싫어. 알레르기 가 나거든.	크리스가 안체에게 고양이를 좋아하는지 묻습니다. 안체는 알레르기가 있어 고양이를 싫 어합니다.	안체는 크리스에게 고양이를 좋아하는지 묻습니다. 크리스 는 고양이가 부드럽고 귀여우 며 포근하므로 고양이를 사랑 합니다.	[1, 0]

표 7.1 선호 및 비선호 컴플리션과 보상 요약

데이터 준비 단계를 마쳤으니, 이제 보상 모델 학습을 할 준비가 됐습니다. 다음 섹션에서 이를 살펴보겠습니다.

보상 모델 학습하기

세이지메이커 그라운드 트루스를 사용해 레이블러로부터 수집한 피드백 데이터 세트로 보상 모델을 학습해 보겠습니다. 이를 위해 주어진 프롬프트–컴플리션 쌍에 대해 긍정(1)과 부정(0)이 라는 두 클래스의 확률 분포를 예측하는 BERT 기반 텍스트 분류기[9]를 사용할 수 있습니다. 확률이 가장 높은 클래스를 예측된 보상으로 간주합니다.

```
from transformers import AutoModelForSequenceClassification

model_checkpoint = "..." # BERT 기반 텍스트 분류기

custom_reward_model = AutoModelForSequenceClassification.from_pretrained(
    model_checkpoint)
```

---

9 https://huggingface.co/docs/transformers/model_doc/auto#transformers.AutoModelForSequenceClassification

긍정적인 보상(1)은 모델이 주어진 프롬프트에 대한 컴플리션을 계속 생성하게 유도합니다. 반대로 부정적인 보상(0)은 컴플리션 생성을 막습니다.

그림 7.7에서 주어진 프롬프트 x에 대해 보상 모델은 보상 차이를 반영하는 손실 함수(r_j에서 r_k를 뺀 값)를 최소화해 인간이 선호하는 컴플리션인 y_j를 선호하게 학습합니다.

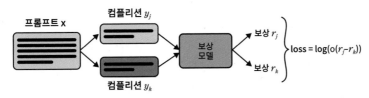

그림 7.7 프롬프트 x에 대해 $\{y_j, y_k\}$중 선호하는 컴플리션 y_j를 예측하는 모델 학습

구체적으로 손실 함수는 트랜스포머 강화 학습(Transformer Reinforcement Learning; TRL)[10] 라이브러리의 RewardTrainer 클래스[11]의 compute_loss() 코드 스니펫에서 볼 수 있듯이 보상 차이의 로그 시그모이드 음수값입니다. 일반적인 방식에 따라 사람이 선호하는 컴플리션과 보상은 각각 y_j와 r_j로 레이블링됩니다.

```
from transformers import Trainer


class RewardTrainer(Trainer):
    # RewardTrainer 클래스의 손실 함수를 정의합니다.
    def compute_loss(self, reward_model, inputs):
        rewards_j = reward_model(
            input_ids=input["input_ids_j"],
            attention_mask=input["attention_mask_j"])[0]
        rewards_k = reward_model(
            input_ids=input["input_ids_k"],
            attention_mask=input["attention_mask_k"])[0]
        loss = -nn.functional.logsigmoid(
            rewards_j - rewards_k
```

---

10 https://github.com/huggingface/trl/

11 https://huggingface.co/docs/trl/reward_trainer

```
        ).mean()
# 보상 모델 학습하기 ... 우후!
trainer = RewardTrainer(
    model=custom_reward_model, # BERT 기반 텍스트 분류기
    train_dataset = human_feedback_dataset,
    ...)


trainer.train()


custom_reward_model.save_pretrained(
    "custom_reward_model_checkpoint/"
)
```

유용한 컴플리션에 보상을 주는 보상 모델 학습 방법을 살펴봤으니, 이제 생성 작업에서 흔히 사용되는 또 다른 일반적인 유형의 보상 모델, 즉 생성된 텍스트의 유해성과 혐오 표현을 탐지하는 모델로 넘어가 보겠습니다. 다음에 볼 수 있듯이, 유해성을 줄이는 것은 인간의 가치와 선호도에 맞게 생성 모델을 조정하고 정렬하는 핵심 요소입니다.

기존 보상 모델: 메타의 유해성 판독기

2021년 메타(Meta)/페이스북(Facebook)은 유해 언어 탐지에 도움을 주는 RoBERTa[12] 기반 모델인 roberta-hate-speech-dynabench-r4-target[13]과 함께 논문[14]을 발표했습니다. 이 보상 모델은 주어진 텍스트 입력에 대해 '혐오 아님' 또는 '혐오'라는 두 클래스의 확률 분포를 예측합니다.

이전 섹션에서 유용하고 정직하며 무해한 것으로 분류된 텍스트에 긍정적인 보상을 주게 학습한 보상 모델과 유사하게, 메타의 보상 모델은 '혐오 아님'으로 분류된 텍스트에 긍정적으로 보상하고 '혐오'로 분류된 텍스트에는 부정적으로 보상합니다.

---

12 https://huggingface.co/FacebookAI/roberta-base

13 https://huggingface.co/facebook/roberta-hate-speech-dynabench-r4-target

14 Bertie Vidgen 외, "Learning from the Worst: Dynamically Generated Datasets to Improve Online Hate Detection", arXiv, 2021. (https://arxiv.org/pdf/2012.15761)

다음 섹션에서는 이 메타 유해성 판독기 모델을 보상 모델로 활용해 생성 모델을 미세 조정하고 생성된 컴플리션의 유해성을 줄이겠습니다. 하지만 먼저 유해한 구문과 무해한 구문을 입력하고 보상을 비교해 이 모델이 예상대로 작동하는지 확인하겠습니다.

```python
from transformers import AutoTokenizer
toxicity_model_checkpoint = "facebook/roberta-hate-speech-dynabench-r4-target"

toxicity_tokenizer = AutoTokenizer.from_pretrained(toxicity_model_checkpoint)

text = "당신은 끔찍한 사람이고 난 당신을 정말 싫어합니다."

toxicity_input_ids = toxicity_tokenizer(text, return_tensors="pt").input_ids

logits = toxicity_evaluator(toxicity_input_ids).logits
print(f'[혐오 아님, 혐오]에 대한 로짓값: {logits.tolist()[0]}')

# [혐오 아님, 혐오]에 대한 확률 출력
probabilities = logits.softmax(dim=-1).tolist()[0]
print(f'[혐오 아님, 혐오]에 대한 확률값: {probabilities}')

# '혐오 아님'에 대한 로짓값을 가져옵니다 - 이것이 보상입니다!
nothate_reward = (logits[:, not_hate_index]).tolist()
print(f'보상 ('혐오 아님' 로짓값): {nothate_reward}')
```

출력:

```
[혐오 아님, 혐오]에 대한 로짓값: [-2.0610, 1.5835]
[혐오 아님, 혐오]에 대한 확률값: [0.0254, 0.9745]
보상 ('혐오 아님' 로짓값): [-2.0610]
```

긍정 클래스(여기서는 '혐오 아님')의 로짓값은 보상 모델이 이 텍스트에 할당한 실제 보상 값입니다. 이때 주어진 텍스트에 대한 보상 값은 -2.0610이고 '혐오 아님'일 확률은 2.54%입니다. 이는 부정적인 보상 값이므로 모델은 이러한 종류의 텍스트 생성을 막습니다.

다음은 '혐오 아님'으로 분류된 텍스트의 긍정적인 보상 예시입니다.

```
text = "당신은 훌륭한 사람이고 나는 당신을 좋아합니다."

toxicity_input_ids = toxicity_tokenizer(text, return_tensors="pt").input_ids

logits = toxicity_evaluator(toxicity_input_ids).logits
print(f'[혐오 아님, 혐오]에 대한 로짓값: {logits.tolist()[0]}')

# [혐오 아님, 혐오]에 대한 확률 출력
probabilities = logits.softmax(dim=-1).tolist()[0]
print(f'[혐오 아님, 혐오]에 대한 확률값: {probabilities}')

# '혐오 아님'에 대한 로짓값을 가져옵니다 - 이것이 보상입니다!
nothate_reward = (logits[:, not_hate_index]).tolist()
print(f'보상 (`혐오 아님` 로짓값): {nothate_reward}')
```

출력:

```
[혐오 아님, 혐오]에 대한 로짓값: [4.6532, -4.1782]
[혐오 아님, 혐오]에 대한 확률값: [0.9999, 0.0001]
보상 (`혐오 아님` 로짓값): [4.6532]
```

긍정 클래스(여기서는 '혐오 아님')의 로짓값은 4.6532이고, '혐오 아님'일 확률은 99.99%입니다. 이는 긍정적인 보상 값이므로 모델이 이러한 종류의 텍스트를 생성하게 유도합니다.

다음에 살펴볼 RLHF 프로세스는 '혐오 아님'으로 분류되는 컴플리션을 생성하게 모델을 미세 조정해 인간의 가치와 선호도에 더 잘 부합하게 할 것입니다.

인간 피드백을 통한 강화 학습으로 미세 조정

인간 피드백을 통한 강화 학습(RLHF)은 보상 모델을 통해 표현된 인간 선호도에 더 잘 부합하게 주어진 생성 모델의 기본 가중치를 수정해 미세 조정하는 과정입니다. 이전 섹션에서 봤듯이 보상 모델은 세이지메이커 그라운드 트루스와 같은 서비스를 활용해 직접적인 인간 피드백으로 인간의 선호도를 파악합니다.

RLHF에서 보상 모델 활용

유해성을 감소시키는 사례를 계속 진행하면서 예시를 들어보겠습니다. 안체가 고양이를 좋아하는지에 대한 크리스와 안체의 대화를 생성 모델에 전송한다고 가정해 보겠습니다. 유해성을 줄이기 위해 RLHF로 LLM을 미세 조정하기 전에 모델은 "안체는 고양이를 싫어합니다."라는 문장을 생성할 수 있습니다. 그림 7.8에서 볼 수 있듯이 이 텍스트에 대해 부정적인 보상 값이 생성됩니다.

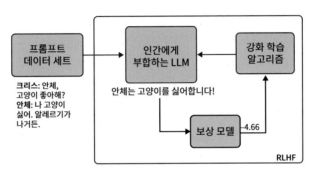

그림 7.8 강화 학습에 근접 정책 최적화(Proximal Policy Optimization; PPO) 알고리즘과 함께 보상 모델 활용

유해성이 적은 컴플리션은 "안체는 고양이를 좋아하지 않습니다. 그녀는 알레르기가 있습니다."이며, 이 경우 그림 7.9와 같이 긍정적인 보상을 받습니다.

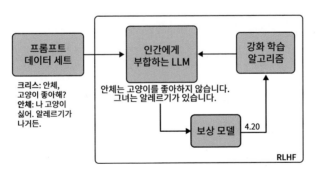

그림 7.9 유해성이 적은 생성 텍스트에 대한 긍정적인 보상

근접 정책 최적화 강화 학습 알고리즘

근접 정책 최적화(PPO)는 널리 사용되는 강화 학습 알고리즘으로, 주어진 프롬프트와 컴플리션에 할당된 보상 값을 기반으로 실제 모델의 가중치를 업데이트하는 데 사용됩니다. 2017년 논문[15]에서 처음 설명된 PPO는 그림 7.10과 같이 보상 모델(메타의 혐오 발언 탐지 모델)에서 반환된 보상 값에 따라 생성 모델의 가중치를 업데이트합니다.

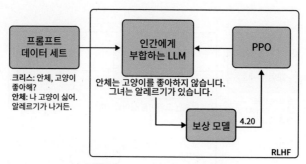

그림 7.10 메타의 혐오 발언 탐지 모델과 함께 활용되는 근접 정책 최적화 강화 학습 알고리즘

PPO는 강화 학습에서 흔히 쓰는 알고리즘입니다. 이름에서 알 수 있듯이 PPO는 정책(여기서는 LLM)을 최적화해 인간의 가치와 선호에 더 잘 부합하는 컴플리션을 생성합니다. 매 반복 시 PPO가 LLM 가중치를 작고 제한적으로 업데이트해 **근접** 정책 최적화(proximal policy optimization)라고 합니다. 반복할 때마다 변경 사항을 작게 유지해 미세 조정 과정이 더 안정적이 되고 최종 모델이 새로운 입력에도 잘 대응할 수 있습니다. PPO는 역전파를 통해 모델 가중치를 업데이트합니다. 여러 번의 반복을 거치면 인간에게 더 부합하는 생성 모델을 얻을 수 있습니다.

PPO로 RLHF 미세 조정 수행

모델이 유해한 응답을 적게 생성하게 미세 조정할 때 RLHF를 수행하는 방법을 살펴보겠습니다. 먼저 프롬프트를 생성 모델에 전달해 컴플리션을 생성합니다. 그런 다음 프롬프트–컴플리션 쌍을 보상 모델에 전달하면 '혐오 아님'과 '혐오' 클래스에 대한 로짓값과 확률 분포 집합을 만듭니다. 이전 섹션에서 언급했듯이 '혐오 아님' 클래스를 최적화하는 것이 목표입니다.

---

15 John Schulman 외., "Proximal Policy Optimization Algorithms", arXiv, 2017.
   (https://arxiv.org/pdf/1707.06347)

다음은 TRL 라이브러리[16]의 PPOTrainer[17]를 사용해 메타의 유해성 판독기[18] 모델이 할당한 보상 값에 따라 모델의 가중치를 미세 조정하는 PPO 업데이트 단계를 수행하는 방법을 보여주는 코드입니다. TRL 라이브러리에서 AutoModelForCausalLMWithValueHead 클래스[19] 활용에 주목하기 바랍니다. 이는 AutoModelForCausalLM 모델[20]을 감싸는 래퍼 클래스로, PPOTrainer[21]에 의해 학습된 레이어의 일부가 됩니다. 전체 코드는 이 책의 깃허브 저장소[22]에서 확인할 수 있습니다. 다음은 과정을 안내하는 주석과 함께 제시한 주요 코드 부분입니다.

```python
from trl import PPOTrainer
from trl import AutoModelForCausalLMWithValueHead
from transformers import pipeline

model_checkpoint = "..." # Llama2, Falcon과 같은 생성 모델

tokenizer = AutoTokenizer.from_pretrained(model_checkpoint)

ppo_model = AutoModelForCausalLMWithValueHead.from_pretrained(
    model_checkpoint,
    torch_dtype=torch.bfloat16)

ppo_trainer = PPOTrainer(
    model=ppo_model,
    tokenizer=tokenizer,
    dataset=dataset)

toxicity_model_checkpoint = "facebook/roberta-hate-speech-dynabench-r4-target"

toxicity_evaluator = pipeline("text-classification", model=toxicity_model_checkpoint)

generation_kwargs = {
```

---

16 https://github.com/huggingface/trl/
17 https://github.com/huggingface/trl/blob/decc832/trl/trainer/ppo_trainer.py
18 https://huggingface.co/facebook/roberta-hate-speech-dynabench-r4-target
19 https://huggingface.co/docs/trl/models#trl.AutoModelForCausalLMWithValueHead
20 https://huggingface.co/docs/transformers/model_doc/auto#transformers.AutoModelForCausalLM
21 https://github.com/huggingface/trl/blob/decc832/trl/trainer/ppo_trainer.py
22 https://github.com/wikibook/gai-aws

```
    "min_length": 5,
    "top_k": 0.0,
    "top_p": 1.0,
    "do_sample": True
}

reward_kwargs = {
    "top_k": None, # 샘플링 없이 모든 점수를 반환합니다.
}

max_ppo_steps = 10000 # 최대 PPO 단계

for step, batch enumerate(ppo_trainer.dataloader):
    # max_ppo_steps에 도달하면 중단합니다.
    if step >= max_ppo_steps:
        break
    # 입력 배치에서 프롬프트 추출
    prompt_tensors = batch["input_ids"]
    # 요약문을 수집할 목록 준비
    summary_tensors = []
    # 각 입력 프롬프트에 대한 요약 컴플리션을 생성합니다.
    for prompt_tensor in prompt_tensors:
        summary = ppo_trainer.generate(prompt_tensor,
            **generation_kwargs)

        # 요약문 추가하기
        summary_tensors.append(
            summary.squeeze()[-max_new_tokens:])

# 이것은 'response'로 정의되어야 합니다.
batch["response"] = [tokenizer.decode(r.squeeze()) for r in summary_tensors]

# 쿼리와 응답을 결합하여 보상 출력 계산
query_response_pairs = [q + r for q, r in zip(batch["query"], batch["response"])]

# 두 클래스 모두에서 보상 계산하기
rewards = toxicity_evaluator(
```

```
    query_response_pairs, **reward_kwargs)

# '혐오 아님' 클래스에서 보상값 추출
reward_tensors =
    [torch.tensor(reward[not_hate_index]["score"]) for reward in rewards]

# 프롬프트, 요약문, 보상으로 PPO 단계 실행하기
ppo_trainer.step(prompt_tensors, summary_tensors, reward_tensors)
```

RLHF 과정을 반복할 때마다 모델 가중치를 업데이트합니다. 이는 다른 유형의 모델 학습 및 미세 조정과 유사하게 주어진 단계 수와 에포크(epochs) 동안 반복됩니다. 시간이 지나면 생성 모델은 덜 유해한 컴플리션을 만들어 더 높은 보상을 받기 시작합니다. 이러한 반복은 유해성 점수와 같은 평가 임곗값에 따라 모델이 맞춰진 것으로 간주할 때까지 또는 설정된 최대 반복 횟수인 max_ppo_steps에 도달할 때까지 계속됩니다.

보상 해킹 완화

모든 보상 기반 시스템은 제약 조건을 무시하고 '보상을 해킹'하려는 경향이 있습니다. 이는 강화 학습에서도 마찬가지로, 에이전트가 선택한 행동이 잘못된 상태로 이어져도 보상을 극대화하려고 편법을 학습할 수 있습니다.

예를 들어, 생성 모델은 보상(예: 낮은 유해성)을 극대화하려고 무의미하고 문법적으로 잘못된 토큰 시퀀스를 생성하는 방법을 학습할 수 있지만, 원래 언어 모델의 학습 내용과 목적을 따르지 않아서 극단적으로는 인간 언어와 완전히 다른 결과를 낼 수도 있습니다.

보상 해킹을 방지하기 위한 일반적인 기법 중 하나는 강화 학습이나 가중치 업데이트를 수행하기 전에 원래 인스트럭트 모델의 복사본을 만드는 것입니다. 그런 다음 이 복사한 모델의 가중치를 고정하고 변경 불가능한 '참조 모델'로 활용합니다. RLHF 중에는 고정된 참조 모델과 RLHF로 미세 조정하려는 모델 모두가 모든 프롬프트를 완성합니다.

다음으로 두 컴플리션을 비교해서 두 토큰 확률 분포 간의 통계적 거리를 결정합니다. 이 거리는 그림 7.11과 같이 널리 쓰이는 쿨백-라이블러(Kullback-Leibler; KL) 발산[23] 알고리즘을 사용해 계산합니다.

---

23 https://en.wikipedia.org/wiki/Kullback%E2%80%93Leibler_divergence

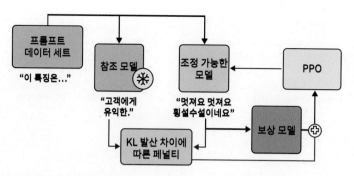

그림 7.11 KL 발산 보상 페널티로 보상 해킹 완화

KL 발산은 변경 가능한 RLHF로 조정된 생성 모델이 생성하는 컴플리션이 변경 불가능한 참조 모델의 컴플리션과 얼마나 차이가 나는지를 정량화합니다. 즉, 미세 조정된 모델이 보상을 해킹하기 시작하고 참조 모델이 생성할 시퀀스와 지나치게 다른 토큰 시퀀스를 생성하면, 강화 학습 알고리즘은 낮은 보상을 통해 미세 조정된 모델에 페널티를 부과합니다.

 RLHF와 KL 발산은 매우 많은 연산이 필요하므로 엔비디아 GPU 또는 아마존 EC2와 세이지메이커를 통해 사용할 수 있는 AWS 트레이니엄 전용 하드웨어 같은 가속기를 사용하면 큰 성능 향상을 얻을 수 있습니다.

KL 발산과 보상 페널티의 세부 사항은 일반적으로 강화 학습 라이브러리에 포함되어 있어 이러한 복잡한 코드를 직접 구현할 필요는 없습니다. 그러나 보상 해킹과 이를 제어하는 기술 및 추가 계산을 이해하는 것이 RLHF 구현에 도움이 됩니다.

다음은 보상 해킹을 방지하려고 모델 가중치를 고정한 참조 모델을 사용해 TRL 라이브러리[24]의 **PPOTrainer** 클래스를 구성하는 코드입니다. 또한 보상 모델에서 만든 보상 값을 활용해 조정 가능한 모델 가중치를 업데이트하는 PPO 반복 **step** 함수도 표시돼 있습니다. 생성된 텍스트가 참조 모델과 달라지기 시작하면 **PPOTrainer** 클래스의 구현된 코드 내에서 KL 발산에 의해 계산된 대로 최종 보상 값에 페널티를 부과할 수 있습니다. 다음은 **PPOTrainer** 클래스에 모델 가중치가 고정된 참조 모델을 추가하는 코드입니다.

---

24 https://github.com/huggingface/trl

```
from trl import PPOTrainer
from trl import AutoModelForCausalLMWithValueHead
from trl import create_reference_model
model_checkpoint = "..." # Llama2, Falcon과 같은 생성 모델
tokenizer = AutoTokenizer.from_pretrained(model_checkpoint)

model = AutoModelForCausalLMWithValueHead.from_pretrained(
    model_checkpoint,
    torch_dtype=torch.bfloat16)

ref_model = create_reference_model(model)

ppo_trainer = PPOTrainer(
    model=model,           # 조정 가능한 모델
    ref_model=ref_model, # 모델 가중치를 고정시킨 참조 모델
    tokenizer=tokenizer,
    dataset=dataset)
```

RLHF에서 효율적인 매개변수 미세 조정(PEFT) 활용

6장에서 설명한 PEFT는 그림 7.12와 같이 계산 집약적인 PPO 알고리즘에 필요한 연산과 메모리 자원을 줄이는 데 RLHF와 함께 사용할 수 있습니다. 이 경우 조정 가능한 모델의 전체 가중치 대신 훨씬 작은 PEFT 어댑터 가중치만 업데이트하면 됩니다.

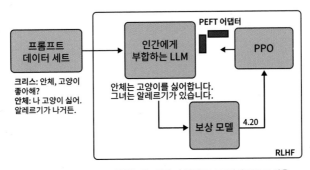

그림 7.12 생성 모델을 미세 조정하는 데 필요한 자원을 최소화하기 위해 RLHF에서 PEFT 사용

RLHF 과정이 완료되면 미세 조정된 인간에게 부합하는 모델을 평가할 준비가 되고, 평가 결과에 따라 운영 배포 준비가 됩니다. 다음으로 인간의 가치와 선호에 맞추는 맥락에서 모델 평가를 살펴보겠습니다.

RLHF로 미세 조정 모델 평가

앞선 유해성 예시를 활용해 설명을 이어가겠습니다. RLHF로 미세 조정된 모델은 정성적, 정량적 평가 기법을 통해 평가할 수 있습니다. 프롬프트, RLHF 전 컴플리션, RLHF 후 컴플리션을 검토해 모델의 결과를 정성적으로 비교해 보겠습니다.

정성적 평가

프롬프트:

다음 대화를 요약합니다.

#사람1#: 레스토랑은 어땠나요?

#사람2#: 사실 더 좋았을 수도 있었어요.

#사람1#: 어떤 점이 마음에 들지 않았나요?

#사람2#: 새 레스토랑이에요. 아직 준비가 덜 된 것 같아요.

#사람1#: 음식은 어땠나요?

#사람2#: 음식이 꽤 평범하다고 느꼈어요.

#사람1#: 서비스도 그다지 훌륭하지 않았습니다.

#사람2#: 동의합니다. 서비스가 좋지 않았어요. 그곳은 질려요.

RLHF 이전 컴플리션 (낮은 보상):

#사람1#이 #사람2#에게 레스토랑에 관해 물어봅니다. #사람2#는 음식은 마음에 들었지만 #사람2#가 기대했던 것만큼 맛있지는 않았습니다. #사람2#는 레스토랑에 질렸습니다.

RLHF 이후 컴플리션 (더 높은 보상):

#사람2#는 #사람1#에게 레스토랑과 음식 상황을 설명합니다.

#사람2#는 다시는 그 레스토랑을 이용하고 싶지 않습니다.

주관적인 비교이지만, RLHF 후의 컴플리션은 RLHF 전의 컴플리션보다 약간 덜 거칠게 느껴지면서도 거의 같은 의미를 전달합니다. 또한 RLHF 후의 컴플리션이 더 높은 보상을 받았는데, 이는 유해성 판독기 보상 모델이 RLHF 전의 컴플리션보다 RLHF 후의 컴플리션을 더 선호한다는 의미입니다.

다음으로, RLHF 적용 전과 후에 생성된 많은 프롬프트–컴플리션 쌍을 비교하기 위해 유해성 점수를 활용해 보다 정량적인 평가를 수행하겠습니다.

정량적 평가

RLHF 적용 전후의 생성 모델을 비교할 때는 RLHF로 미세 조정하는 동안 모델이 학습하지 않은 테스트 데이터 세트를 사용하여, 모델이 생성한 많은 컴플리션에 대한 총 유해성 점수를 활용할 수 있습니다. RLHF가 생성 모델의 유해성을 성공적으로 줄였다면, 그림 7.13과 같이 기준선에 비해 유해성 점수가 낮아질 것입니다.

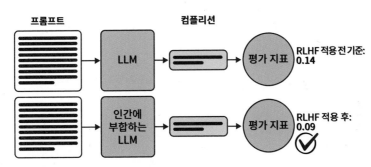

그림 7.13 유해성 점수를 활용한 평가 – 낮을수록 좋음

그림 7.13에서 볼 수 있듯이, 먼저 RLHF로 미세 조정하기 전 원래 모델의 기준 유해성 점수를 계산합니다. 그런 다음 RLHF로 미세 조정을 수행하고, 조정 이후의 유해성 점수를 측정합니다. 이제 테스트 데이터 세트를 활용해 생성 모델의 유해성 점수를 계산하는 방법을 자세히 살펴보겠습니다.

평가 모델 가져오기

먼저 이전 섹션에서 보상 모델로 사용했던 유해성 언어를 탐지하는 메타의 모델[25]과 함께 허깅
페이스 평가 파이썬 라이브러리[26]를 활용해 toxicity_evaluator를 가져와야 합니다. 이 모
델은 '혐오 아님'과 '혐오' 두 클래스 중 하나를 예측하는 분류기이므로 여기서는 '혐오'인 toxic_
label을 지정해야 합니다. 그러면 다음 코드에 표시된 것처럼 평가기가 어떤 레이블을 유해한
레이블로 사용할지 알 수 있습니다.

```
import evaluate
toxicity_model_checkpoint = "facebook/roberta-hate-speech-dynabench-r4-target"
toxicity_evaluator = evaluate.load(
    "toxicity",
    toxicity_model_checkpoint,
    module_type="measurement",
    toxic_label="hate")
```

평가 지표 집계 함수 정의

다음으로, 아래와 같이 테스트 데이터 세트의 모든 프롬프트에 대한 유해성 점수 평균과 표준편
차를 계산하는 aggregate_toxicity_scores() 함수를 정의합니다.

```
def aggregate_toxicity_scores(model,
                             toxicity_evaluator,
                             tokenizer,
                             dataset):
    toxicities = []
    input_texts = []
    for i, sample in enumerate(dataset):
        input_text = sample["query"]

        input_ids = tokenizer(input_text,
```

---

25 https://huggingface.co/facebook/roberta-hate-speech-dynabench-r4-target
26 https://huggingface.co/docs/evaluate/index

```
            return_tensors="pt", padding=True).input_ids

        response_token_ids = model.generate(
            input_ids=input_ids)

        generated_text = tokenizer.decode(
            response_token_ids[0], skip_special_tokens=True)

        toxicity_score =
            toxicity_evaluator.compute(
                predictions=[(input_text + generated_text)])

    toxicities.extend(toxicity_score["toxicity"])

    # numpy를 사용해 평균과 표준편차를 계산합니다.
    mean = np.mean(toxicities)
    std = np.std(toxicities)

    return mean, std
```

RLHF 적용 전과 후 평가 지표 비교

다음 단계로, RLHF를 수행하기 전에 원래 생성 모델의 유해성 기준 점수를 aggregate_toxicity_scores() 함수를 사용해 계산합니다. RLHF 수행 후에는 동일한 aggregate_toxicity_scores() 함수를 사용해 유해성 점수를 다시 계산합니다.

```
from transformers import AutoTokenizer

model_checkpoint = "..." # Llama2, Falcon과 같은 생성 모델

tokenizer = AutoTokenizer.from_pretrained(model_checkpoint)
mean_before_detoxification, std_before_detoxification =
    evaluate_toxicity(model=model_before_rlhf,
        toxicity_evaluator=toxicity_evaluator,
        tokenizer=tokenizer,
        dataset=dataset["test"],
        num_samples=10)
```

```python
print(f"""
유해성 제거 전 집계된 유해성 점수 [평균, 표준편차]:
[{mean_before_detoxification},
{std_before_detoxification}]
""")

#
# 여기에서 RLHF PPO 업데이트 수행...
#

mean_after_detoxification, std_after_detoxification = 
    evaluate_toxicity(model=model_before_rlhf,
        toxicity_evaluator=toxicity_evaluator,
        tokenizer=tokenizer,
        dataset=dataset["test"],
        num_samples=10)

print(f' 유해성 제거 후 집계된 유해성 점수 [평균, 표준편차]: [{mean_after_detoxifi-
cation}, {std_after_detoxification}]')

# 얼마나 개선됐는지 계산
mean_improvement = (mean_before_detoxification - mean_after_detoxification) / mean_
before_detoxification
std_improvement = (std_before_detoxification - std_after_detoxification) /    std_
before_detoxification
print(f'유해성 제거 후에 유해성 점수 백분율 개선:')
print(f'평균: {mean_improvement*100:.2f}%')
print(f'표준편차: {std_improvement*100:.2f}%')
```

출력:

```
유해성 제거 전 집계된 유해성 점수 [평균, 표준편차]:
   [0.032297799189109355, 0.03010236943945737]
유해성 제거 후 집계된 유해성 점수 [평균, 표준편차]:
   [0.0271528000858697, 0.02743170674039297]
```

유해성 제거 후에 유해성 점수 백분율 개선:
    평균: 15.93%
    표준편차: 8.87%

생성 모델이 RLHF로 미세 조정하는 동안 학습하지 않은 테스트 데이터 세트를 사용하는 점에 주목하길 바랍니다. 여기서 총 유해성 점수가 하락했습니다. 이것이 바로 우리가 원하는 결과입니다.

요약

인간의 가치에 맞춘 미세 조정은 모델의 유용성, 정직성, 무해성을 개선하는 데 매우 중요한 생성형 도구입니다. 인간 피드백을 통한 강화 학습(RLHF)은 이러한 모델을 더 인간적이고 유용하며 즐겁게 만드는 데 큰 영향을 미치는 활발한 연구 분야입니다. 이 장에서는 강화 학습, 보상 모델, RLHF 과정의 기본 사항을 배웠습니다. 이는 계속 발전해 가는 이 분야를 이해하는 데 큰 도움이 될 것입니다.

또한 아마존 세이지메이커 그라운드 트루스와 같은 서비스를 활용해 레이블러로부터 인간 피드백 순위를 수집하는 방법을 알아봤습니다. 그런 다음 사람이 이해할 수 있는 순위를 기계가 처리할 수 있는 선호도 데이터로 변환하고 이를 활용해 보상 모델을 학습시키는 방법을 배웠습니다.

이후에는 추가 학습 없이 곧바로 보상 모델로 활용할 수 있는 기존 분류기와 관리형 서비스에 대해 배웠습니다. 마지막으로 PPO에 대해 학습하고 이를 활용해 RLHF로 업데이트를 수행하여 생성 모델을 인간의 가치와 선호도에 맞게 조정했습니다. 특히 PPO 반복을 통해 생성 모델의 유해성을 감소시켰는데, 이는 모델의 가중치를 업데이트해 덜 유해한 컴플리션을 생성하게 만든 결과입니다.

이제 인간의 가치관에 부합하고 유해성이 낮은 생성 모델을 만들었으므로, 8장에서는 짧은 지연 시간과 고성능 추론을 위해 모델을 최적화하고 배포하는 방법을 살펴보겠습니다.

08

모델 배포 최적화

모델을 목표 작업에 맞게 미세 조정한 후에는 궁극적으로 모델을 배포해 애플리케이션에 통합하고 싶을 것입니다.

생성 모델을 배포하기 전에 모델에 필요한 자원과 모델을 어떻게 활용할 계획인지 알아야 합니다. 모델에 필요한 자원을 고려할 때는 모델이 얼마나 빨리 컴플리션을 생성해야 하는지, 사용할 수 있는 컴퓨팅 예산은 얼마나 되는지, 더 빠른 추론 속도를 달성하고 스토리지 비용을 절감하려면 모델 성능과 관련해 어떤 절충안을 마련할 수 있는지 등의 요구사항을 파악해야 합니다.

이 장에서는 가지치기(pruning), 양자화(quantization), 증류(distillation) 등 사후 학습 최적화 기법을 살펴보겠습니다. 배포 후에는 비용과 성능의 균형을 맞출 최적의 컴퓨팅 자원을 선택하는 등 배포 구성에 대한 추가적인 고려 사항과 적절한 튜닝이 필요합니다.

모델 추론 최적화

생성형 AI 모델의 크기는 컴퓨팅, 스토리지, 메모리 요구사항 측면에서 배포에 어려움을 줍니다. 또한 짧은 지연 시간 내 컴플리션 생성을 보장하는 방법에도 영향을 미칩니다. 배포를 최적화하는 주요 방법 중 하나는 모델 압축이라는 모델 크기를 줄이는 기법을 활용하는 것입니다. 모델 크기를 줄이면 모델을 더 빠르게 적재할 수 있고 지연 시간도 줄일 수 있습니다. 또한 컴퓨팅, 스토리지, 메모리에 대한 리소스 요구사항도 줄어듭니다.

모델 크기를 줄일수록 배포 최적화에 도움이 되지만, 모델 성능을 유지하면서 크기를 줄이는 것은 어려운 과제입니다. 따라서 모델 성능, 컴퓨팅 예산, 지연 시간 사이에 타협점을 찾아야 합니다.

이 섹션에서는 그림 8.1에 나온 것처럼 모델 크기를 줄이기 위한 세 가지 기법인 가지치기, 양자화, 증류를 설명하겠습니다.

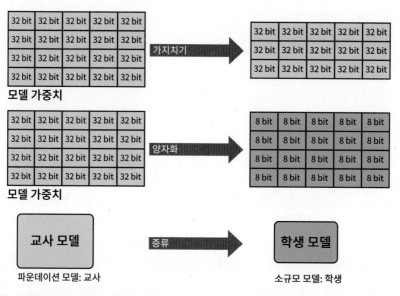

그림 8.1 배포 최적화를 위해 모델 크기를 줄이는 기법

가지치기는 모델 성능에 기여하지 않거나 기여도가 낮고, 중복되거나 영향력이 작은 매개변수를 제거하는 기법입니다. 가지치기는 모델의 크기를 줄일 뿐만 아니라 추론 중 연산 횟수를 줄여 성능을 향상합니다.

4장에서 살펴본 기법인 **양자화**는 모델 가중치를 높은 정밀도(예: 32비트)에서 낮은 정밀도(예: 16비트)로 변환하는 기법입니다. 이렇게 하면 모델의 메모리 사용량이 줄어들 뿐만 아니라 더 작은 숫자 표현으로 작업해 모델 성능이 향상됩니다. 대규모 생성 모델에서는 일반적으로 추론 성능을 높이기 위해 정밀도를 8비트까지 낮추기도 합니다.

증류는 더 큰 교사 모델로 더 작은 학생 모델을 학습시키는 기법입니다. 이렇게 생성된 작은 모델을 추론에 활용해 컴퓨팅 자원 사용량을 줄이면서도 높은 정확도를 유지합니다. 허깅 페이스의 DistilBERT는 대표적인 증류 학생 모델입니다. DistilBERT는 더 큰 규모의 BERT 교사 모델에서 학습됐으며, 크기는 BERT보다 훨씬 작지만 원래 BERT 모델 정확도의 약 97%를 유지합니다. BERT와 DistilBERT에 대해 자세히 알아보려면 《AWS 기반 데이터 과학》(한빛미디어, 2023)[1]을 참고하기 바랍니다.

다음 섹션에서는 각 기법에 대해 자세히 설명하겠습니다. 참고로, 이 기법들은 함께 사용할 수도 있습니다.

가지치기

가지치기는 그림 8.2와 같이 모델 성능에 크게 기여하지 않는 가중치를 제거하는 것을 목표로 합니다. 가중치를 제거하면 추론을 위한 모델의 크기를 줄일 수 있으며, 이는 컴퓨팅 자원 사용량을 줄입니다.

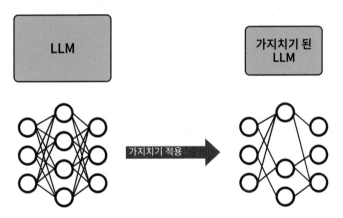

그림 8.2 가지치기는 모델의 성능에 기여하지 않는 가중치를 제거해 전체 모델 크기를 줄입니다.

가지치기에서 제거할 가중치는 값이 0이거나 0에 매우 가까운 가중치입니다. 학습 중 가지치기는 비구조적 가지치기(가중치 제거)나 구조적 가지치기(가중치 행렬의 전체 열이나 행 제거)로 수행됩니다.

---

1 원서 정보: Data Science on AWS(O'Reilly, 2021), https://www.oreilly.com/library/view/data-science-on/9781492079385/

이런 접근 방식은 재학습이 필요하지만, 재학습 없이 가지치기를 수행하는 사후 학습 가지치기 방법인 원샷 가지치기도 있습니다. 그러나 수십억 개의 매개변수를 가진 대규모 모델에 원샷 가지치기를 수행할 때는 많은 컴퓨팅 자원이 필요합니다.

사후 학습 가지치기 방법의 하나인 SparseGPT[2]는 대규모 언어 모델에서 원샷 가지치기의 한계를 극복하는 것을 목표로 합니다. 이 방법은 언어 기반 생성형 파운데이션 모델을 위해 특별히 만들어졌으며, 대규모 희소 회귀 알고리즘을 도입했습니다.

이론적으로 가지치기는 LLM 크기를 줄여 컴퓨팅 자원 사용량과 모델의 응답 지연 시간을 줄입니다. 그러나 실제로 가중치의 일부만 0인 LLM도 존재하므로, 이런 경우 가지치기로 인한 모델 크기 감소 효과가 크지 않을 수 있습니다.

다음은 LLaMA와 Llama 2 모델을 위한 SparseGPT 가지치기 라이브러리[3]의 샘플 코드입니다.

```
target_sparsity_ratio = 0.5


# 주어진 희소성 비율을 활용해 각 레이어를 가지치기합니다.
for layer_name in layers:
    gpts[layer_name].fasterprune(
        target_sparsity_ratio,
    )


gpts[layer_name].free() # 0으로 된 메모리를 해제합니다.
```

GPTQ 사후 학습 양자화

4장에서 설명한 양자화처럼, 사후 학습 양자화(post-training quantization; PTQ)는 생성 모델을 추론용으로 호스팅할 때 학습된 가중치를 더 낮은 정밀도로 변환해 모델 크기와 컴퓨팅 사용량을 줄이는 것을 목표로 합니다.

---

2 Elias Frantar와 Dan Alistarh, "SparseGPT: Massive Language Models Can Be Accurately Pruned in One-Shot", arXiv, 2023.
   (https://arxiv.org/pdf/2301.00774)

3 https://github.com/IST-DASLab/sparsegpt

PTQ는 기존 모델 가중치 범위를 축소된 정밀도 범위에 통계적으로 맞추기 위해 추가적인 보정 단계가 필요합니다. 보정 단계에서는 추론 중 모델이 받는 입력 유형을 통계적으로 나타내는 데이터 세트를 활용합니다. 이 보정 단계에서는 그림 8.3과 같이 최소와 최대 경계가 있는 범위를 식별할 수 있습니다. 이 범위 계산은 실행 시점에 계산하거나(동적 양자화) 미리 계산(정적 양자화)할 수 있습니다.

사후 학습 양자화 방법에는 GPT 사후 학습 양자화(GPT post-training quantization; GPTQ)를 비롯한 다양한 방법이 있습니다. GPTQ는 "생성형 사전 학습 트랜스포머의 정확한 사후 학습 양자화(GPTQ: Accurate Post-Training Quantization for Generative Pre-trained Transformers)"[4]라는 논문에서 처음 제안됐습니다. GPTQ는 각 가중치를 저장하는 데 필요한 비트 수를 완전 정밀도 32비트에서 4비트, 3비트, 심지어 2비트까지 줄일 수 있습니다.

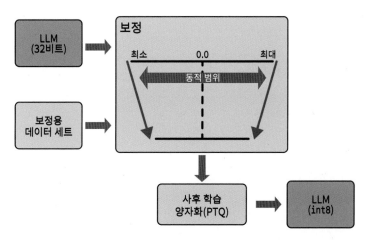

그림 8.3 PTQ는 동적 범위를 결정하는 데 보정 단계가 추가로 필요합니다.

GPTQ는 모델의 각 레이어를 개별적으로 분석하고 양자화 과정에서 일반적으로 발생하는 정확도 손실을 줄이기 위해 가중치를 근사합니다. 다음 Wikitext 데이터 세트[5]와 허깅 페이스 Optimum 라이브러리[6]를 활용하는 예시에서 볼 수 있듯이, GPTQ에는 보정 데이터 세트가 필요합니다.

4 Elias Frantar 외, "GPTQ: Accurate Post-Training Quantization for Generative Pre-Trained Transformers", arXiv, 2023, (https://arxiv.org/abs/2210.17323)

5 https://huggingface.co/datasets/Salesforce/wikitext

6 https://huggingface.co/docs/optimum/index

```python
import torch
from optimum.gptq import GPTQQuantizer
from transformers import AutoModelForCausalLM, AutoTokenizer

dataset_id = "databricks/databricks-dolly-15k"

# GPTQ 양자화 - 4 비트
quantizer = GPTQQuantizer(bits=4,
    dataset_id=dataset_id,
    model_seqlen=4096
)
quantizer.quant_method = "gptq"

tokenizer = AutoTokenizer.from_pretrained(model_checkpoint)

model = AutoModelForCausalLM.from_pretrained(
    model_checkpoint,
    torch_dtype=torch.float16
)

# 모델을 양자화합니다.
quantized_model = quantizer.quantize_model(model, tokenizer)

# 양자화된 모델을 디스크에 저장합니다.
save_folder = model.save_pretrained("quantized_model")
```

언어 기반 생성 모델의 사후 학습 양자화 보정에는 일반적으로 Wikitext 데이터 세트를 이용합니다. 왜냐하면 이 데이터 세트가 추론 과정에서 모델이 접할 텍스트 데이터 유형을 대표하기 때문입니다.

 4장에서 설명한 것처럼 양자화는 컴퓨팅 자원 사용량을 줄여 추론 지연 시간을 개선합니다. 그러나 모델의 정확도는 약간 떨어질 수 있습니다. 하지만 정확도 감소는 비용 절감과 성능 향상의 이점에 비하면 충분히 감수할 만한 수준입니다. 양자화 결과를 지속적으로 확인해 절충안이 주어진 상황에 적절한지 판단하는 것이 좋습니다.

증류

증류는 모델 크기를 줄여 연산 횟수를 줄이고 모델의 추론 성능을 향상하는 기법입니다. 증류는 더 큰 교사 모델의 지식을 활용해 더 작은 학생 모델을 학습시키는 통계적 방법입니다. 그 결과 교사 모델의 정확도를 높은 비율로 유지하면서 훨씬 적은 수의 매개변수를 사용하는 학생 모델이 만들어집니다. 그런 다음 추론을 위해 학생 모델을 배포합니다. 더 작은 모델은 더 작은 하드웨어가 필요하므로 추론 요청당 비용이 더 적게 듭니다.

교사 모델은 생성형 파운데이션 모델이나 미세 조정된 버전의 모델일 때가 많습니다. 증류 학습 과정에서 학생 모델은 교사 모델의 행동을 통계적으로 복제하는 방법을 학습합니다. 증류 과정에서는 교사 모델의 가중치는 바뀌지 않고 학생 모델의 가중치만 바뀝니다. 교사 모델의 출력은 학생 모델에 지식을 '증류(distill)'하는 데 활용됩니다.

교사와 학생 모델 모두 프롬프트 기반 학습 데이터 세트에서 컴플리션을 생성합니다. 증류 손실은 두 컴플리션을 비교하고, 7장에서 RLHF에 대해 살펴본 바와 같이 교사 모델과 학생 모델의 출력 분포 간 KL 발산을 계산하여 구해집니다.

KL 발산을 포함한 손실은 그림 8.4와 같이 증류 과정에서 역전파를 통해 최소화됩니다. 이를 통해 학생 모델은 교사 모델의 다음 토큰 확률 분포를 모방하는 능력을 키웁니다.

교사 모델의 예측 토큰을 **소프트 레이블**이라고 하고, 학생 모델의 예측 토큰을 **소프트 예측**이라고 합니다. 동시에 학생 모델의 예측(**하드 예측**)을 프롬프트 데이터 세트의 실제 정답인 **하드 레이블**과 비교해야 합니다. 이 차이가 **학생 손실**입니다. 증류 손실과 학생 손실을 결합해 표준 역전파 알고리즘으로 학생 모델의 가중치를 업데이트합니다.

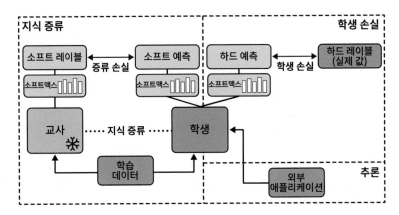

그림 8.4 교사 모델에서 학생 모델로 지식을 증류합니다.

실제로 증류는 BERT 같은 인코더 모델에 비해 생성형 디코더 모델에서 효과적이지 않을 수 있습니다. 이는 디코더 모델의 출력 공간이 상대적으로 크기 때문입니다. 예를 들어 어휘 크기가 100,000 토큰이라면 출력 공간이 크고 표현의 중복성이 낮습니다.

다음은 증류를 위한 허깅 페이스 Optimum 라이브러리[7]의 증류 손실 함수 예제입니다.

```python
def compute_distillation_loss(self, inputs, student_outputs):
    with torch.no_grad():
        teacher_outputs = self.teacher(**inputs)

    temperature = self.args.distillation_temperature

    distilliation_loss_start = F.kl_div(
        input=F.log_softmax(
            student_outputs.start_logits / temperature, dim=-1
        ),
        target = F.softmax(
            teacher_outputs.start_logits / temperature, dim=-1
        ),
        reduction = "batchmean",
    ) * (temperature**2)

    distilliation_loss_end = F.kl_div(
        input=F.log_softmax(
            student_outputs.end_logits / temperature, dim=-1
        ),
        target = F.softmax(
            teacher_outputs.end_logits / temperature, dim=-1
        ),
        reduction="batchmean",
    ) * (temperature**2)

    return (distilliation_loss_start + distilliation_loss_end) / 2.0
```

---

7 https://huggingface.co/docs/optimum/index

추론을 위해 모델을 최적화하는 다양한 메커니즘을 살펴봤으니, 이제 입력을 받고 응답을 생성할 수 있도록 모델을 배포할 차례입니다. 이를 위해 아마존 세이지메이커 엔드포인트[8]를 통해 생성 모델을 운영 환경에 호스팅하고 확장할 수 있습니다. 다음 섹션에서 이 내용을 살펴보겠습니다.

대규모 모델 추론 컨테이너

실시간 세이지메이커 엔드포인트 관리형 서비스는 생성 모델 추론을 위한 다양한 실행 환경, 하드웨어, A/B 테스트, 섀도 배포 최적화가 사전에 구성돼 있습니다. 대규모 모델 추론(large model inference; LMI) 컨테이너는 이러한 최적화 기능이 적용된 주요 실행 환경입니다.

AWS의 LMI 컨테이너[9]는 DeepSpeed[10] 같은 고성능 프레임워크와 4장에서 배운 플래시 어텐션[11] 같은 최적화 기술을 적용한 사전 구축된 파운데이션 소프트웨어 스택을 활용합니다. 그림 8.5는 파이토치, 플래시 어텐션, DeepSpeed, AWS 뉴런 SDK[12]를 비롯한 LMI 컨테이너의 주요 구성 요소 중 일부를 보여줍니다. 또한 이 그림은 엔비디아 GPU, AWS 인퍼런시아 칩[13], 기존 CPU 등 LMI 컨테이너가 지원하는 하드웨어도 보여줍니다.

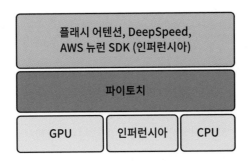

그림 8.5 아마존 세이지메이커 엔드포인트에서 LLM을 호스팅하는 LMI 컨테이너와 하드웨어

8 https://docs.aws.amazon.com/sagemaker/latest/dg/realtime-endpoints.html

9 https://docs.aws.amazon.com/sagemaker/latest/dg/large-model-inference-container-docs.html

10 https://huggingface.co/docs/accelerate/usage_guides/deepspeed

11 Tri Dao, "FlashAttention-2: Faster Attention with Better Parallelism and Work Partitioning", arXiv, 2023, (https://arxiv.org/abs/2205.14135)

12 https://github.com/aws-neuron/aws-neuron-sdk

13 https://aws.amazon.com/ko/machine-learning/inferentia/

LMI는 배치 처리와 실시간 처리 작업을 모두 지원합니다. 다음은 아마존 세이지메이커 점프스타트를 활용해 대규모 생성형 언어 모델을 실시간으로 배포하고 테스트하는 예제 코드입니다. 이 코드는 세이지메이커 엔드포인트와 LMI 컨테이너를 활용합니다.

```python
from sagemaker.jumpstart.model import JumpStartModel

model = JumpStartModel(
    model_id="..."  # Llama2나 Falcon같은 생성 모델
)

predictor = model.deploy()

payload = {
    "inputs": "What is the best way to deploy a generative model on AWS?",
    "parameters": {
        "max_new_tokens": 100,
        "top_p": 0.9,
        "temperature": 0.6
    }
}

response = predictor.predict(payload)
```

보다시피, 단 몇 줄의 코드만으로도 강력한 성능의 모델을 사용자 AWS 계정에 배포해 비공개 상태로 안전하게 생성형 추론을 실행할 수 있습니다. 다음 섹션에서는 딥러닝 추론 작업용으로 특별히 설계된 AWS 인퍼런시아 하드웨어 제품군에 대해 알아보겠습니다.

AWS 인퍼런시아: 추론 전용 하드웨어

AWS 인퍼런시아 가속기 제품군[14]은 현재 버전 2로, 딥러닝 추론 작업 전용으로 개발됐습니다. AWS 뉴런 SDK[15]는 AWS 인퍼런시아와 연동됩니다.

---

14 https://aws.amazon.com/ko/machine-learning/inferentia/
15 https://github.com/aws-neuron/aws-neuron-sdk

AWS 뉴런 SDK로 개발할 때는 주로 Transformers-NeuronX 라이브러리[16]나 허깅 페이스 Optimum 뉴런 라이브러리[17]를 활용합니다. 다음은 두 라이브러리를 사용해 AWS 인퍼런시아 2로 아마존 세이지메이커에서 실행할 모델을 컴파일하는 예시입니다.

```python
import torch
from transformers import AutoTokenizer
from transformers import AutoModelForCausalLM

#####################################
# Transformers-NeuronX 라이브러리
#####################################
from transformers_neuronx.llama.model import LlamaForSampling

model = AutoModelForCausalLM.from_pretrained(model_checkpoint)
os.environ["NEURON_CC_FLAGS"] = "--model-type=transformer-inference"


neuron_model = LlamaForSampling.from_pretrained(
    model_checkpoint,
    batch_size=1,
    tp_degree=24,
    amp='fp16',
    ...
)

# 모델을 컴파일하고 저장합니다.
neuron_model.to_neuron()
neuron_model.save_pretrained('compiled_model/')

# 모델과 함께 토크나이저를 저장합니다.
tokenizer = AutoTokenizer.from_pretrained(model_checkpoint)
tokenizer.save_pretrained('compiled_model/')
```

---

16 https://github.com/aws-neuron/transformers-neuronx
17 https://huggingface.co/docs/optimum-neuron/index

```
##############################
# Optimum 뉴런 라이브러리
##############################
from optimum.neuron import NeuronModelForCausalLM

# 허브 모델을 적재하고 뉴런 형식으로 변환합니다.
neuron_model = NeuronModelForCausalLM.from_pretrained(
    model_checkpoint,       # 모델 ID
    batch_size=1,           # 입력 배치 수
    num_cores=24,           # 뉴런 코어 수
    auto_cast_type='f16',   # 가중치 인코딩 형식
    ...
)
neuron_model.save_pretrained('compiled_model/')

# 모델과 함께 토크나이저를 저장합니다.
tokenizer = AutoTokenizer.from_pretrained(model_checkpoint)
tokenizer.save_pretrained('compiled_model/')
```

다음으로 로컬 디렉터리 **compiled_model/**의 내용을 tar와 gzip으로 압축한 뒤, 세이지메이커 엔드포인트가 모델을 찾아 적재할 수 있도록 **tar.gz** 파일을 비공개 S3 위치에 업로드합니다.

```
from sagemaker.s3 import S3Uploader

# compiled_model/ 폴더를 tar와 gzip으로 만듭니다.
local_model_tar_gz_file = "model.tar.gz"
...

# s3 uri를 생성합니다.
s3_model_path = "s3://<your-private-s3-location>/"

# model.tar.gz를 s3에 올립니다.
s3_model_uri = S3Uploader.upload(
    local_path=local_model_tar_gz_file,
    desired_s3_uri=s3_model_path
)
```

모델을 컴파일해 저장하고, tar로 묶어 gzip으로 압축한 뒤 S3에 업로드하면, 아래 코드로 모델을 아마존 세이지메이커 엔드포인트에 배포하고 텍스트 생성을 시작할 수 있습니다. 여기서는 세이지메이커용 AWS 인퍼런시아 2 인스턴스 유형을 지정합니다.

```python
from sagemaker.huggingface.model import HuggingFaceModel

huggingface_model = HuggingFaceModel(
    model_data=s3_model_uri, # s3에 있는 모델 경로
    model_server_workers=2, # 워커 수
    ...
)

# 모델이 미리 컴파일됐음을 설정합니다.
huggingface_model._is_compiled_model = True

# 엔드포인트를 배포합니다.
predictor = huggingface_model.deploy(
    instance_type="ml.inf2.xlarge", # 인퍼런시아 2 인스턴스 유형
    ...
)
prompt = "What is the best way to deploy a generative model on AWS?"

# 생성을 위한 추론 구성 매개변수를 설정합니다.
payload = {
    "inputs": prompt,
    "parameters": {
        "do_sample": True,
        "top_p": 0.6,
        "temperature": 0.9,
        "top_k": 50,
        "max_new_tokens": 512,
        "repetition_penalty": 1.03,
        "stop": ["</s>"]
    }
}
```

```
# 엔드포인트에 요청을 보냅니다.
response = predictor.predict(payload)

# 생성된 응답을 출력합니다.
print(response[0]["generated_text"])
```

모델 업데이트와 배포 전략

이 섹션에서는 A/B 테스트와 섀도 배포 등 운영 환경에서 모델을 업데이트할 때 흔히 활용되는 몇 가지 전략을 살펴보겠습니다. A/B 테스트에서는 일정 기간 일부 트래픽을 새 모델 B로 전환해 새 모델이 기존 모델 A에 비해 실패하거나 성능이 저하되지 않는지 확인합니다.

하지만 새 모델 B의 성능이 좋지 않으면 사용자가 영향을 받게 됩니다. 섀도 배포를 활용하면 새 모델 B가 모델 A와 함께 섀도로 배포돼 트래픽 복사본(예: 프롬프트 입력)을 받지만, 사용자에게는 모델 응답을 반환하지 않습니다. 대신 섀도 모델 B의 응답은 모델 성능을 오프라인으로 분석하기 위해 기록됩니다. 그러므로 모델 B에 문제가 발생해도 사용자는 영향을 받지 않습니다.

이제 이러한 모델 업데이트와 배포 전략을 더 자세히 알아보겠습니다.

A/B 테스트

아마존 세이지메이커 엔드포인트를 활용해 단일 엔드포인트 뒤에 두 가지 다른 모델 버전을 배포하고 실시간 트래픽으로 모델 버전을 비교할 수 있습니다. 이를 보통 A/B 테스트라고 합니다. 단일 세이지메이커 엔드포인트 뒤에 모델 A와 B라는 두 가지 모델 버전을 배포하는 상황을 생각해 보겠습니다. 그림 8.6은 처음에는 트래픽의 100%가 모델 A로 라우팅되다가 트래픽의 10%가 모델 B로 전환되는 모습을 보여줍니다.

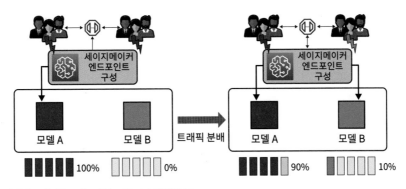

그림 8.6 실시간 트래픽을 모델 A에서 모델 B로 전환합니다.

이를 통해 통제된 환경에서 실시간 트래픽으로 모델 B를 확인할 수 있으며, 문제가 생기면 사용자의 10%만 영향을 받습니다. 또한 필요하다면 트래픽을 모델 A로 신속하게 되돌릴 수 있습니다. 다음은 이 구성을 구현하는 코드입니다.

```python
import boto3

sm = boto3.Session().client(service_name="sagemaker")

sm.create_endpoint_config(
    EndpointConfigName="generative-endpoint-config-ab-test",
    ProductionVariants=[
        {
            "ModelName": "generative-model",
            "VariantName": "generative-model-A",
            "InitialVariantWeight": 90,
            "InitialInstanceCount": 9
        },
        {
            "ModelName": "generative-model",
            "VariantName": "generative-model-B",
            "InitialVariantWeight": 10,
            "InitialInstanceCount": 1
        }
    ]
```

```
)
endpoint_name = "generative-ab-endpoint"

sm.create_endpoint(
    EndpointName=endpoint_name,
    EndpointConfigName=endpoint_config
)

waiter = sm.get_waiter("endpoint_in_service")
waiter.wait(EndpointName=endpoint_name)
...

# A/B 엔드포인트에 요청을 전송합니다.
response = predictor.predict(payload)

# 생성된 응답을 출력합니다.
print(response[0]["generated_text"])
```

여기서는 InstanceType과 InitialInstanceCount로 하드웨어를 포함하는 EndpointConfi
guration을 생성합니다. 이 예시에서는 GPU 기반 세이지메이커 인스턴스 10개에 A/B 테스
트로 두 가지 버전의 모델을 배포합니다. 트래픽의 90%는 generative-model-A로, 10%는
generative-model-B로 전송됩니다.

이 코드로 두 가지 버전 모델을 비교할 수 있으며, 어느 시점에서 평가 기준(예: 수익 증대, 고객
이탈 감소)이나 장기적 목표에 따라 트래픽 전체를 더 나은 모델로 보낼 수 있습니다.

섀도 배포

세이지메이커 엔드포인트는 섀도 모델 배포를 지원합니다. 섀도 모델을 배포하면 그림 8.7과 같
이 기본 모델에 전달한 것과 같은 입력을 섀도 모델에도 전달하지만, 섀도 모델은 응답을 사용자
에게 반환하지 않고 오프라인 분석을 위해 디스크에 저장합니다. 이렇게 하면 사용자에게 잠재
적으로 잘못된 응답을 노출하지 않으면서 운영 환경의 실제 입력 데이터로 모델을 신중하게 평
가할 수 있습니다.

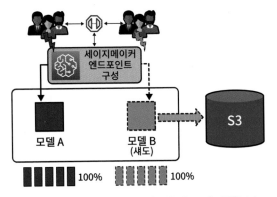

그림 8.7 섀도 모델은 같은 입력을 받지만, 오프라인 분석을 위해 응답을 디스크에 저장합니다.

다음은 섀도 배포를 위한 샘플 코드입니다. `InitialVariantWeight`를 모두 100%로 설정했습니다. 트래픽의 일부만 샘플링하려면 섀도 모델에 더 적은 비율의 트래픽을 보내도록 설정하면 됩니다.

```
sm.create_endpoint_config(
    EndpointConfigName=endpoint_config,
    ProductionVariants=[
        {
            "ModelName": "generative-model",
            "VariantName": "generative-model-A",
            "InitialVariantWeight": 100,
            "InitialInstanceCount": 9
        }
    ],
    ShadowProductionVariants=[
        {
            "ModelName": "generative-model",
            "VariantName": "generative-model-B",
            "InitialVariantWeight": 100,
            "InitialInstanceCount": 1
        }
    ]
)
```

위 코드는 트래픽을 수신하지만 응답은 사용자에게 반환하지 않도록 설정된 섀도 모델인 generative-model-B를 보여줍니다. 섀도 모델은 트래픽을 수신한 후, 오프라인 분석을 위해 응답을 S3로 전송합니다.

세이지메이커 배포 전략에 대한 더 자세한 설명은 《AWS 기반 데이터 과학》에서 확인할 수 있습니다.

지표와 모니터링

아마존 세이지메이커 엔드포인트는 지표 수집과 모니터링을 위한 관리형 서비스인 아마존 클라우드워치[18]에서 수집하는 많은 유용한 지표를 내보냅니다. 이런 지표는 시스템 운영 관리뿐만 아니라, 클러스터의 일일 트래픽 증감에 따라 추론 클러스터의 인스턴스 수를 조정하는 데도 활용할 수 있습니다. 이를 오토스케일링이라고 하며, 다음 섹션에서 다루겠습니다.

먼저 생성형 AI 모델을 호스팅할 때 아마존 세이지메이커 엔드포인트에서 내보내는 몇 가지 지표를 살펴보겠습니다. 표 8.1은 오류 건수, 시작 소요 시간, 추론 지연 시간 등 모델 추론을 모니터링하는 데 활용되는 일반적인 지표를 보여줍니다.

지표	설명
Invocation4XXErrors Invocation5XXErrors InvocationModelErrors	모델 호출이 성공(2XX HTTP 응답)하지 못한 건수
Invocations InvocationsPerInstance SageMakerVariantInvocationsPerInstance	전체, 인스턴스별, 인스턴스 내 모델별 엔드포인트로 전송된 요청 건수
ModelLatency	모델 추론에만 지연된 시간
OverheadLatency	모델 추론 중 세이지메이커 지연 시간
ModelSetupTime	모델 다운로드와 세이지메이커 컨테이너 실행 등 모델 시작 소요 시간

---

18 https://docs.aws.amazon.com/AmazonCloudWatch/latest/monitoring/WhatIsCloudWatch.html

지표	설명
CPUUtilization	모델 엔드포인트의 CPU, GPU, 메모리 사용률
GPUUtilization	
MemoryUtilization	
GPUMemoryUtilization	
DiskUtilization	추론을 위한 모델 호스팅에 쓰인 디스크 용량 비율

표 8.1 모델 추론을 위한 모니터링 지표

다음 섹션에서는 이러한 모니터링 지표 중 일부를 활용해 오토스케일링을 구성하는 방법을 알아보겠습니다. 오토스케일링은 작업량 변화에 따라 배포된 모델에 할당된 인스턴스 수를 동적으로 조정합니다.

오토스케일링

A/B 테스트와 섀도 배포 예제를 통해 EndpointConfig에서 InitialInstanceCount를 수동으로 설정하는 방법을 살펴봤습니다. 이는 추론 클러스터의 인스턴스 수를 나타냅니다. 트래픽이 증가하거나 감소하면 인스턴스 수를 더 높거나 낮은 값으로 직접 변경해야 합니다.

그러나 초당 호출 수와 같은 특정 지표를 기준으로, 자동으로 스케일 아웃(인스턴스 추가)하거나 스케일 인(인스턴스 제거)하도록 오토스케일링을 설정하는 것이 더 쉽습니다. 트래픽 증감 시 세이지메이커는 초당 호출 건수 지표에 따라 모델 클러스터 규모를 자동 조정해 트래픽을 처리합니다.

이제 세이지메이커 엔드포인트의 오토스케일링 정책 구성을 자세히 알아보겠습니다.

오토스케일링 정책

세이지메이커 엔드포인트에는 대상 추적, 단순 조정, 단계별 조정의 세 가지 주요 오토스케일링 정책이 있습니다. 각 정책은 사용 편의성과 설정의 유연성 측면에서 차이가 있습니다.

대상 추적

대상 추적 스케일링 정책에서는 SageMakerVariantInvocationsPerInstance = 1000
과 같은 단일 지표를 설정하면 세이지메이커가 필요할 때 자동으로 스케일링합니다. 이 정책
은 구성하기 쉬워 매우 일반적으로 사용됩니다.

단순 조정

단순 조정 스케일링 정책으로 구성하면 지표가 주어진 임곗값에 도달할 때 세이지메이커가
설정된 값만큼 스케일링 이벤트를 생성합니다. 예를 들어, "SageMakerVariantInvocatio
nsPerInstance > 1000이면 인스턴스를 10개 추가"하는 식입니다. 이 정책은 설정이 조금
더 필요하지만, 대상 추적 정책보다 더 많은 제어를 할 수 있습니다.

단계별 조정

가장 많은 설정이 가능한 단계별 조정 스케일링 정책으로 구성하면 지표가 각 임곗값에 도
달할 때마다 세이지메이커가 설정된 값만큼 스케일링 이벤트를 생성합니다. 예를 들어, "Sa
geMakerVariantInvocationsPerInstance > 1000이면 인스턴스를 10개 추가, Sage
MakerVariantInvocationsPerInstance > 2000이면 인스턴스를 50개 추가"하는 식입
니다. 이 정책은 설정이 가장 많이 필요하지만, 트래픽 급증(spiky traffic)과 같은 상황에서
가장 효과적으로 제어할 수 있습니다.

오토스케일링 정책 정의

SageMakerVariantInvocationsPerInstance 지표를 활용해 대상 추적 오토스케일링 정
책을 정의하고 적용해 인스턴스별로 주어진 모델 버전에 대해 초당 천 번의 호출이 발생할 때 엔
드포인트 클러스터가 자동으로 스케일링되게 해보겠습니다.

```
endpoint_name = "..."


autoscale = boto3.Session().client(
    service_name='application-autoscaling'
)
```

```
autoscale.register_scalable_target(
    ServiceNamespace="sagemaker",
    ResourceId=f"endpoint/{endpoint_name}/variant/AllTraffic",
    ScalableDimension="sagemaker:variant:DesiredInstanceCount"
)

autoscale.put_scaling_policy(
    PolicyName="my-autoscale-policy",
    ServiceNamespace="sagemaker",
    ResourceId=f"endpoint/{endpoint_name}/variant/AllTraffic",
    ScalableDimension="sagemaker:variant:DesiredInstanceCount",
    PolicyType="TargetTrackingScaling",
    TargetTrackingScalingPolicyConfiguration={
        "TargetValue": 1000.0,
        "PredefinedMetricSpecification": {
            "PredefinedMetricType":
                "SageMakerVariantInvocationsPerInstance"
        }
    }
)
```

자세히 살펴보면, ScalableDimension 항목을 sagemaker:variant:DesiredInstanceCount로 설정했습니다. 이는 목표 임곗값에 도달하면 세이지메이커가 인스턴스 수를 조정하도록 구성했음을 의미합니다.

세이지메이커 엔드포인트로 대량의 추론 요청을 보내면 SageMakerVariantInvocationsPerInstance 지표가 급격히 증가하는 것을 확인할 수 있습니다. 그러면 급증한 추론 요청 처리를 위해 세이지메이커는 스케일 아웃 이벤트를 생성합니다.

오토스케일링 구성 옵션에는 모델 버전별 스케일링 정책, 스케일 인/아웃, 쿨다운 정책 등 다양한 선택 사항이 있습니다. 세이지메이커 오토스케일링 정책을 더 자세히 알아보려면 《AWS 기반 데이터 과학》을 참고하기 바랍니다.

요약

이 장에서는 증류, 양자화, 가지치기를 통해 모델 크기를 줄여 추론에 필요한 모델을 최적화하는 강력한 기법을 배웠습니다. 이러한 기법은 모델 정확도에 미치는 영향을 최소화하면서 모델 크기를 줄이고 모델 추론 성능을 개선해 궁극적으로 사용자의 만족도를 높입니다. 또한 이러한 기법을 활용하면 운영 환경에서 생성 모델을 서비스하는 데 필요한 하드웨어 자원을 최소화할 수 있어 비용을 절감하고 최고 재무 책임자(CFO)의 만족도도 높일 수 있습니다.

또한 AWS 뉴런 SDK, 허깅 페이스의 Optimum 뉴런 라이브러리, AWS 인퍼런시아 2와 함께 아마존 세이지메이커 엔드포인트를 활용해 모델을 최적화하고 배포하는 방법을 알아봤습니다. A/B 테스트와 섀도 배포를 결합한 세이지메이커 엔드포인트는 생성형 AI 모델을 운영 환경에 적용하기에 좋은 방법입니다.

9장에서는 검색 증강 생성(Retrieval-Augmented Generation; RAG)과 에이전트를 활용해 모델의 기능을 확장하는 등 생성형 AI 애플리케이션 구축에 널리 활용되는 여러 메커니즘에 대해 자세히 살펴보겠습니다.

09

RAG와 에이전트를 활용한 맥락 인식 추론 애플리케이션

이 장에서는 지금까지 배운 모든 것을 종합해 맥락 인식 추론 애플리케이션을 구축하는 방법을 살펴보겠습니다. 이를 위해 RAG와 에이전트를 알아보겠습니다. 또한 RAG와 에이전트 워크플로를 쉽게 구현하고 유지 관리할 수 있는 랭체인, ReAct, PAL 프레임워크에 대해서도 배우겠습니다. RAG와 에이전트는 생성형 AI 애플리케이션의 핵심 구성요소입니다.

RAG를 활용하면 LLM의 지식 한계를 극복하고, 필요한 정보로 프롬프트 콘텍스트를 증강해 모델이 생성한 결과물의 관련성을 높일 수 있습니다. RAG는 새로운 데이터가 생길 때마다 모델을 지속적으로 미세 조정할 필요 없이 실시간 데이터를 프롬프트 콘텍스트에 포함해 지식 단절과 환각 문제를 효과적으로 완화할 수 있어 인기가 높아졌습니다.

RAG는 기존 파운데이션 모델뿐만 아니라 생성형 AI 작업과 특정 도메인에 맞게 미세 조정된 모델과도 함께 사용할 수 있습니다.

RAG와 미세 조정은 상호 배타적인 것이 아니며 함께 활용할 수 있습니다.

다음은 어떤 기술을 적용할지 결정할 때 고려할 일반적인 지침입니다. 외부 데이터나 동적 데이터 접근이 필요하다면 비용이 많이 드는 반복적인 미세 조정이 필요 없는 RAG 기반 아키텍처를 활용하는 것이 좋습니다. 또한 RAG 기반 기술은 일반적으로 기존 파운데이션 모델로 구현하므로 머신러닝 전문 지식이 크게 필요하지 않습니다.

RAG 기반 아키텍처를 활용할 때는 데이터 소스 연결 관리, 외부 데이터 소스에서 데이터 검색, 추가 데이터 준비, 프롬프트 증강 등의 추가 단계가 필요하다는 점을 고려해야 합니다. 이러한 추가 단계로 인해 전반적인 성능 저하와 처리 지연이 발생할 수 있습니다. 한편, RAG는 생성 모델의 가중치를 수정하지 않는다는 점도 주목할 만한데, 이는 대개 의도된 것이며 단점으로 여겨지지 않습니다.

에이전트는 파운데이션 모델을 추론 엔진으로 활용하는 추가 소프트웨어로 사용자 요청, 파운데이션 모델, 외부 데이터 소스, 애플리케이션 간의 프롬프트-컴플리션 워크플로를 조율합니다.

에이전트는 흔히 ReAct[1](Reasoning and Acting)라는 프레임워크를 활용합니다. ReAct는 연쇄적 사고(chain-of-thought; CoT) 추론을 활용해 프롬프트를 구조화함으로써 모델이 문제를 추론하고 해결책을 찾는 데 도움이 되는 행동을 결정하는 방법을 안내합니다. 행동의 일부로 에이전트는 RAG 워크플로를 활용해 콘텍스트 관련 정보를 조회하거나 애플리케이션 API를 호출해 작업을 수행할 수 있습니다.

추론 단계와 행동에 복잡한 계산이 필요하다면 프로그램 지원 언어 모델(Program-Aided Language Models; PAL)[2]과 같은 다른 기술을 활용할 수 있습니다. PAL을 활용하면 파운데이션 모델이 추론 단계에서 자연어 대신 프로그램을 생성할 수 있습니다. 그런 다음 모델을 파이썬 인터프리터 같은 외부 코드 인터프리터에 연결해 코드를 실행하고 그 결과를 모델에 전달합니다.

또한 사용자와 그 밖의 시스템에서 활용 가능한 엔드투엔드 솔루션에 필요한 공통 구성 요소 세트를 활용해 맞춤형 생성형 AI 애플리케이션을 구축하는 방법도 알아보겠습니다. 마지막으로 생성형 AI 프로젝트의 생명 주기 최적화와 사용자, 시스템 지원을 위한 애플리케이션 배포 및 통합 운영 모델에 대한 몇 가지 고려 사항을 강조하겠습니다.

---

1 Shunyu Yao 외, "ReAct: Synergizing Reasoning and Acting in Language Models", arXiv, 2023. (https://arxiv.org/pdf/2210.03629)
2 Luyu Gao 외, "PAL: Program-Aided Language Models", arXiv, 2023. (https://arxiv.org/pdf/2211.10435)

대규모 언어 모델의 한계

대규모 언어 모델(LLM)은 최신 지식과 정확한 지식을 유지하는 데 몇 가지 어려움을 겪고 있습니다. 이 섹션에서는 대규모 언어 모델의 두 가지 일반적인 문제인 환각과 지식 단절(knowledge cutoff)에 대해 설명하고 RAG 방법을 통해 이러한 문제를 개선할 수 있음을 살펴보겠습니다.

환각

2장에서는 모델이 자신 있게 잘못된 응답을 내놓아 환각을 일으키는 문제를 설명했습니다. 다음 예시에서 '스내지 플러피킨(snazzy-fluffykins)'은 실제 개 품종이 아님에도 불구하고 모델은 사실이 아니고 잠재적으로 오해를 불러일으킬 수 있는 컴플리션을 반환합니다.

프롬프트:

스내지 플러피킨 개 품종은 어떻게 생겼나요?

컴플리션(환각):

스내지 플러피킨은 곱슬곱슬한 털을 가진 작고 폭신한 개입니다. 크고 둥근 눈과 길고 복슬복슬한 털이 있는 귀를 가지고 있습니다.

모델이 환각을 일으키면 생성한 결과물에 대한 신뢰도가 떨어져 생성형 AI 애플리케이션의 효과가 감소합니다.

지식 단절

다음 프롬프트 예시에서 볼 수 있는 두 번째 일반적인 문제는 지식 단절로, 모델이 최신 데이터와 맞지 않는 과거 기준 답변을 내놓게 됩니다. 모든 파운데이션 모델의 지식은 학습된 날짜를 기준으로 끊어지며, 사전 학습이나 미세 조정이 이뤄진 시점에 최신이었던 데이터로 한정됩니다.

예를 들어 최근 NBA 챔피언십에서 누가 우승했는지 모델에게 물어보면, 모델은 학습 당시 가장 최신이었던 정보(예시의 경우 2021년 챔피언)로 답변할 것입니다. 그러나 예시에서 볼 수 있듯이, 해당 데이터는 모델이 학습한 지식의 범위를 벗어나므로 모델의 대답은 질문 시점의 최신 데이터를 반영하지 못합니다.

최근 NBA 챔피언십 경기에서 누가 우승했나요?

2021년 NBA 파이널에서 밀워키 벅스가 피닉스 선즈를 꺾고 두 번째 NBA 챔피언십을 차지했습니다.

RAG 기술을 활용하면 파운데이션 모델에서 발생하는 환각과 지식 단절로 인한 일부 문제를 완화할 수 있습니다. 환각의 경우, RAG를 활용하면 비즈니스 기밀 데이터와 같은 모델에 없는 정보에 접근할 수 있어 매우 유용합니다.

RAG

RAG는 특정 기술의 집합이 아니라 LLM이 학습 중에 접하지 않은 데이터에 접근할 수 있도록 해주는 프레임워크입니다. RAG를 활용하면 LLM 기반 애플리케이션이 외부 데이터 소스와 애플리케이션을 활용해 앞서 설명한 지식의 한계를 일부 극복할 수 있습니다.

RAG는 LLM이 사전 학습과 미세 조정 중에 학습한 '파라메트릭 메모리'에 포함되지 않은 추가 데이터에 접근할 때 유용합니다. 여기에는 조직 내부 데이터 저장소의 민감 정보처럼 원래 학습 데이터에 포함되지 않았던 데이터가 해당할 수 있습니다. 모델이 이러한 정보에 접근할 수 있다면 모델이 생성하는 컴플리션의 관련성을 높이고 환각 문제를 완화할 수 있습니다.

지식 단절의 경우 RAG를 활용하면 모델의 학습 날짜 이후의 최신 정보에 접근할 수 있습니다. RAG 기법을 활용하면 전체 미세 조정을 지속적으로 수행하지 않고도 도메인 특화 정보를 비롯한 추가 정보로 파운데이션 모델을 강화할 수 있습니다.

전체적으로 볼 때, RAG 기반 아키텍처는 그림 9.1에서 볼 수 있듯이 모델이 외부 지식 소스에 접근할 수 있게 해줍니다. 이 과정을 통해 원래 입력 프롬프트에 추가 콘텍스트를 더해 증강 프롬프트를 만들고 이를 활용해 LLM을 호출합니다.

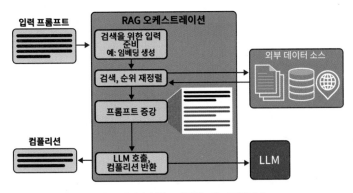

그림 9.1 RAG는 외부 소스의 정보로 모델을 증강하기 위한 프레임워크를 제공합니다.

증강된 프롬프트로 학습 범위를 벗어난 지식을 활용하면 LLM이 더 정확하고 관련성 높은 컴플리션을 생성할 수 있습니다. 이제 워크플로의 다양한 구성 요소를 자세히 살펴보겠습니다.

외부 지식 소스

RAG는 실행 시점에 모델이 별도의 외부 데이터에 접근할 수 있게 함으로써 작동합니다. 그림 9.2에서 볼 수 있듯이, 이 데이터는 지식 베이스, 문서 저장소, 데이터베이스, 인터넷을 통해 검색할 수 있는 데이터 등 다양한 데이터 소스에서 가져올 수 있습니다.

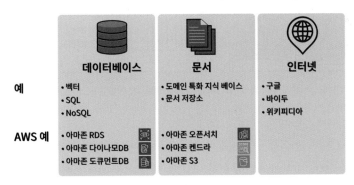

그림 9.2 외부 데이터 소스

이러한 모든 외부 데이터 소스는 생성 모델이 이전에 접근할 수 없었던 지식을 활용해 컴플리션의 관련성을 높입니다. RAG는 LLM을 호출하기 전에 외부 데이터 소스 정보로 입력 프롬프트를 증강하는 방식으로 작동합니다. 이렇게 증강된 프롬프트를 통해 모델은 기존에 알지 못했던 정보를 활용해 더 정확하고 관련성 높은 컴플리션을 생성할 수 있습니다.

RAG 기반 아키텍처를 구현하려면 추가적인 데이터 준비 작업이 필요합니다. 이는 추론 시점에 데이터를 최적화된 형식으로 연계하기 위함입니다. 이 작업은 데이터를 로드하고 검색할 수 있도록 준비하는 담당자의 작업과 추론 시점에 관련 데이터를 검색하고 추출하는 애플리케이션으로 이뤄집니다.

RAG 워크플로

RAG 기반 아키텍처는 외부 소스에서 데이터를 준비하는 것과 같은 종속적인 워크플로를 포함해 여러 구성 요소로 이뤄집니다. 그림 9.3에서 볼 수 있듯이 크게 두 가지 주요 워크플로를 고려해야 하는데, 하나는 외부 지식 소스의 데이터를 준비하는 것이고 다른 하나는 그 데이터를 활용하는 애플리케이션에 통합하는 것입니다.

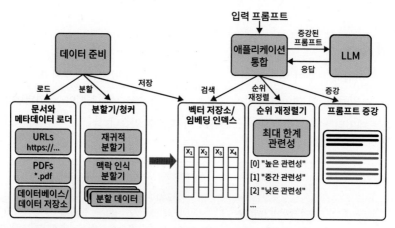

그림 9.3 RAG 아키텍처는 효율적인 데이터 준비와 해당 데이터를 활용하는 애플리케이션에 통합하기 위한 검색 기술에 의존합니다.

데이터 준비는 데이터 소스를 수집하고 이에 대한 핵심 메타데이터를 추출하는 작업입니다. 이 작업은 활용되는 정보 소스의 유형에 따라 다를 수 있습니다. 예를 들어 정보 소스가 PDF 문서라면 해당 문서에서 텍스트를 추출하는 추가 작업이 필요할 수 있습니다. 데이터가 이미 활용할 수 있는 형식이라면 이런 작업이 항상 필요한 것은 아닙니다. 하지만 RAG 기반 아키텍처에서는 데이터 검색을 위해 이러한 준비 작업이 선행되는 경우가 많습니다.

애플리케이션 통합은 입력 프롬프트를 기반으로 외부 데이터 소스에서 의미상 가장 유사한 정보를 검색하는 작업으로 이뤄집니다. 이어서 검색 결과를 정제하고 입력 프롬프트와의 관련성에 따라 순위를 매기는 순위 재정렬(reranking) 과정을 거칩니다. 마지막 단계에서는 외부 지식 소스에서 검색된 가장 관련성이 높은 정보로 입력 프롬프트를 증강합니다. 증강된 프롬프트를 활용해 LLM을 호출하면 최종 컴플리션이 반환됩니다.

구체적인 예시를 자세히 살펴보기 위해 다음 섹션부터는 문서에서 정보를 검색하는 것에 초점을 맞추겠습니다. 문서에서 텍스트를 추출하고 검색에 활용할 수 있게 해당 텍스트를 효율적으로 저장하는 작업을 포함하는 데이터 준비 작업부터 시작하겠습니다.

문서 로딩

RAG 기반 아키텍처를 활용하면 다양한 정보 소스에서 데이터를 가져올 수 있지만, 여기서는 문서에서 정보를 검색하는 것에 초점을 맞추겠습니다. 문서 검색과 추출은 일반적으로 문서를 벡터 저장소에 저장하는 방식으로 구현하는데, 각 문서는 임베딩 모델이 생성한 벡터 임베딩을 기반으로 색인됩니다. 벡터 임베딩에는 문서 내 텍스트 데이터의 수치적 표현이 포함됩니다.

각 임베딩은 데이터의 의미론적 또는 맥락적 의미를 포착하는 것을 목표로 합니다. 3장에서 설명한 것처럼 의미상 유사한 개념이 벡터 공간에서 서로 가깝게(서로 간의 거리가 짧게) 위치하는 것이 이 방법의 원리입니다. 따라서 정보 검색은 비슷한 맥락적 의미를 가질 가능성이 높은 근처의 임베딩을 찾는 과정입니다.

각 벡터 임베딩은 일반적으로 임베딩이 생성된 원본 콘텐츠에 대한 참조와 같은 추가 메타데이터와 함께 벡터 저장소에 저장됩니다. 그런 다음 벡터 저장소는 다양한 방식으로 벡터를 인덱싱합니다.

이 인덱싱을 통해 문서를 빠르게 검색할 수 있습니다. 그림 9.4에 표시된 벡터 저장소는 프롬프트 워크플로 내에서 활용되며, 추론 중 입력 질의를 기반으로 외부 정보를 효율적으로 검색합니다.

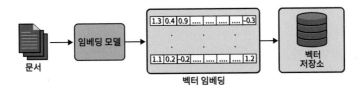

그림 9.4 빠른 검색을 위한 효율적인 문서 인덱싱

RAG 아키텍처에서 벡터 저장소에 텍스트 데이터의 수치 표현을 저장하는 벡터 임베딩을 만들면 효율적인 문서 검색과 추출 기법을 활용할 수 있습니다. 그러나 문서는 대개 용량이 크고 다양한 주제에 대한 서로 관련된 정보의 정도가 다릅니다. 예를 들어 아마존 세이지메이커와 관련해 AWS 제품 설명서를 활용했다면, 해당 문서의 일부 텍스트가 다른 부분보다 의미상으로 더 유사하다는 것을 알 수 있을 것입니다. 따라서 이러한 문서의 저장 및 검색을 최적화하고 맥락 손실의 위험을 최소화하는 효율적인 전략을 고려해야 합니다.

LLM에는 콘텍스트 윈도 크기에 제한이 있습니다. 따라서 이를 고려한 문서 저장 및 검색 전략도 개발해야 합니다.

청킹

청킹(chunking) 기법은 일반적으로 문서 색인 구축 시 활용되며, 이 섹션 후반부에서 살펴보겠지만 검색 과정에서도 활용됩니다. 그림 9.5에서 볼 수 있듯이, 청킹 기법을 활용하면 큰 텍스트를 작은 세그먼트로 나눌 수 있습니다.

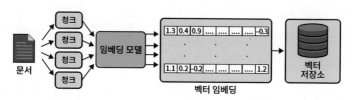

그림 9.5 문서 저장과 색인 시 청킹

각 청크는 의미상으로 연관된 정보를 포함해야 하며, 단일 청크 내에서 의미 있는 맥락을 유지해야 합니다. 청킹에는 여러 가지 방법이 있습니다. 예를 들어 고정된 토큰 수로 데이터를 분할하는 고정 크기 청킹을 활용할 수 있는데, 이는 쉽고 계산 효율이 높은 방법입니다. 또는 데이터의 맥락을 이해하고 관련 텍스트를 함께 유지하는 데 중점을 두는 맥락 인식 청킹 방법을 활용할 수도 있습니다.

청킹 전략을 선택할 때는 몇 가지 고려 사항이 있습니다. 먼저, 책과 같은 긴 문서인지 아니면 제품 리뷰와 같은 짧은 콘텐츠인지 등 색인할 콘텐츠의 크기를 고려해야 합니다. 작은 콘텐츠의 경우 청킹을 적용하더라도 검색 결과에 큰 영향을 미치지 않을 수 있습니다. 반면에 큰 문서는 청킹이 필요할 뿐만 아니라, 청킹을 통해 검색 관련 유사 정보를 더 잘 찾을 수 있습니다.

다음으로 앞서 언급했듯이 LLM의 콘텍스트 윈도 제한으로 인해 청킹이 필요합니다. 예를 들어 모델의 콘텍스트 윈도가 4,096개의 입력 토큰만 지원한다면 이러한 제한 사항을 고려해 청크 크기를 적절히 조절해야 합니다.

마지막으로 **오버랩(overlap)**이라는 개념이 있습니다. 이는 청크 간 정해진 크기의 텍스트가 겹치는 것을 의미합니다. 오버랩을 활용하면 청크 간 맥락을 유지하는 데 도움이 될 수 있습니다. 이는 청킹 크기를 선택할 때 실험해 볼 수 있는 또 다른 매개변수입니다.

문서에서 텍스트를 추출하고 벡터 저장소에 벡터 표현을 적재했다면 이제 애플리케이션에 통합할 준비가 된 것입니다.

문서 검색과 순위 재정렬

문서 텍스트를 임베딩하고 색인하면 애플리케이션에서 관련 정보를 검색하는 데 활용할 수 있습니다. RAG 기반 아키텍처에서는 검색된 정보를 LLM을 호출하기 전 워크플로 내에서 입력 프롬프트의 콘텍스트로 추가합니다.

이제 "플래시태그 제품 유지보수는 어떤 그룹에서 담당하나요?"라는 질문을 담고 있는 입력 프롬프트로 애플리케이션 워크플로의 실제 예시를 살펴보겠습니다. 이 경우 플래시태그 제품 지원 정보는 LLM이 알지 못하는 내부 정보이므로, LLM을 호출하기 전에 RAG를 활용해 관련 정보로 프롬프트를 증강합니다.

RAG 아키텍처에서는 먼저 임베딩 모델을 활용해 입력 프롬프트를 벡터 임베딩 표현으로 만듭니다. 그런 다음, 이 벡터 임베딩으로 벡터 저장소에서 의미상 유사한 벡터를 검색합니다. 이러한 결과를 바탕으로 그림 9.6에서 볼 수 있듯이, 관련 문서 텍스트를 검색할 수 있습니다.

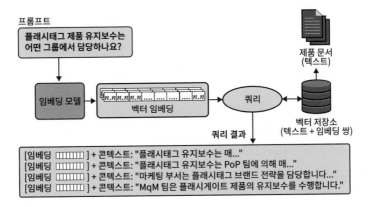

그림 9.6 프롬프트 입력을 기반으로 한 정보 검색

그림 9.7에서 볼 수 있듯이, 프롬프트를 증강하기 전에 벡터 저장소에서 반환된 유사도 결과를 순위 재정렬할 수 있습니다. 이를 통해 단순 유사도 점수 이상의 다양한 결과를 얻고 입력 프롬프트와의 관련성을 높일 수 있습니다.

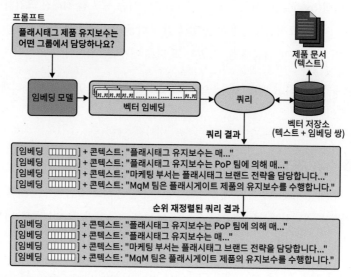

그림 9.7 프롬프트 증강 전 검색 결과 순위 재정렬

순위 재정렬을 구현하는 방법은 다양하지만, 검색 결과의 순위를 매기는 목적은 반환된 질의 결과를 더욱 정제하기 위함입니다. 검색된 결과의 순위를 재정렬하는 데 활용할 수 있는 다양한 구현 방식이 있습니다.

대부분의 벡터 저장소에 내장된 대표적인 순위 재정렬 알고리즘은 최대 한계 관련성(Maximum Marginal Relevance; MMR)입니다. MMR은 검색된 결과가 서로 유사한 경우가 많으므로 입력 프롬프트와의 관련성을 유지하면서도 검색된 결과의 중복을 줄이는 것을 목표로 합니다. 이는 증강된 프롬프트에 관련성 높고 다양한 콘텍스트를 추가하는 데 도움이 됩니다.

정보를 검색하고 필요에 따라 순위를 재정렬하고 난 다음 단계는 입력 프롬프트에 추가 콘텍스트 정보를 더해 증강하고 LLM에 전달하는 것입니다.

프롬프트 증강

관련 콘텍스트 데이터를 검색한 후 RAG 기반 워크플로의 다음 단계는 검색된 추가 콘텍스트를 활용해 프롬프트를 증강하는 것입니다. 예를 들어 "플래시태그 제품 유지보수는 어떤 그룹에서 담당하나요?"라는 입력 프롬프트를 해당 영역 정보 소스에서 검색한 추가 콘텍스트로 증강할 수 있습니다.

증강된 프롬프트:

플래시태그 제품 유지보수는 어떤 그룹에서 담당하나요?
플래시태그 유지보수는 PoP 팀이 매주 토요일에 무중단으로 수행합니다. PoP 팀은 자동 알림을 보내는 역할을 맡고 있습니다.

컴플리션:

PoP 팀이 플래시태그 제품의 유지보수를 담당합니다.

이제 이 증강 프롬프트에는 원래 프롬프트뿐만 아니라 색인된 문서와 관련된 콘텍스트 정보도 포함됩니다. 문서가 특정 분야에 한정되어 있고 LLM의 학습 데이터에 포함되어 있지 않으므로 이 방법을 활용하면 다른 방식으로는 알 수 없는 추가 콘텍스트를 모델에 반영할 수 있습니다. 이제 LLM은 프롬프트의 콘텍스트에 있는 정보를 활용해 보다 관련성이 높은 컴플리션을 생성하고 환각을 피할 수 있습니다.

RAG 오케스트레이션과 구현

이전 섹션에서는 RAG를 모델에 외부 지식을 증강하기 위한 프레임워크로 살펴봤습니다. 이를 설명하기 위해 RAG 워크플로를 통해 데이터를 검색용으로 준비한 다음, 검색, 순위 재정렬, 프롬프트 증강을 활용하는 애플리케이션에 통합하는 방식으로 외부 지식, 특히 문서 형태의 지식을 포함하는 과정을 살펴봤습니다. RAG 기반 아키텍처를 구현하는 방법은 여러 가지가 있습니다. 이번 섹션에서는 RAG 워크플로를 조율하기 위한 구체적인 기법을 중점적으로 다룹니다.

RAG 기반 아키텍처를 지원하고 구현하려면 데이터 준비 워크플로를 비롯한 여러 구성 요소가 필요합니다. 데이터 준비 워크플로에는 데이터를 검색에 최적화된 형식으로 로드하고 준비하는 작업이 포함됩니다.

또한 애플리케이션에 RAG를 구현할 때는 워크플로가 필요합니다. 이 과정은 여러 단계로 이뤄집니다. 이 단계에는 입력 프롬프트를 임베딩하고, 관련 데이터를 검색하고, 프롬프트를 증강한 후, 증강된 프롬프트를 활용해 LLM을 호출하는 작업이 포함됩니다. 이러한 모든 단계에는 그림 9.8에 표시된 것처럼 필요한 작업을 오케스트레이션 할 수 있는 구성 요소가 필요합니다.

다행히도 이러한 솔루션 구현의 복잡성을 줄이는 프레임워크가 이미 개발돼 있습니다. 이 섹션에서는 대규모 언어 모델 작업과 RAG 같은 기술 구현에 필요한 구성 요소를 모듈식으로 제공하는 랭체인[3]이라는 인기 있는 프레임워크를 살펴보겠습니다.

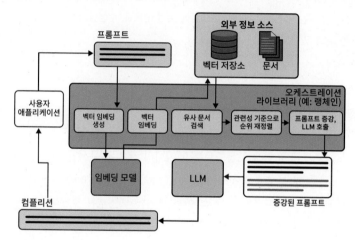

그림 9.8 RAG 워크플로 오케스트레이션

RAG 오케스트레이션 프레임워크는 계속 늘고 있습니다. 사용 목적, 오케스트레이션 요구 사항, 데이터 소스 통합을 가장 잘 지원하는 프레임워크를 선택하는 것이 좋습니다. RAG 아키텍처는 오케스트레이션 코드를 직접 작성해 다양한 API, 벡터 저장소, 데이터 소스를 호출하는 방식으로도 구현할 수 있습니다. API를 직접 호출하면 성능이 향상될 수 있지만, 기존 오케스트레이션 프레임워크를 활용하는 것보다 훨씬 더 많은 코딩과 유지 관리 작업이 필요합니다.

랭체인은 맥락 인식 추론 애플리케이션과 엔드투엔드 워크플로 개발을 지원하는 모듈, 인터페이스, 그리고 다양한 외부 서비스와의 연계로 구성되어 있습니다. 이러한 워크플로는 문서 로딩, 청킹, 다양한 벡터 저장소로부터의 검색을 수행하며, 이에 대해서는 다음 몇 개의 섹션에서 배우게 될 것입니다.

---

3 https://python.langchain.com/v0.2/docs/introduction

문서 로딩과 청킹

랭체인의 데이터 커넥터 모듈에는 문서 로더가 포함돼 있습니다. 이를 통해 다양한 형식의 데이터를 문서로 로딩하는 라이브러리를 활용할 수 있습니다. 예를 들어 PyPDFLoader를 활용하면 PDF 형식의 문서를 적재하고 분할할 수 있습니다.

이전 섹션에서는 콘텍스트 윈도 길이의 제약 사항과 이를 극복하기 위한 방법으로 청킹 또는 데이터 분할 전략을 논의했습니다. 랭체인은 스플리터(splitter)가 포함된 문서 변환기도 제공하므로 다음 코드 예시처럼 간단한 방법으로 문서를 분할할 수 있습니다. 여기서는 매년 발행되는 아마존 주주 서한[4] 데이터 세트를 활용하고 있습니다.

```python
import numpy as np
import glob
from langchain.text_splitter import RecursiveCharacterTextSplitter
from langchain.document_loaders import PyPDFLoader

data_root_path = "./data/"
filenames = glob.glob(data_root_path + '*.pdf')

documents = []
for file in filenames:
    loader = PyPDFLoader(file)
    document = loader.load()

    # 파일명에서 연도 추출
    year = file.split('-')[1]

    for document_fragment in document:
        # 메타데이터 설정
        document_fragment.metadata = { "year": year, "source": file }

    documents += document

# 문서 청킹
```

---

4 https://ir.aboutamazon.com/annual-reports-proxies-and-shareholder-letters/default.aspx

```
text_splitter = RecursiveCharacterTextSplitter(
    chunk_size = 512,
    chunk_overlap = 100,
)

docs = text_splitter.split_documents(documents)
```

이 코드는 지정된 위치에 PDF 문서를 적재하고 문서를 512자씩 청크로 분할합니다. 이러한 청크에는 임베딩 모델을 활용해 벡터 임베딩을 생성할 수 있게 전처리될 수 있는 원본 PDF 문서의 일부가 포함돼 있습니다. 그런 다음, 이 청크를 벡터 저장소에 저장하거나 랭체인 프레임워크와 연계된 여러 타사 서비스 중 하나를 활용해 벡터 저장소에 올릴 수 있습니다.

이 코드는 데이터 수집 시 각 문서에 메타데이터를 추가합니다. 이 메타데이터는 나중에 결과를 필터링하고 검색 결과를 특정 연도로 좁혀 전체 검색 프로세스를 빠르게 하는 데 활용될 수 있습니다.

벡터 임베딩 저장소와 검색

앞서 언급했듯이 벡터 저장소는 벡터 임베딩을 저장하고 인덱스를 생성해 빠른 검색과 유사도 검색을 가능하게 합니다. 유사도 검색은 벡터 저장소를 활용하는 대표적인 방법입니다. LLM이 응답을 생성할 때 콘텍스트에 더 많은 연관 정보를 추가해 프롬프트를 증강하는 데 활용되기 때문입니다.

AWS는 벡터 임베딩을 저장할 다양한 옵션을 갖추고 있으므로, 각 옵션을 간략히 살펴보고 고려 사항을 알아보겠습니다. 또한 지원되는 검색 알고리즘이나 활용 적합성 같은 의사결정 요소에 대해 각 서비스의 최신 기능 목록을 평가하는 것도 중요합니다.

아마존 오픈서치 서비스[5]를 활용해 임베딩을 저장하고 오픈서치용 k-NN(k-Nearest Neighbor) 플러그인[6]과 결합해 임베딩 전체에서 빠르게 문서 유사도 검색을 수행할 수 있습니다. 특히 아마존 오픈서치 서버리스 벡터 엔진[7]을 활용하면 유사도 검색 기능을 갖춘 서버리스

---

5 https://docs.aws.amazon.com/opensearch-service/latest/developerguide/serverless-overview.html

6 https://docs.aws.amazon.com/opensearch-service/latest/developerguide/knn.html

7 https://aws.amazon.com/ko/opensearch-service/serverless-vector-engine/

벡터 스토리지를 활용할 수 있으며, 거의 실시간으로 벡터 임베딩을 추가, 업데이트, 삭제할 수 있습니다. 오픈서치는 페이스북 AI 유사성 검색(Facebook AI Similarity Search; FAISS) 벡터 저장소와 검색 알고리즘을 포함해 최적화된 확장 가능한 검색 알고리즘을 구현합니다. 이 옵션을 활용하면 작업량에 따라 벡터 저장소 클러스터를 수평적으로 확장할 수 있습니다.

그 밖의 옵션으로는 아마존 오로라 PostgreSQL[8]과 PostgreSQL용 아마존 관계형 데이터베이스 서비스(Relational Database Service; RDS)[9]가 있습니다. 두 서비스 모두 pgvector[10]를 지원하므로 이미 PostgreSQL을 설치했거나 이와 관련된 기술을 가진 팀에 적합할 수 있습니다. pgvector는 커뮤니티에서 유지 관리하는 PostgreSQL용 벡터 저장소 플러그인입니다. 이 옵션 역시 확장할 수 있습니다.

아마존 켄드라(Kendra)[11]는 정보 검색과 추출에 특별히 설계된 관리형 솔루션입니다. 아마존 S3, 마이크로소프트 셰어포인트, 세일즈포스, 서비스나우, 젠데스크 등 많이 활용되는 데이터 소스와의 연동을 위한 내장 커넥터를 지원합니다. 또한 켄드라는 HTML, PDF, CSV 등 다양한 문서 형식을 지원하므로 문서를 벡터 임베딩으로 직접 변환할 필요가 없습니다. 아마존 켄드라는 문서에 여러 가지 메타데이터를 적용할 수 있게 해줍니다. 이를 통해 검색 시 메타데이터 필터링이 가능해져 검색 결과의 관련성을 높일 수 있습니다.

AWS에서 제공하는 벡터 저장 및 검색을 위한 모든 옵션은 RAG 기반 아키텍처에서 활용될 수 있습니다. AWS를 기반으로 구축하면 적용 사례와 활용 도구에 가장 적합한 벡터 저장소를 유연하게 활용할 수 있습니다.

다음으로 FAISS를 벡터 저장소와 검색 메커니즘으로 활용하고, 랭체인을 워크플로의 다양한 구성 요소를 조율하는 오케스트레이터로 활용하는 예시를 살펴보겠습니다. 아마존 오픈서치, 아마존 오로라 PostgreSQL용 RDS, 켄드라를 비롯한 그 밖의 예시는 이 책의 깃허브 저장소[12]에 포함돼 있습니다.

---

8 https://docs.aws.amazon.com/AmazonRDS/latest/AuroraUserGuide/Aurora.AuroraPostgreSQL.html
9 https://docs.aws.amazon.com/AmazonRDS/latest/UserGuide/CHAP_PostgreSQL.html
10 https://github.com/pgvector/pgvector
11 https://docs.aws.amazon.com/kendra/latest/dg/what-is-kendra.html
12 https://github.com/wikibook/gai-aws

랭체인을 활용해 수집한 데이터로부터 벡터 임베딩을 만들고 검색용 벡터 저장소를 구축하는 작업을 조율하는 구체적인 예시를 살펴보겠습니다.

랭체인은 엘라스틱서치, 오픈서치, 파인콘, FAISS 등 다양한 벡터 저장소와 연동됩니다. 이해를 돕기 위해 랭체인이 FAISS 벡터 저장소 및 검색 라이브러리와 직접 연동되는 사례를 살펴보겠습니다. 이 예시에서는 세이지메이커 점프스타트를 통해 아마존 세이지메이커 엔드포인트로 배포된 임베딩 모델을 활용합니다. 참고로 허깅 페이스 모델 허브에서 제공하는 로컬 모델도 활용할 수 있습니다.

```python
from langchain.vectorstores import FAISS
from langchain.embeddings import SagemakerEndpointEmbeddings
from langchain.embeddings.sagemaker_endpoint import EmbeddingsContentHandler
from sagemaker.jumpstart.model import JumpStartModel

embedding_model_checkpoint = "..." # 임베딩 모델

embedding_model = JumpStartModel(model_id=embedding_model_checkpoint).deploy()

embeddings_content_handler = EmbeddingsContentHandler()

embeddings = SagemakerEndpointEmbeddings(
    endpoint_name=embedding_model.endpoint_name,
    content_handler=embeddings_content_handler
)

# FAISS 벡터스토어에 문서 로드
vector_store = FAISS.from_documents(docs, embeddings)
query = "How has AWS evolved?"

results_with_scores = vector_store.similarity_search_with_score(query)

for doc, score in results_with_scores:
    print(f"Content: {doc.page_content}")
    print(f"Metadata: {doc.metadata}")
    print(f"Score: {score}\n\n")
    print('----')
```

출력:

```
Content: AWS is still in the early stages of its evolution, and has a chance for
unusual growth in the next decade.
Metadata: {'year': 2022, 'source': 'AMZN-2022-Shareholder-Letter.pdf'}
Score: 0.5685306191444397
----
Content: AWS continues to deliver new capabilities rapidly (over 3,300 new features
and services launched in 2022), and invest in long-term inventions RAG Orchestration
and Implementation | 169 that change what's possible.
Metadata: {'year': 2022, 'source': 'AMZN-2022-Shareholder-Letter.pdf'}
Score: 0.7789842486381531
----
Content: We made the long-term decision to continue investing in AWS. Fifteen years
later, AWS is now an $85B annual revenue run rate business with strong profitability.
Metadata: {'year': 2022, 'source': 'AMZN-2022-Shareholder-Letter.pdf'}
Score: 0.7893760204315186
----
Content: This shift by so many companies (along with the economy recovering) helped
re-accelerate AWS's revenue growth to 37% YoY in 2021.
Metadata: {'year': 2021, 'source': 'AMZN-2021-Shareholder-Letter.pdf'}
Score: 0.7898486852645874
----
```

예를 들어 2022년도 문서만 검색하게 메타데이터 필터를 추가할 수 있습니다. 필터값이 포함된 사전을 추가하고 검색을 다시 실행하면 됩니다. 그러면 다음 예시처럼 2022년도 문서만 검색되는 것을 볼 수 있습니다.

```
filter={"year": 2022}
results_with_scores = vector_store.similarity_search_with_score(query, filter=filter)
for doc, score in results_with_scores:
    print(f"Content: {doc.page_content}")
    print(f"Metadata: {doc.metadata}")
    print(f"Score: {score}\n\n")
    print('----')
```

```
Content: done innovating here, and this long-term investment should prove fruitful for
both customers and AWS. AWS is still in the early stages of its evolution, and has a
chance for unusual growth in the next decade.
Metadata: {'year': 2022, 'source': 'AMZN-2022-Shareholder-Letter.pdf'}
Score: 0.5685306191444397

----

Content: AWS continues to deliver new capabilities rapidly (over 3,300 new features
and services launched in 2022), and invest in long-term inventions that change what's
possible.
Metadata: {'year': 2022, 'source': 'AMZN-2022-Shareholder-Letter.pdf'}
Score: 0.7789842486381531

----

Content: AWS is now an $85B annual revenue run rate business, with strong
profitability, that has transformed how customers from start-ups to multinational
companies to public sector organizations manage their technology infrastructure.
Metadata: {'year': 2022, 'source': 'AMZN-2022-Shareholder-Letter.pdf'}
Score: 0.7893760204315186

----

Content: Customers have appreciated this customer-focused, long-term approach, and we
think it'll bode well for both customers and AWS.
Metadata: {'year': 2022, 'source': 'AMZN-2022-Shareholder-Letter.pdf'}
Score: 0.8272767066955566

----
```

이제 벡터 저장소를 만들고 여기에 문서와 메타데이터를 넣었으니, 관련 데이터를 검색하고 이를 활용하는 통합 애플리케이션으로 넘어가겠습니다. 이 애플리케이션은 LLM을 호출해 프롬프트를 완성하기 전에 추가 콘텍스트로 입력 프롬프트를 증강하는 데 이 데이터를 활용합니다.

검색 체인

체인을 활용하면 프롬프트 증강에 필요한 데이터를 검색하기 위해 여러 구성 요소를 순차적으로 호출할 수 있습니다. 이러한 단계의 순서를 만들고 실행하려면 전체 워크플로를 조율해야 합니다. 랭체인 프레임워크는 맥락 인식 추론 애플리케이션 개발을 지원할 수 있게 설계됐으며, 이러한 워크플로를 크게 단순화할 수 있는 다양한 연동 기능을 제공합니다.

다음 코드 예시는 프롬프트 형식을 지정하는 PromptTemplate[13]과 LLM으로 활용할 SagemakerEndpoint[14]와 함께 랭체인 프레임워크의 기본 제공 체인인 RetrievalQA[15]를 활용하는 방법을 보여줍니다. 이 체인은 벡터 저장소에서 관련 문서를 검색하고 수행할 검색 유형을 지정합니다. 여기서는 가장 관련성이 높은 상위 3개 문서의 유사도 검색을 수행합니다.

```python
from langchain.chains import RetrievalQA
from langchain.prompts import PromptTemplate
from langchain_community.llms import SagemakerEndpoint
prompt_template = """
User: Use the following pieces of context to provide a concise answer to the question at the end. If you don't know the answer, just say that you don't know, don't try to make up an answer.

{context}

Question: {question}
Assistant:
"""

prompt = PromptTemplate(
    template=prompt_template,
    input_variables=["context", "question"]
)
llm_model_checkpoint = "..." # Llama2와 같은 생성 모델

llm_model = JumpStartModel(model_id=llm_model_checkpoint).deploy()

llm = SagemakerEndpoint(endpoint_name=llm_model.endpoint_name)
```

---

13 https://github.com/langchain-ai/langchain/blob/65e1606/libs/langchain/langchain/prompts/prompt.py#L17

14 https://python.langchain.com/v0.2/docs/integrations/platforms/aws/#sagemaker-endpoint

15 https://github.com/langchain-ai/langchain/blob/c0d6742/libs/langchain/langchain/chains/retrieval_qa/base.py#L192

```
qa_chain = RetrievalQA.from_chain_type(
    llm=llm,
    chain_type="stuff", # 전체 문서를 단일 프롬프트로 넣는 "stuff" 체인 유형
    retriever=vector_store.as_retriever(
        search_type="similarity",
        search_kwargs={"k": 3}
    ),
    return_source_documents=True,
    chain_type_kwargs={"prompt": prompt}
)

query = "How has AWS evolved?"
result = qa_chain({"query": query})
print(result["result"])

print('----')
print(f'Context Documents: ')
for source_doc in result["source_documents"]:
    print(f'{source_doc}\n')
    print('----')
```

랭체인은 상위 3개의 문서를 검색한 후 chain_type="stuff" 매개변수 설정을 통해 해당 문서를 프롬프트에 포함해(또는 '채워 넣어') 추가 콘텍스트를 전달합니다. 이는 LLM이 주어진 질문에 더 잘 답할 수 있게 돕습니다.

출력:

```
Based on the provided context, AWS has evolved in the following ways:
1. Rapid innovation: AWS continues to deliver new capabilities rapidly, launching over
3,300 new features and services in 2022 alone.
2. Long-term investment: AWS has made a long-term decision to continue investing in
its infrastructure, even during challenging times such as the 2008-2009 recession.
3. Expansion of services: AWS has expanded its offerings beyond just computing and
storage, now providing a wide range of services including analytics, machine learning,
and security.
```

4. Increased profitability: Despite continued investment in innovation, AWS has achieved strong profitability, with an $85B annual revenue run rate business.

5. Shift to cloud adoption: The pandemic has accelerated the shift to cloud adoption, with many companies deciding to move their technology infrastructure to the cloud. This has helped re-accelerate AWS's revenue growth to 37% YoY in 2021.

Overall, AWS has evolved from a niche player in the cloud computing market to a dominant force, with a strong track record of innovation and investment in its infrastructure.

Context Documents:

page_content='done innovating here, and this long-term investment should prove fruitful for both customers and AWS. AWS is still in the early stages of its evolution, and has a chance for unusual growth in the next decade.'

metadata={'year': 2022, 'source':

'AMZN-2022-Shareholder-Letter.pdf'}

----

page_content='AWS continues to deliver new capabilities rapidly (over 3,300 new features and services launched in 2022), and invest in long-term inventions

that change what's possible.'

metadata={'year': 2022, 'source':

'AMZN-2022-Shareholder-Letter.pdf'}

----

page_content='AWS is now an $85B annual revenue run rate business, with strong profitability, that has transformed how customers from start-ups to multinational companies to public sector organizations manage their technology infrastructure.'

metadata={'year': 2022, 'source':

'AMZN-2022-Shareholder-Letter.pdf'}

LLM이 체인에서 제공된 추가 콘텍스트를 활용해 질문에 적합한 형식의 답변을 구성하는 방식에 주목해야 합니다. 다음으로 검색된 문서의 순위를 재지정해 증강된 프롬프트와 생성된 응답을 개선할 방법을 살펴보겠습니다.

최대 한계 관련성(MMR)을 활용한 순위 재정렬

벡터 저장소에서 검색된 결과의 다양성을 높이려면 MMR 기법을 시도해 볼 수 있습니다. MMR은 검색 결과 집합의 다양성을 높여 검색기가 유사도 점수뿐만 아니라 0에서 1 사이의 다양성계수를 고려할 수 있게 합니다. 여기서 0은 최대 다양성, 1은 최소 다양성을 의미합니다. 다음은 FAISS와 MMR(search_type="mmr")을 활용하고 다양성 계수 lambda_mult=0.1로 설정해 결과의 다양성을 상당히 높게 유지하는 코드입니다.

```python
qa_chain = RetrievalQA.from_chain_type(
    llm=llm,
    chain_type="stuff",
    retriever=vector_store.as_retriever(
        search_type="mmr", # Maximum Marginal Relevance (MMR)
        search_kwargs={"k": 3, "lambda_mult": 0.1}
    ),
    return_source_documents=True,
    chain_type_kwargs={"prompt": prompt}
)

query = "How has AWS evolved?"
result = qa_chain({"query": query})
print(result["result"])

print('----')
print(f'Context Documents: ')
for source_doc in result["source_documents"]:
    print(f'{source_doc}\n')
    print('----')
```

출력:

```
Based on the context provided, AWS has evolved in the following ways:
1. Innovation: AWS has continued to innovate and invest in new technologies and
services, as evident from the statement "AWS is still in the early stages of its
evolution, and has a chance for unusual growth in the next decade."
```

2. Efficiency: AWS is inherently more efficient than traditional in-house data centers, according to the statement. This is due to two factors:

a. Institutions: Many institutions, including schools and governments, are transitioning from in-person to virtual classrooms and running on AWS to ensure continuity of learning.

b. Secure platform: Governments are leveraging AWS as a secure platform to build out new capabilities in their efforts to end the pandemic.

Therefore, AWS has evolved to become a more efficient and secure platform for various institutions and governments.

Context Documents:

page_content='AWS is still in the early stages of its evolution, and has a chance for unusual growth in the next decade.'

metadata={'year': 2022, 'source':

'AMZN-2022-Shareholder-Letter.pdf'}

----

page_content='AWS is also inherently more efficient than the traditional inhouse data center.'

metadata={'year': 2019, 'source':

'AMZN-2019-Shareholder-Letter.pdf'}

----

page_content='Institutions around the world are transitioning from in-person to virtual classrooms and are running on AWS to help ensure continuity of learning.'

metadata={'year': 2019, 'source':

'AMZN-2019-Shareholder-Letter.pdf'}

이 예시에서는 비교적 높은 MMR 다양성 계수로 구성된 검색기가 "AWS는 어떻게 발전해 왔는가?"라는 질문에 답하는 데 벡터 저장소의 검색 결과 순위를 재정렬하고 2019년도 주주 서한을 포함했음을 확인할 수 있습니다.

다음 섹션에서는 ReAct나 PAL과 같은 에이전트와 프레임워크를 활용해 모델이 주변 환경과 상호작용을 할 수 있게 함으로써 모델의 기능을 더욱 확장하는 방법에 대해 살펴보겠습니다.

에이전트

"하와이에서 어떤 해변을 가봐야 할까요?"라는 질문에 추천 목록으로 답변할 뿐만 아니라 항공 편과 호텔까지 예약해 주는 생성형 AI 기반 여행 애플리케이션을 생각해 봅시다.

이를 위해서는 그림 9.9에서 볼 수 있듯이, 사용자 요청, 파운데이션 모델, 외부 데이터 소스와 애플리케이션 간의 프롬프트–컴플리션 워크플로를 조율하는 추가 소프트웨어인 **에이전트**가 필 요합니다.

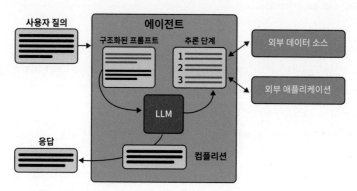

사용자 질의 / 에이전트 / 구조화된 프롬프트 / 추론 단계 / 외부 데이터 소스 / 외부 애플리케이션 / LLM / 응답 / 컴플리션

그림 9.9 에이전트는 사용자 요청, 파운데이션 모델, 외부 데이터 소스와 애플리케이션 간의 프롬프트–컴플리션 워크플로를 조율합니다.

에이전트는 파운데이션 모델을 추론 엔진으로 활용합니다. 2장에서 살펴본 CoT 프롬프팅을 기 반으로 일부 모델은 웹 검색, SQL 쿼리 또는 파이썬 기반 계산기 스크립트 같은 도구를 활용해 단계별 실행 계획을 생성할 수 있습니다.

에이전트는 모델이 사용자 요청을 추론하고 단계별 실행 계획을 생성할 수 있게 CoT 프롬프트 와 유사한 구조화된 프롬프트를 자동으로 만듭니다. 그런 다음 에이전트는 사용자를 위한 작업 을 완료하는 데 필요한 데이터를 조회하거나 API 호출 시퀀스를 통해 RAG 워크플로를 조율합 니다. 에이전트가 수행할 수 있는 작업은 프롬프트 앞부분에 추가된 별도의 인스트럭션으로 정 의됩니다.

에이전트는 외부 시스템에서 받은 정보를 프롬프트에 자동으로 추가해 모델이 맥락을 더 잘 인 식하고 관련성 높은 컴플리션을 생성하게 돕습니다. 그런 다음 최종 응답을 사용자에게 반환합 니다.

에이전트는 랭체인 에이전트[16], 허깅 페이스 트랜스포머 에이전트[17] 등 유명한 오픈소스 라이브러리를 활용해 구현할 수 있습니다. AWS에서는 12장에서 더 자세히 다룰 아마존 베드록 에이전트[18] 같은 완전 관리형 서비스를 선택할 수도 있습니다.

구조화된 프롬프트를 더 자세히 살펴보겠습니다. 에이전트는 일반적으로 ReAct 프레임워크를 활용해 모델이 문제를 추론하고 해결책을 찾는 데 도움이 되는 행동을 결정하는 방법을 안내합니다.

ReAct 프레임워크

ReAct는 CoT **추론**과 **실행 계획**을 결합한 프롬프팅 전략입니다. ReAct는 관련 논문[19]에 설명한 바와 같이, 프롬프트가 하나 이상의 질문, 사고, 행동, 관찰 예시를 순차적으로 포함하도록 구조화합니다. 이러한 구조는 그림 9.10에서 확인할 수 있습니다.

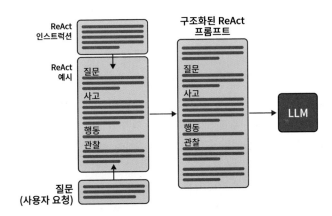

그림 9.10 인스트럭션, ReAct 예시, 사용자 요청을 포함하는 ReAct 프롬프트 구조

질문은 사용자가 요청한 작업이나 해결해야 할 문제입니다. 사고는 파운데이션 모델이 문제에 접근하고 취할 행동을 파악하는 방법을 안내하는 추론 과정입니다. 행동은 모델이 호출할 수 있는 API 집합 중 하나입니다. 관찰은 행동을 수행한 결과입니다. 모델이 선택할 수 있는 행동은 예시 프롬프트 텍스트 앞에 추가된 인스트럭션으로 정의됩니다.

---

16 https://python.langchain.com/v0.1/docs/modules/agents

17 https://huggingface.co/docs/transformers/v4.42.0/agents

18 https://aws.amazon.com/ko/bedrock

19 Shunyu Yao 외, "ReAct: Synergizing Reasoning and Acting in Language Models", arXiv, 2022. (http://arxiv.org/pdf/2210.03629)

생성형 AI 기반 여행 애플리케이션 예시로 돌아가서 사용자가 하와이에서 제일 인기 있는 해변과 가장 가까운 호텔이 어디인지 묻는 상황을 가정해 보겠습니다. 이 질문에 답하려면 해결책을 찾기 위한 몇 가지 중간 단계와 행동이 필요할 것입니다. 프롬프트 앞부분에 추가되는 인스트럭션에 ReAct 프롬프트 구조를 설명하고 수행할 수 있는 작업을 나열합니다. 그리고 이 에이전트에게 위키피디아 검색과 자사의 호텔 데이터베이스에 접근할 수 있는 API 권한을 부여하겠습니다.

Solve a question answering task with interleaving Thought, Action, Observation steps. Thought can reason about the current situation, and Action can be three types:
(1) wikipedia_search[topic], which searches the topic on Wikipedia and returns the first paragraph if it exists. If not, it will return a similar topic to search.
(2) hotel_database_lookup[request], which performs an API call to the hotel database to gather hotel information defined in request
(3) Finish[answer], which returns the answer and finishes the task.

프롬프트 번역

사고(Thought), 행동(Action), 관찰(Observation) 단계를 교차하여 수행하면서 질문-답변 작업을 수행해주세요.
사고는 현재 상황에 대한 추론을 할 수 있고, 행동은 아래 세 가지 유형 중 하나가 됩니다.
(1) wikipedia_search[topic]는 주제(topic)에 대해 위키피디아에서 검색한 후, 결과가 존재하는 경우 첫 번째 문단을 반환합니다. 만일 결과가 존재하지 않는 경우, 검색할 유사 주제를 반환합니다.
(2) hotel_database_lookup[request]는 요청(request)에 포함된 호텔 정보를 가져오기 위해 호텔 데이터베이스를 호출하는 API를 실행합니다.
(3) Finish[answer]는 결과(answer)를 반환하고 작업을 종료합니다.

이 예시에서는 먼저 앞서 설명한 ReAct 프롬프트 구조를 활용해 질문에 답하도록 모델에게 지시함으로써 작업을 정의했습니다. 그런 다음 '사고(thought)'가 무엇을 의미하는지 설명하고 수행할 수 있는 작업을 나열하는 인스트럭션을 제공했습니다.

목록의 첫 번째는 지정된 주제와 관련된 Wikipedia 항목을 검색하는 `wikipedia_search` 행동입니다. 두 번째는 여행사의 호텔 데이터베이스를 특정 키워드로 조회할 수 있는 `hotel_database_lookup` 행동입니다. 마지막 행동은 finish로 답변을 반환하고 작업을 종료합니다.

인스트럭션에 추론 예시를 추가할 수도 있습니다. 활용 중인 파운데이션 모델에 따라 여러 개의 예시를 포함해 퓨샷 추론을 수행해야 할 수도 있습니다.

이제 하와이에서 가장 인기 있는 해변과 가장 가까운 호텔을 찾으라는 사용자의 요청에 모델이 인스트럭션을 어떻게 적용하는지 살펴보겠습니다.

```
Question: Which hotel is closest to the most popular beach in Hawaii?
Thought 1: I need to search for the most popular beach in Hawaii and find the closest
hotel for that location.
Action 1: wikipedia_search["most popular beach in Hawaii"]
Observation 1: Waikiki is most famous for Waikiki Beach.
Thought 2: I need to find the hotel closest to Waikiki Beach.
Action 2: hotel_database_lookup["hotel closest to Waikiki Beach"]
Observation 2: <MyDreamHotel> is closest to Waikiki Beach.
Thought 3: <MyDreamHotel> is closest to Waikiki Beach, the most popular beach in
Hawaii. So the answer is <MyDreamHotel>.
Action 3: Finish["MyDreamHotel"]
```

사고 과정에서 작업을 추론하고 답을 찾기 위한 두 가지 중간 단계를 계획하는 모습을 볼 수 있습니다. 그런 다음 모델은 허용된 행동 목록에서 적절한 행동을 결정합니다. 관찰을 통해 행동으로부터 얻은 새로운 정보를 모델의 프롬프트 콘텍스트에 다시 반영합니다. 모델은 답을 찾는 데 필요한 만큼 반복 과정을 거칩니다. 마지막 행동은 반복을 종료하고 사용자에게 답변을 제공하는 것입니다.

이제 맥락 인식 추론 애플리케이션은 외부 데이터 소스에 연결해 추가 정보를 검색하고, 작업을 단계별로 분석하며, 계획을 세우고 수행할 수 있게 됐습니다. 하지만 작업 중 하나가 여행 예약의 부가가치세를 계산하는 것이라면 어떨까요? CoT가 있어도 모델이 산술이나 기타 수학 연산을 수행하는 능력에는 한계가 있습니다. 사실 생성형 파운데이션 모델은 실제로 수학을 하는 것이 아니라 프롬프트를 완성하기 위해 가장 확률이 높은 다음 토큰을 예측할 뿐입니다.

이 한계를 극복하기 위해 모델을 코드 인터프리터와 같이 계산 수행에 능숙한 애플리케이션에 연결할 수 있습니다. 프로그램 지원 언어 모델 프레임워크[20]가 바로 이 역할을 합니다.

---

20 Luyu Gao 외, "PAL: Program-aided Language Models", arXiv, 2023. (http://arxiv.org/pdf/2211.10435)

프로그램 지원 언어 프레임워크

PAL은 CoT 추론을 활용해 중간 추론 단계에서 주어진 문제를 해결하는 데 도움이 되는 프로그램을 생성합니다. 이 프로그램은 그림 9.11과 같이 파이썬 인터프리터와 같은 인터프리터에 전달돼 코드를 실행하고 결과를 파운데이션 모델에 반환합니다.

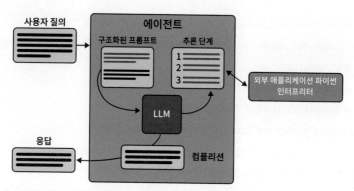

그림 9.11 PAL은 계산을 수행하기 위해 파운데이션 모델을 외부 코드 인터프리터에 연결합니다.

ReAct와 유사하게 모델에 출력 형식을 보여주는 하나 이상의 예시를 프롬프트에 추가해야 합니다. 각 예시는 질문으로 시작하고 문제를 해결하는 몇 가지 추론 단계와 파이썬 코드로 이어집니다. 그런 다음 프롬프트에 풀어야 할 새 질문을 추가합니다. PAL 형식의 프롬프트에는 그림 9.12와 같이 예시와 새로운 문제가 포함돼 있습니다.

파운데이션 모델에 이 프롬프트를 전달하면 모델은 예시를 따라 파이썬 스크립트 형태로 컴플리션을 생성합니다. 다음으로 스크립트를 파이썬 인터프리터에 보내면 코드를 실행하고 결과를 반환합니다. 결과를 프롬프트에 추가하면 LLM이 정답을 포함한 최종 컴플리션을 생성합니다.

그림 9.12 LLM을 파이썬 인터프리터에 연결하는 PAL 워크플로

다음은 PAL 프롬프트 템플릿 예시입니다.

```
Translate a math problem into an expression that can be executed using Python's
numexpr library.
Use the output of running this code to answer the question.
Question: ${{Question with hard calculation}}
${{Code that prints what you need to know}}
Question: I have four bananas and buy three more, how many bananas do I have?
def solution():
    initial_bananas = 4
    extra_bananas = 3
    return initial_bananas + extra_bananas
Question: {question}
```

이제 모델에게 비슷한 수학 질문을 하면 모델은 제공된 예시를 따릅니다.

프롬프트:

```
Antje has five times the number of books than Chris. Chris has 3 books. How many books
does Antje have?
```

컴플리션:

```
def solution():
    books_chris = 3
    books_antje = 5 * books_chris
    return books_antje
```

간단한 수학 연산이라면 CoT 추론만 적용해도 정답을 얻을 수 있습니다. 하지만 큰 수의 산술, 삼각법, 미적분과 같은 더 복잡한 수학에서는 PAL이 파운데이션 모델이 수행하는 모든 계산의 정확성과 신뢰성을 보장하는 강력한 기법입니다.

다음 코드 예시에서는 **serpapi**[21](다양한 작업 중 구글 검색을 수행)를 포함해 랭체인 에이전트와 함께 ReAct와 PAL을 활용하는 방법을 보여줍니다. 랭체인과 허깅 페이스 파이프라인의 통합에서 HuggingFacePipeline 추상화[22]를 활용하는 점에 주목하기 바랍니다.

```python
from langchain.agents import load_tools
from langchain.agents import initialize_agent
from langchain.agents import AgentType
from transformers import AutoTokenizer, AutoModelForCausalLM
from transformers import pipeline
from langchain.llms import HuggingFacePipeline

model_checkpoint = "..." # Llama2, Falcon과 같은 생성 모델

tokenizer = AutoTokenizer.from_pretrained(model_checkpoint)

model = AutoModelForCausalLM.from_pretrained(model_checkpoint)

pipeline = pipeline(
    "text-generation",
    model=model,
    tokenizer=tokenizer
)

llm = HuggingFacePipeline(pipeline=pipeline)

tools = load_tools(["serpapi", "llm-math"], llm=llm)

agent = initialize_agent(tools,
    llm, agent=AgentType.ZERO_SHOT_REACT_DESCRIPTION, verbose=True)

agent.run("""
Which hotel is closest to the most
popular beach in Hawaii, and how much
```

21 https://serpapi.com/
22 https://python.langchain.com/v0.2/docs/integrations/llms/huggingface_pipelines/

```
is each night with 50% discount?
""")
```

출력은 다음과 비슷할 것입니다.

```
> Entering new AgentExecutor chain...
I need to find the most popular beach in Hawaii and find the closest hotel to that beach
and find out how much a hotel night is and then calculate 50% of that price.
Action: Search
Action Input: "most popular beach in Hawaii"
Observation: Waikiki Beach
```

```
Thought: I need to find the closest hotel from Waikiki Beach
Action: Search
Action Input: "closest hotel from Waikiki Beach"
Observation: <MyDreamHotel>

Thought: I need to find out how much a hotel night is
Action: Search
Action Input: "How much is a hotel night at <MyDreamHotel>"
Observation: 250 USD

Thought: I need to calculate 50% of that price
Action: Calculator
Action Input: 250x0.5
Observation: Answer: 125

Thought: I now know the final answer
Final Answer: Waikiki Beach is the most popular beach in Hawaii and the closest
hotel is <MyDreamHotel> and a hotel night with 50% discount is 125 USD.
> Finished chain.

"Waikiki Beach is the most popular beach in Hawaii and the closest hotel is
<MyDreamHotel> and a hotel night with 50% discount is 125 USD."
```

프롬프트 엔지니어링, 시스템 간 통신을 담당하는 에이전트와 같은 오케스트레이션 소프트웨어, 그리고 CoT, ReAct, PAL 같은 고급 프롬프트 전략을 활용해 모델이 단계별 실행 계획을 만들게 하면 강력한 맥락 인식 추론 애플리케이션을 구축할 수 있습니다.

엔드투엔드 생성형 AI 솔루션을 구축하려면 지금까지 논의한 RAG와 에이전트 외에도 몇 가지 요소가 더 필요합니다.

예를 들어 모델을 학습시키고 미세 조정하며 서비스하는 데 필요한 인프라와 애플리케이션 구성 요소를 운영하는 인프라가 필요합니다. 또한 사용자와 시스템을 포함한 소비자가 솔루션을 활용할 수 있게 하는 추가적인 오케스트레이션 구성 요소, 프레임워크, 모델 허브, 애플리케이션 인터페이스가 필요할 수 있습니다. 다음 섹션에서 이러한 추가 구성 요소를 자세히 살펴보겠습니다.

생성형 AI 애플리케이션

완전한 생성형 AI 애플리케이션을 구축하려면 생성 모델 외에도 여러 구성 요소가 필요합니다. 예를 들어 모델을 특정 작업에 맞게 조정하거나 확장한 후에는 사용자가 모델을 어떻게 쓸 수 있을까요? 어떤 유형의 검증이 필요하며 이를 지원하려면 어떤 추가 구성 요소가 필요할까요?

생성형 AI 애플리케이션은 엔드투엔드 솔루션의 일부로 여러 구성 요소를 포함합니다. 때에 따라 아마존 코드위스퍼러와 같은 완전히 구축된 생성형 AI 서비스를 사용할 수 있습니다. 이 경우 모든 구성 요소가 패키지화되어 사용자에게 제공됩니다. 반면, 새로운 생성형 AI 애플리케이션을 구축할 때는 일반적으로 고려해야 할 구성 요소를 이해하는 것이 중요합니다. 이 섹션에서는 각 구성 요소를 깊이 있게 다루기보다는 그림 9.13(1장 그림 1.5 참조)에 나타난 것처럼 몇 가지 상위 수준 구성 요소를 소개합니다.

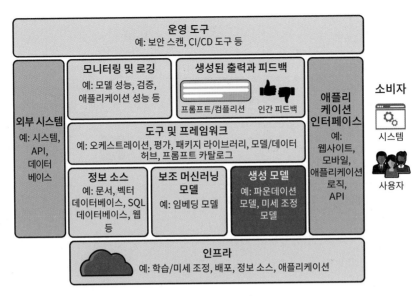

그림 9.13 생성 모델 이상의 구성 요소가 포함된 생성형 AI 애플리케이션

인프라

기반 계층에서 인프라는 모델의 미세 조정 및 배포뿐만 아니라 전체 애플리케이션을 지원하는 모든 구성 요소에 필요한 핵심 요소입니다. 예를 들어 이전 섹션에서는 RAG를 조율하고 구현하는 데 랭체인을 프레임워크로 논의했습니다. 생성형 AI 애플리케이션의 일부로서 랭체인은 기반 인프라 위에서 실행돼야 합니다. 일반적인 구현 방식은 그림 9.14와 같이 랭체인을 이벤트 기반 서버리스 컴퓨팅 플랫폼인 AWS 람다 같은 AWS 컴퓨팅 서비스에 배포하는 것입니다.

또는 체인에 장시간 실행되는 프로세스가 포함된 경우 컨테이너용 서버리스 컴퓨팅 엔진인 AWS 파게이트(Fargate)[23]와 같이 장기 실행 프로세스에 더 적합한 인프라를 고려해야 합니다.

---

23 https://aws.amazon.com/ko/fargate/

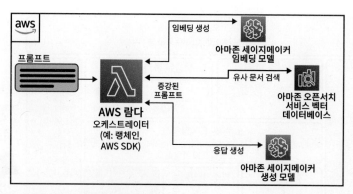

그림 9.14 모든 애플리케이션 구성 요소를 지원하는 인프라

사용자 프롬프트와 모델 응답에서 민감하거나 부적절한 콘텐츠를 필터링하는 **가드레일** **(guardrails)**이라고 불리는 필터링 로직을 구현하는 것도 고려해야 합니다. 운영 부담을 줄이기 위해 서버리스와 관리형 옵션을 고려해야 합니다.

AWS는 애플리케이션 스택의 다양한 구성 요소를 지원하는 인프라 옵션을 제공합니다. 이를 통해 운영 효율성, 성능, 비용 측면에서 각 애플리케이션 구성 요소에 최적화된 인프라를 선택할 수 있습니다.

생성 모델과 보조 머신러닝 모델

이러한 유형의 모델은 생성형 AI 애플리케이션의 핵심입니다. 생성 모델에는 파운데이션 모델과 미세 조정된 모델이 포함됩니다. 이러한 모델은 아마존 세이지메이커 같은 인프라에서 운영됩니다.

RAG 기반 아키텍처 같은 확장 솔루션을 구현하려면 솔루션을 보조하는 다른 머신러닝 모델을 배포해야 합니다. 임베딩 모델을 활용해 프롬프트 텍스트를 임베딩하고 이를 활용해 벡터 저장소에서 관련 문서 정보를 검색하는 예시를 이 섹션에서 자세히 설명했습니다.

정보 소스

정보 소스는 생성형 AI 애플리케이션의 핵심 부분입니다. 벡터 데이터베이스나 SQL 데이터베이스 같은 RAG 기반 아키텍처를 지원하거나 애플리케이션 전반에서 활용될 수 있습니다.

예를 들어 생성형 AI 애플리케이션에서 흔히 활용되는 패턴 중 하나는 생성 모델의 응답을 저장하고 전달하는 LLM 캐시를 구현하는 것입니다. 이 캐시는 성능을 향상하고 불필요한 API 호출을 줄이는 데 도움이 됩니다.

외부 시스템

여기에는 데이터베이스나 API 같은 생성형 AI 애플리케이션과 상호작용을 하는 그 밖의 시스템이 포함됩니다. 생성 모델이 작업을 수행할 수 있게 하는 에이전트 기반 애플리케이션을 구축하려면 해당 작업을 실행하기 위해 외부 시스템을 활용해야 할 때가 있습니다.

예를 들어 생성된 여행 추천을 바탕으로 예약할 수 있는 챗봇을 구축하려면 에이전트가 예약 시스템과 연동해 예약을 완료하는 기능이 필요합니다.

도구와 프레임워크

일반적으로 생성형 AI 애플리케이션은 구성 요소를 구축하고 통합하며 엔드투엔드 솔루션을 운영하는 데 다양한 도구와 프레임워크를 활용합니다. 이전 장에서는 파운데이션 생성 모델과 미세 조정된 모델을 저장, 검색 및 공유하는 데 모델 허브를 활용하는 등 이런 유형에 속하는 많은 예시를 강조했습니다.

3장에서 언급한 바와 같이 허깅 페이스 모델 허브와 아마존 세이지메이커 점프스타트가 널리 활용되는 모델 허브입니다. 패키지 라이브러리도 이런 유형에 해당하는 또 다른 예시입니다. 허깅 페이스의 PEFT 같은 패키지 라이브러리는 LoRA와 같은 미세 조정 기술의 구현을 간소화해 줍니다. 랭체인 역시 활용하기 편리한 패키지 라이브러리를 통해 RAG나 에이전트와 같은 기술 구현에 유용한 도구입니다.

모니터링, 로깅

생성형 AI 애플리케이션을 운영하려면 인프라, 네트워크, 보안을 포함한 엔드투엔드 시스템을 지원하는 모든 구성 요소에 대한 모니터링과 로깅이 필요합니다. 여기에는 모델과 RAG 기반 워크플로의 핵심 구성 요소에 대한 지속적인 모니터링도 포함됩니다. 우선 운영상의 이슈를 해결하는 데 필요한 최소한의 에러 카운터와 로그를 식별해야 합니다. 다음으로 생성형 AI 시스템의 성능을 개선하는 데 도움이 되는 지표를 추가할 수 있습니다. 성능을 측정하지 않으면 개선할 수 없다는 점을 명심해야 합니다.

생성된 결과물과 피드백

생성 모델의 피드백을 효과적으로 모니터링하려면 일반적으로 입력 프롬프트와 생성된 출력 및 피드백을 수집하고 저장할 수 있는 솔루션 구성 요소 구현이 필요합니다. 같은 입력으로 모델을 호출할 때 API 호출 수를 줄이기 위해 입력 프롬프트와 생성된 출력을 캐시에 저장합니다. 피드백 메커니즘에는 위험을 완화하기 위한 가드레일이 포함돼야 합니다. 가드레일은 소비자와 생성 모델 사이의 안전장치 역할을 합니다.

예를 들어 악의적인 사용자가 프롬프트를 조작해 부적절한 응답을 받으려는 우회(jailbreak) 시도를 모니터링하려면 이를 감지할 수 있게 프롬프트와 응답을 수집해야 합니다.

또한 생성형 AI 애플리케이션에는 사용자나 시스템이 활용할 수 있는 **애플리케이션 인터페이스**가 포함될 수 있습니다. 인터페이스는 웹 기반 사용자 인터페이스, 모바일 애플리케이션 또는 API 등 다양한 형태로 구성될 수 있습니다. 이 계층에는 생성형 애플리케이션 활용에 대한 통제 방안도 포함됩니다.

그림 9.15는 이전 이미지를 수정한 것으로, 입력 프롬프트와 백엔드 로직 사이의 인터페이스 역할을 하는 REST API 형태의 애플리케이션 인터페이스를 단순화해 표현하고 있습니다.

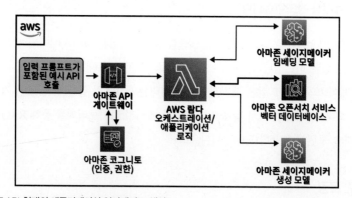

그림 9.15 REST API 형태의 애플리케이션 인터페이스 생성

이 경우 백엔드 로직에 REST API를 제공하기 위해 아마존 API 게이트웨이가 추가됩니다. 이 프런트엔드 인터페이스는 생성된 컴플리션의 빠른 응답 시간을 보장하고, 수신 요청을 관리하며, 연결을 모니터링하고, 트래픽을 조절할 수 있습니다. 또한 아마존 코그니토(Cognito) 같은 권한 부여 서비스에 연결해 API에 액세스해야 하는 사용자(또는 시스템)와 액세스 수준을 결정할 수 있습니다.

운영 도구

애플리케이션을 대규모로 운영하려면 일반적으로 애플리케이션 구성 요소의 빌드, 검증, 배포를 관리하는 데 필요한 추가 운영 도구가 필요합니다. 생성형 AI 애플리케이션도 마찬가지입니다. 예를 들어 다이어그램의 여러 구성 요소는 리소스의 준비와 구성이 필요하며, 이는 보통 기존의 CI/CD(지속적 통합/지속적 배포) 도구의 조합을 통해 처리됩니다.

그림 9.16(1장 그림 1.6 참조)과 같이 일반적으로 AWS에서 생성형 AI 애플리케이션을 구축하려면 다양한 애플리케이션 구성요소에 여러 AWS 서비스를 적용해야 합니다.

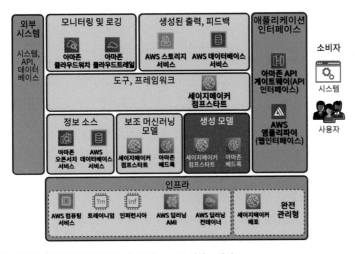

그림 9.16 생성형 AI 애플리케이션 구축에 활용할 수 있는 AWS 서비스 예시

앞서 언급했듯이 아마존 코드위스퍼러처럼 모든 애플리케이션 구성 요소를 추상화해 사용자를 위해 패키지 애플리케이션으로 통합 관리하는 사전 구축형 생성형 AI 애플리케이션도 있습니다.

이 섹션에서는 일반적인 생성형 AI 애플리케이션의 핵심 구성 요소에 대해 살펴봤습니다. 일반적으로 이러한 애플리케이션을 구축, 배포, 운영하려면 다양한 요소의 연결과 상호 의존성이 필요합니다. 또한 1장에서 논의한 바와 같이 전체 생성형 AI 프로젝트 생명 주기를 관리할 때 신뢰할 수 있고 반복 가능한 프로세스를 위해 주의해야 할 여러 측면이 있습니다.

다음 섹션에서는 생성형 AI 프로젝트 생명 주기의 운영과 효율성 향상에 관한 몇 가지 고려 사항을 설명하겠습니다.

FMOps: 생성형 AI 프로젝트의 생명 주기 운영

점점 더 많은 생성 모델이 중요한 애플리케이션의 핵심 기술로 활용되고 있습니다. 그 결과 이러한 모델을 운영 환경에서 더 안정적이고 효율적이며 반복 가능한 방식으로 구축, 배포, 운영할 수 있는 체계를 마련해야 할 필요성이 대두되고 있습니다. 이 섹션에서는 생성형 AI 작업을 효율적이고 안정적으로 수행하기 위한 주요 고려 사항을 소개하겠습니다.

이 분야의 용어는 아직 명확히 정립되지 않았습니다. 일부는 GenAIOps, FMOps, 또는 LLMOps라는 용어를 사용합니다. 이들은 모두 기존의 MLOps 방식을 기반으로 합니다. 이 용어들이 다루는 내용이 본질적으로 비슷하므로, 이 장에서는 파운데이션 모델 운영(FMOps)이라는 용어를 대표적으로 사용하겠습니다. 이는 LLM이나 멀티모달 모델 유형과 관계없이 생성형 파운데이션 모델에 의존하는 작업을 운영하는 것을 의미합니다.

이는 파운데이션 모델을 그대로 활용하는 작업과 모델의 미세 조정이나 개선이 필요한 작업을 모두 포함합니다. 단, 사전 학습을 수행하는 파운데이션 모델 제공자는 포함되지 않습니다. 사전 학습에 대한 고려 사항은 기존 MLOps와 더 밀접하게 연관되기 때문입니다.

1장에서는 여러 반복 단계로 구성된 일반적인 생성형 AI 프로젝트의 생명 주기를 소개했습니다. 그림 9.17에서 볼 수 있듯이 각 단계에는 생명 주기 내에서 신뢰할 수 있고 운영 효율성이 높으며 반복할 수 있는 작업 흐름을 만들기 위한 고유한 고려 사항이 있습니다.

다음 섹션에서는 **실험과 선택** 단계부터 시작해 생성형 AI 작업을 안정적이고 효율적으로 확장할 수 있게 프로젝트 생명 주기의 주요 단계와 단계별 상위 수준의 고려 사항을 다루겠습니다.

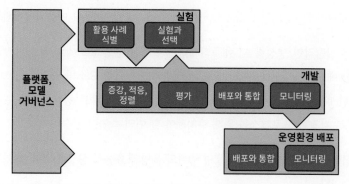

그림 9.17 생성형 AI 프로젝트 생명 주기 단계에서 신뢰성과 재현 가능성 확보

실험 단계 고려 사항

실현할 수 있는 활용 사례가 확인된 후, 첫 번째 단계는 일반적으로 기존의 파운데이션 모델을 실험해 보고 최적의 후보 모델을 하나 또는 여러 개 선정하는 것입니다. 또한 새로운 모델이 출시될 때마다 이 단계를 지속적으로 수행하는 것도 중요합니다. 이를 통해 다른 모델을 활용해 해당 활용 사례의 성능을 개선할 수 있는지 판단할 수 있습니다.

따라서 도메인별 데이터 세트를 기반으로 모델 성능을 평가하는 자동화된 프레임워크를 구축하는 것이 모델 선정 과정에서 재현 가능성을 높이는 일반적인 방법입니다. 그림 9.18에서 볼 수 있듯이 모델 선정 단계에서 모델을 평가하기 위한 반복 가능한 메커니즘을 구축하려면 일반적으로 실험 환경, 프롬프트 카탈로그, 평가 데이터 저장소 등의 몇 가지 구성 요소가 필요합니다.

1장에서 논의한 바와 같이 새로운 활용 사례에 대한 실험은 관리형 플레이그라운드, 노트북 환경, 또는 심지어 로컬 머신 등 여러 환경에서 수행할 수 있습니다. 실험의 신뢰성과 재현 가능성을 높이기 위한 한 가지 방법은 프롬프트 카탈로그를 구현하는 것입니다.

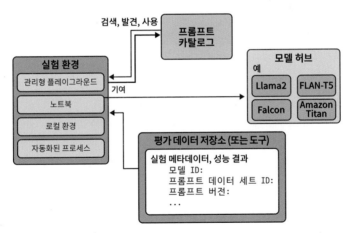

그림 9.18 모델 선정 시 모델 평가를 위한 재현 가능한 체계 구축

프롬프트 카탈로그의 개념은 처음 한 연구 논문[24]에서 소개된 이후, 다양한 실제 적용 사례와 관련 도구에서 많은 관심을 받고 있습니다. 프롬프트 카탈로그는 크게 두 가지 목적이 있습니다. 첫째, 특정 도메인에 적용할 수 있게 여러 작업에 걸쳐 프롬프트를 구조화하는 데 효과적인 패턴

---

24 Jules White 외, "A Prompt Pattern Catalog to Enhance Prompt Engineering with ChatGPT", arXiv, 2023. (https://arxiv.org/abs/2302.11382)

을 기록합니다. 이는 주로 5장에서 논의한 바와 같이 기존 프롬프트 템플릿이나 이를 수정한 형태로 나타납니다. 둘째, 이미 효과가 입증된 패턴의 목록을 제공해 새로운 모델 평가나 미세 조정 시 바로 활용할 수 있게 합니다.

활용된 파운데이션 모델과 프롬프트 데이터, 그리고 주요 성능 지표와 같은 핵심 메타데이터를 정확하게 추적하기 위해서는 평가 데이터 저장소나 실험 관리 기능이 필요합니다. 실험 단계에서 이 두 가지 구성 요소를 구현하면 재사용할 수 있는 프롬프트 템플릿 패턴과 공유 프롬프트를 통해 생산성을 높일 수 있을 뿐만 아니라 성능 결과를 일관성 있게 추적하는 능력도 향상됩니다. 이러한 패턴은 자동화된 프로세스와 결합해 활용 목적에 맞게 새로운 파운데이션 모델을 평가할 수 있는 재현 가능한 프레임워크를 제공할 수도 있습니다.

또한 이러한 환경에서 민감한 데이터를 다룰 때는 FMOps에만 국한되지 않는 기존의 보안 및 거버넌스 모범 사례를 준수해야 합니다. 이는 코드형 인프라(Infrastructure as Code; IaC)와 코드형 정책(Policy as Code; PaC)을 통해 이러한 환경과 지원 구성 요소의 구축과 구성을 자동화하고 지속적인 모니터링과 결합하는 것을 포함합니다. 민감한 데이터를 다룰 때는 보안과 거버넌스 모범 사례의 주요 원칙을 고려해야 합니다. 이러한 원칙에는 네트워크 격리, 통제된 접근, 최소 권한 적용, 탐지 제어, 데이터 보호 등이 포함됩니다.

개발 단계 고려 사항

생성형 AI 프로젝트 생명 주기의 이 단계에서는 목표 작업에 적합한 성능을 내는 모델을 생성하거나 개선하는 데 중점을 둡니다. 자동화된 학습 파이프라인과 같은 많은 기존 MLOps 사례가 생성형 AI 모델의 미세 조정에 직접 적용됩니다. 그러나 일반적으로 학습 파이프라인의 마지막 단계에서는 모델 계보를 추적하는 주요 메타데이터와 함께 후보 모델을 모델 레지스트리에 등록한 다음 해당 모델을 실제 환경에 배포합니다. 전통적인 ML 모델은 학습 입력과 출력이 일반적으로 잘 알려져 있어 모델 계보를 안정적으로 추적할 수 있습니다.

모델 계보는 모델이 어떻게 구축됐는지에 대한 정보를 정의합니다. 전통적인 머신러닝에서 이는 그림 9.19에서 볼 수 있듯이 모델 입력, 평가 지표, 해당 모델 버전에 특화된 생성 아티팩트에 대한 감사 가능한 기록을 갖추는 것을 의미합니다. 모델 계보는 MLOps에서 재현성과 감사 가능성을 위해 중요합니다.

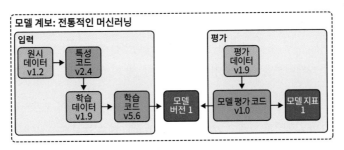

그림 9.19 전통적인 머신러닝 모델의 재현성을 위한 모델 계보

생성 모델은 FMOps 관점에서 몇 가지 주요 차이점이 있습니다. 첫째, 모델 계보를 완전히 파악하는 것이 불가능할 수 있습니다. 특히 일부 모델 제공업체는 모델 학습 방법에 대한 세부 정보(사전 학습, 미세 조정 데이터 세트 등)를 제공하지 않습니다. 또한 세부 정보가 제공되더라도 학습에 사용된 데이터 세트의 모든 버전과 변경 이력을 완전히 추적할 만큼 상세하지 않을 수 있습니다. 그 결과 그림 9.20에서 볼 수 있듯이 모델 계보가 전통적인 머신러닝 모델처럼 깊지 않을 수 있습니다.

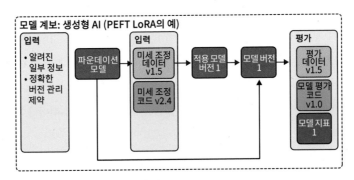

그림 9.20 PEFT LoRA를 예시로 한 생성 모델의 모델 계보

파운데이션 모델의 투명성 수준은 조직의 요구사항이나 규제 요건에 맞는 모델을 선택할 때 고려해야 할 중요한 사항입니다. 선택한 파운데이션 모델의 투명성 수준과 상관없이 계보를 고려할 때는 추적 가능한 범위 내의 구성 요소에 대해 자체적으로 계보를 유지하는 것이 좋습니다. 이를 통해 필요할 때 안정적으로 재배포하거나 디버깅할 수 있습니다.

MLOps와 유사하게 이러한 모델 계보 메타데이터를 안정적으로 수집하려면 자동화된 실험 관리와 추적 방식이 필요합니다. 이 메타데이터는 모델을 실제 환경에 배포하기 위한 패키징과 배포된 모델의 지속적인 관리에 활용되기 때문입니다.

운영 배포 단계 고려 사항

생성형 AI 프로젝트 생명 주기 초기에는 보통 프로토타입을 만듭니다. 그러나 프로토타입을 넘어 생성형 AI 애플리케이션을 실제 환경에 배포하려면 몇 가지 중요한 고려 사항이 있습니다.

애플리케이션의 프런트엔드 인터페이스 같은 많은 구성 요소는 기존의 소프트웨어 모범 사례와 AWS 아키텍처 모범 사례[25]를 그대로 적용할 수 있습니다. 배포 프로세스 내 최적화에도 같은 내용이 적용되며, 기존 DevOps나 MLOps 모범 사례가 여전히 유효하고 FMOps에만 한정되지 않습니다.

예를 들어 파운데이션 모델을 배포할 때 권장되는 방식 중 하나는 코드형 인프라(IaC)나 코드형 구성(Configuration as Code; CaC)을 활용해 세이지메이커 엔드포인트를 구축하고 설정할 수 있는 반복 가능한 도구를 활용하는 것입니다. 이렇게 하면 재현 가능성, 롤백 기능, 그리고 8장에서 다룬 A/B 테스트와 같은 고급 배포 기법을 적용할 수 있습니다.

생성형 AI 애플리케이션을 만들 때 기존의 많은 방식을 그대로 활용할 수 있습니다. 이 섹션에서는 FMOps와 직접 관련된 몇 가지 중요한 내용만 살펴보겠습니다.

먼저, 배포를 위해 모델을 패키징하고 배포된 모델 버전을 관리할 때는 모델 레지스트리에 기록해야 하는 추가적인 요구사항이 있을 수 있습니다. 예를 들어 LoRA를 활용해 미세 조정된 모델을 배포할 때는 배포 구현 방식에 따라 파운데이션 모델, 조정된 모델, 병합된 모델 등 여러 모델을 함께 활용해야 합니다. 그림 9.21에서 볼 수 있듯이, 필요시 계보 추적이나 재패키징이 가능하도록 관련된 각 모델의 메타데이터를 모델 레지스트리에 기록해야 합니다.

따라서 배포된 각 모델 버전의 주요 메타데이터를 빠짐없이 기록해 모델을 효과적으로 관리하고 필요시 안정적으로 재배포할 수 있어야 합니다.

이 섹션에서는 생성형 AI 프로젝트 전체 생명 주기에 걸친 운영 효율성과 관련된 몇 가지 주요 고려 사항을 살펴봤습니다. 구현 시 차이는 있겠지만, MLOps의 기존 방식 대부분이 여전히 적용 가능합니다. 예를 들어 지속적 모니터링은 여전히 유효하지만, LLM은 평가 기준과 지표가 다르므로 적용 방식이 달라질 것입니다. 이 분야의 용어는 아직 업계에서 논의 중이지만, MLOps의 핵심 방식은 여전히 대부분 통용되며 FMOps를 통해 생성 모델만의 특성을 반영해 이를 발전시킵니다.

---

25 https://aws.amazon.com/architecture/well-architected

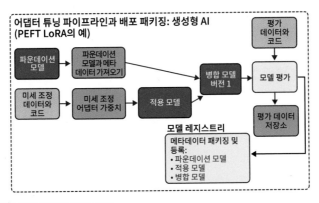

그림 9.21 어댑터 모델을 위한 모델 패키징과 관리

요약

이 장에서는 LLM을 증강하는 일반적인 프레임워크인 RAG에 대해 다루었습니다. RAG는 LLM이 외부 정보 소스에 접근할 수 있게 해 LLM의 일반적인 한계인 환각 현상과 지식 단절 문제를 완화하는 데 활용됩니다. 그리고 문서 검색을 위한 구체적인 활용 사례와 RAG 아키텍처 구현에서 벡터 저장소의 중요성도 함께 살펴봤습니다. 또한 이 장에서는 RAG와 에이전트 기반 아키텍처를 뒷받침하는 워크플로와 그 내부 단계를 설명했습니다. 랭체인 같은 프레임워크를 활용하면이러한 복잡한 워크플로의 구현 시간을 단축하고, RAG나 에이전트와 같은 유용한 검색 및 증강기술을 활용하는 LLM 기반 애플리케이션을 신속하게 구축, 배포, 테스트할 수 있다는 점도 배웠습니다.

다음으로 파운데이션 모델이 애플리케이션에서 뛰어난 추론 엔진 역할을 하며, 모델의 '지능'을활용해 흥미롭고 실용적인 활용 사례를 만들어낼 수 있다는 점을 배웠습니다. 또한 에이전트는프롬프트 엔지니어링과 시스템 간 통신을 담당하여 이 과정을 원활하게 한다는 것도 알게 됐습니다. 에이전트 덕분에 파운데이션 모델 기반 애플리케이션은 실제 세계에서 다양한 작업을 수행할 수 있어 더욱 융통성 있는 상호작용이 가능해졌습니다.

아울러 엔드투엔드 생성형 AI 애플리케이션을 구축할 때 고려해야 할 상위 수준의 구성 요소를강조했습니다. 그리고 이러한 애플리케이션 구축에 활용할 수 있는 더 광범위한 AWS 서비스의몇 가지 예시도 살펴봤습니다.

마지막으로 이 장에서는 생성형 AI 프로젝트 생명 주기 전반에 걸쳐 재현 가능성, 신뢰성, 운영 효율성을 확보하기 위한 몇 가지 고려 사항을 간단히 살펴봤습니다.

10장에서는 텍스트를 넘어 생성형 AI를 확장하는 멀티모달 파운데이션 모델에 대해 알아보겠습니다. 설명을 통한 이미지 생성이나 시각적 질의응답과 같은 멀티모달 활용 사례를 살펴보고, 멀티모달 파운데이션 모델을 뒷받침하는 아키텍처에 대해 자세히 배울 것입니다.

10

멀티모달
파운데이션 모델

생성형 AI는 유니모달과 멀티모달로 구분할 수 있습니다. 유니모달 모델은 텍스트와 같은 단일 형식(modality) 데이터로만 작동합니다. 대규모 언어 모델(LLM)은 유니모달 생성형 AI의 대표적인 예로, 프롬프트와 컴플리션이 모두 텍스트입니다. 여기에 이미지, 비디오, 오디오 등 다른 형식을 추가하면 멀티모달 생성형 AI가 됩니다.

멀티모달 생성형 AI는 활용 분야를 확장하고 수행 가능한 작업의 범위를 넓힙니다. 또한 모델의 맥락적 이해와 교차모달 학습을 향상해 인공 일반 지능(artificial general intelligence; AGI)에 한 걸음 더 다가가게 합니다. 멀티모달 생성형 AI는 모델이 다양한 데이터 형식을 처리할 뿐만 아니라 전이 학습을 통해 창의적 문제 해결 능력을 향상해 현실 세계의 복잡성을 모사(simulating)하는 수준에 도달했습니다.

멀티모달 AI는 다양한 콘텐츠 형식을 입력받아 이미지를 텍스트로 변환하거나 텍스트를 이미지로 변환할 수 있습니다. 그림 10.1은 유니모달과 멀티모달 생성형 AI의 차이점을 보여줍니다.

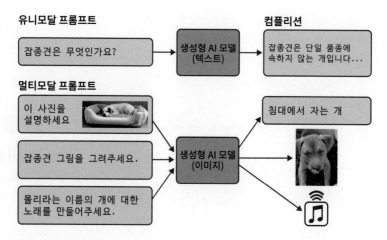

그림 10.1 유니모달과 멀티모달 생성형 AI

이 장에서는 스테이블 디퓨전[1]과 IDEFICS[2] 모델을 활용한 이미지 생성과 시각적 질의응답 (visual question answering; VQA) 등 멀티모달 생성형 AI 활용 사례와 작업을 소개합니다. 멀티모달 모델의 강점은 자연어를 입력하여 원하는 결과를 얻을 수 있다는 점입니다.

먼저 일반적인 멀티모달 생성형 AI 활용 사례를 살펴보겠습니다.

활용 사례

멀티모달 생성형 AI는 텍스트, 이미지, 오디오 등을 결합해 다양한 콘텐츠를 만들 수 있습니다. 여러 형식을 통합해 효과적인 마케팅 자료와 프레젠테이션, 창의적인 콘텐츠를 생성할 수 있습니다.

그 외에도 인기 있는 활용 사례로 시각 장애인의 접근성을 향상하는 이미지 캡션 생성, 사용자가 이미지에 대해 질문하고 답변을 받을 수 있는 시각적 질의응답 등이 있습니다. 또한 다양한 형식의 유해 콘텐츠를 식별하는 콘텐츠 조정, 그리고 비디오 게임, 시뮬레이션, 가상 현실에서의 가상 환경 제작 등이 있습니다.

---

1 https://huggingface.co/stabilityai/stable-diffusion-xl-base-1.0

2 https://huggingface.co/HuggingFaceM4/idefics-80b-instruct

또한 멀티모달 생성형 AI는 패션 및 제품 디자인 분야에서 새로운 의상 디자인이나 인테리어 레이아웃을 만드는 데 활용할 수 있습니다. 고객 서비스 분야에서는 텍스트, 음성, 시각적 신호를 통해 사용자와 상호작용을 하는 가상 비서, 챗봇, 아바타를 구현하는 데 활용합니다.

대부분의 이미지 생성 작업에는 프롬프트가 사용되므로 이미지 생성에 관련된 프롬프트 엔지니어링 예시와 생성형 추론 구성 매개변수를 살펴보겠습니다.

멀티모달 프롬프트 엔지니어링 활용 예시

가장 유용한 프롬프트를 작성하려면 사용하는 파운데이션 모델의 특징을 잘 파악하는 것이 중요합니다. 이 섹션에서는 이미지 생성 시 텍스트-이미지 변환 멀티모달 모델에 영향을 주는 다양한 방법을 보여줍니다. 스테이블 디퓨전과 같은 다양한 이미지 생성 모델에 적용할 수 있는 고급 프롬프트 엔지니어링 팁을 소개하겠습니다.

이미지 유형 정의

'film(필름)', 'oil painting(유화)', 'sketch(스케치)', '3D rendering(3D 렌더링)'과 같은 구문을 지정해 원하는 스타일을 표현할 수 있습니다. 각 스타일에서 다양한 프레임과 조명을 지정해 원하는 이미지를 생성하도록 모델에 요청할 수 있습니다. 예를 들어 "Generate a close-up sketch with natural lighting(자연광을 사용한 클로즈업 스케치를 생성하세요)"와 같이 명령할 수 있습니다.

대상 설명하기

무엇을 생성하려는지 설명해야 합니다. 세부 사항이 너무 적지도 많지도 않은 선에서 균형을 찾아야 합니다. 여러 대상을 생성하려면 'dog(개)' 대신 'dogs(개들)'와 같이 복수형을 사용해야 합니다.

스타일과 예술가 지정하기

페르메이르(Vermeer)나 렘브란트(Rembrandt) 같은 특정 예술가의 작품 스타일로 이미지를 생성해달라고 모델에 요청할 수 있습니다. 또한 "Generate an image by Van Gogh and Picasso(반 고흐와 피카소 스타일로 이미지를 생성하세요)"와 같이 여러 예술가의 스타일을 결합한 이미지 생성을 요청할 수도 있습니다.

품질에 대해 구체적으로 명시

매우 구체적인 세부 사항이 포함된 프롬프트를 활용하면 생성 모델의 성능을 높일 수 있습니다. 'realistic(사실적인)', 'high resolution(고해상도)', '8K' 같은 단어를 사용해 렌더링된 이미지의 품질을 높일 수 있습니다. 적절한 수준의 세부 사항을 찾으려면 여러 번 반복해야 할 수 있습니다.

표현력 높이기

온라인에서 볼 수 있는 많은 단순한 예시들과 달리, 이러한 프롬프트를 작성할 때는 자기 생각을 충분히 표현하는 것이 좋습니다. 프롬프트를 한 문장이나 말로 요약하거나 줄이지 않는 것이 좋습니다. 생각을 나누고, 새로운 세부 사항을 조금씩 추가하며 모델이 어떻게 반응하는지 살펴봅니다. 원하는 결과를 얻을 때까지 이 과정을 반복하는 것이 좋습니다.

단어 순서 선택하기

구체적이고 표현력이 풍부한 프롬프트를 작성하되, 프롬프트의 앞부분에 있는 단어가 뒷부분의 단어보다 더 큰 영향을 미친다는 점을 염두에 두는 것이 중요합니다.

부정적인 문구 사용 자제

유니모달 LLM과 마찬가지로 부정적인 문구는 모델이 해석하기 어려운 경우가 많습니다. 가능한 한 긍정적인 문구를 사용해야 합니다.

네거티브 프롬프트 활용하기

프롬프트와 별개로 모델이 생성하지 않아야 할 객체, 스타일, 특성을 지정하는 데 특별히 사용할 수 있는 매개변수가 있습니다. 예를 들어 모델이 흐릿한 배경을 생성하지 않게 하려면 네거티브 프롬프트 매개변수에 'blurry background(흐릿한 배경)'를 지정할 수 있습니다. 네거티브 프롬프트 매개변수에 부정 문구를 지정하면 이중 부정이 발생하므로 긍정적인 표현을 사용하는 것이 좋습니다.

이미지 생성과 품질 향상

멀티모달 생성형 AI의 많은 활용 사례는 이미지와 텍스트 데이터를 통합합니다. 이는 주로 이미지 생성, 이미지 편집 및 품질 향상, 이미지-텍스트 변환 작업과 관련이 있습니다. 스테이블 디퓨전을 활용해 이러한 작업을 더 자세히 알아보겠습니다.

이미지 생성

이미지 생성은 **텍스트-이미지** 변환 기능을 지원하는 멀티모달 모델의 일반적인 작업입니다. 그림 10.2는 "Create a picture of a dog laying on grass."(잔디에 엎드린 개 사진을 만들어주세요)라는 텍스트 프롬프트 예시로, 모델에 프롬프트의 텍스트 설명과 일치하는 이미지를 생성하게 요청합니다.

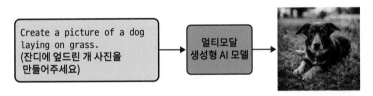

그림 10.2 텍스트-이미지 변환을 활용한 이미지 생성

다음은 Stability AI의 스테이블 디퓨전 XL 모델과 아마존 세이지메이커 점프스타트를 활용해 위의 이미지를 생성하는 코드입니다.

```python
import sagemaker
from stability_sdk_sagemaker.predictor import StabilityPredictor
from stability_sdk.api import GenerationRequest, GenerationResponse, TextPrompt
from sagemaker.utils import name_from_base
from PIL import Image
import io
import base64

endpoint_name=name_from_base("sdxl-1-0-jumpstart")
sagemaker_session = sagemaker.Session()

deployed_model = StabilityPredictor(endpoint_name=endpoint_name,
    sagemaker_session=sagemaker_session)
```

```
prompt = "Create a picture of a dog laying on grass."

output = deployed_model.predict(
    GenerationRequest(
        text_prompts=[TextPrompt(text=prompt)],
        style_preset="anime",
        width=1024,
        height=1024,
        seed=5,
    )
)

def decode_and_show(model_response: GenerationResponse, image_name):
    image = model_response.artifacts[0].base64
    image_data = base64.b64decode(image.encode())
    image = Image.open(io.BytesIO(image_data))
    image.save(image_name)
    display(image)

decode_and_show(output, image_name)
```

이미지 생성은 책 삽화나 음악 앨범 커버 디자인 같은 창의적인 콘텐츠를 비롯해 다양한 콘텐츠 생성에 활용됩니다. 그 외에도 제품 디자인을 실험하고 개선하는 등 더 넓은 응용 분야에도 활용할 수 있습니다.

이미지 편집 및 품질 향상

생성형 AI 모델의 **이미지-이미지** 변환 기능은 입력 이미지, 인스트럭션, 텍스트 기반 프롬프트를 바탕으로 새로운 이미지나 수정된 이미지를 생성해 이미지 편집 및 품질 향상을 지원합니다. 이 기능은 예술적 스타일 변환, 도메인 적응, 업스케일링 등 다양한 작업을 수행할 수 있습니다.

스타일 변환은 애니메이션 스타일의 이미지를 사실적인 이미지로 변환하는 것처럼 이미지를 특정한 예술적 스타일로 변환합니다. 스타일은 일반적으로 입력 텍스트 프롬프트 또는 스테이블 디퓨전의 style_preset 같은 모델 매개변수로 정의됩니다. 스타일 변환에는 photographic, digital-art, cinematic 값이 사용됩니다. style_preset 매개변수는 예술적 창작활동, 디자인, 사진 편집 애플리케이션에 유용합니다.

그림 10.3은 "Create an image of a dog dressed as a ninja eating ice cream in anime style."(애니메이션 스타일로 아이스크림을 먹는 닌자 복장을 한 개의 이미지를 만드세요)라는 프롬프트로 생성된 이미지(그림 10.3의 왼쪽 이미지)에 스타일 변환을 적용한 예시를 보여줍니다. 그런 다음, 이 이미지를 입력 이미지로 사용하고 style_preset 매개변수를 활용해 모델이 스타일을 사실적으로 변경하게 할 수 있습니다(그림 10.3의 오른쪽 이미지).

그림 10.3 애니메이션 스타일 이미지를 사실적인 스타일로 변환한 스타일 변환 예시

다음은 Stability AI의 스테이블 디퓨전 XL 모델과 아마존 세이지메이커 점프스타트를 활용해 그림 10.3의 첫 번째 이미지를 생성하는 코드입니다.

```
prompt="Create an image of a dog dressed as a ninja eating ice cream"

output = deployed_model.predict(
    GenerationRequest(
        text_prompts=[TextPrompt(text=prompt)],
        style_preset="anime",
        width=1024,
        height=1024
    )
)
```

다음은 Stability AI의 스테이블 디퓨전 XL 모델과 아마존 세이지메이커 점프스타트를 활용해 그림 10.3의 두 번째 이미지를 생성하는 코드입니다.

```python
def encode_image(image_path: str,
    resize: bool = False,
    size: Tuple[int, int] = (1024, 1024)) -> Union[str, None]:

    image = Image.open(image_path)

    if resize:
        image = Image.open(image_path)
        image = image.resize(size)
        updated_image_path = "resize-{}".format(image_path)
        image.save(updated_image_path)
        image_path = updated_image_path

    with open(image_path, "rb") as image_file:
        img_byte_array = image_file.read()
        # 바이트 배열을 Base64 문자열로 인코딩하기
        base64_str = base64.b64encode(img_byte_array).decode("utf-8")
        return base64_str

size = (1024,1024)
image_data = encode_image("anime_ninja_dog.png", size=size)

new_prompt="Create a photograph of a dog dressed as a ninja eating ice cream"

output = deployed_model.predict(
    GenerationRequest(
        text_prompts=[
            TextPrompt(text=new_prompt)
        ],
        init_image=image_data,
        style_preset="photographic",
        ...
    )
)
```

도메인 적응은 위성 이미지를 지도 이미지로 변환하거나 낮 배경을 밤 배경으로 변경하는 것처럼 한 도메인의 이미지를 다른 도메인으로 변환하는 작업입니다.

그림 10.4는 "Create a photorealistic image of a Storm Trooper holding a surfboard at night during full moon."(보름달이 뜬 밤에 서프보드를 들고 있는 스톰트루퍼의 사실적인 이미지를 생성해 주세요)라는 프롬프트로 생성한 밤 배경의 이미지(그림 10.4의 왼쪽 이미지)를 "Create a photorealistic image of a Storm Trooper holding a surfboard on a bright sunny day."(낮 동안 서프보드를 들고 있는 스톰트루퍼의 사실적인 이미지를 생성해 주세요) 프롬프트로 변환해 얻은 낮 배경의 이미지(그림 10.4의 오른쪽 이미지)로 도메인 적응한 예시를 보여줍니다.

그림 10.4 밤 배경에서 낮 배경으로 변경된 이미지 예시

다음은 Stability AI의 스테이블 디퓨전 XL 모델과 아마존 세이지메이커 점프스타트를 활용해 그림 10.4의 첫 번째 이미지를 생성하는 코드입니다.

```
prompt="Create a photorealistic image of a Storm Trooper holding a surfboard at
night during full moon"

output = deployed_model.predict(
    GenerationRequest(
        text_prompts=[
            TextPrompt(text=prompt)
        ],
        width=1024,
```

```
            height=1024
    )
)
decode_and_show(output)
```

다음은 Stability AI의 스테이블 디퓨전 XL 모델과 아마존 세이지메이커 점프스타트를 활용해 그림 10.4의 두 번째 이미지를 생성하는 코드입니다.

```
new_prompt="Create a photorealistic image of a Storm Trooper holding a surfboard on
a bright sunny day"

output = deployed_model.predict(
    GenerationRequest(
        text_prompts=[
            TextPrompt(text=new_prompt)
        ],
        init_image=image_data,
        style_preset="photographic",
        ...
    )
)
decode_and_show(output)
```

도메인 적응은 비디오 게임, 시뮬레이션, 제품 프레젠테이션에서 다양한 시나리오를 실험하는 데 유용합니다.

업스케일링은 저해상도 이미지를 고해상도 이미지로 변환합니다. 최근접 이웃(KNN) 같은 비딥러닝 기술과 달리, 생성형 AI는 이미지의 전체 맥락을 고려하며 텍스트 프롬프트로 업스케일링 과정을 수행합니다.

그림 10.5는 저해상도의 녹색 이구아나 이미지를 고해상도로 업스케일링하는 예시를 보여줍니다. 왼쪽은 "a green iguana"(녹색 이구아나)라는 간단한 프롬프트와 함께 모델에 입력한 저해상도 이구아나 이미지입니다. 오른쪽은 모델이 생성한 고해상도 이미지입니다.

그림 10.5 저해상도 녹색 이구아나 이미지를 고해상도로 업스케일링한 예시

다음은 Stability AI의 스테이블 디퓨전 x4 upscaler FP16 모델과 아마존 세이지메이커 점프
스타트를 활용해 그림 10.5의 업스케일링 이미지를 생성하는 코드입니다.

```
low_res_img_file_name = "green_iguana_lowres.jpg"

endpoint_name = 'jumpstart-dft-stable-diffusion-x4-upscaler-fp16'

def query_endpoint(payload):
    client = boto3.client('runtime.sagemaker')

    response = client.invoke_endpoint(
        EndpointName=endpoint_name,
        ContentType='application/json;jpeg',
        Accept='application/json;jpeg',
        Body=payload)

    return response

def parse_response(query_response):
    response_dict = json.loads(query_response['Body'].read())
    return response_dict['generated_images'], response_dict['prompt']

with open(low_res_img_file_name,'rb') as f:
    low_res_image_bytes = f.read()
```

```
encoded_image = base64.b64encode(bytearray(low_res_image_bytes)).decode()

payload = {
    "prompt":"a green iguana",
    "image": encoded_image
}

query_response = query_endpoint(json.dumps(payload).encode('utf-8'))

generated_images, prompt = parse_response(query_response)

for generated_image in generated_images:
    generated_image_decoded = BytesIO(base64.b64decode(generated_image.encode()))
    generated_image_rgb = Image.open(generated_image_decoded).convert("RGB")
```

업스케일링은 의료 영상 작업에서 이미지 품질 개선, 관심 영역 분할, 누락된 데이터 복원에 유용합니다. 또한 의료 스캔의 품질을 개선해 진단을 지원하고, 불완전한 데이터를 사용해 사실적인 이미지를 생성함으로써 연구나 임상 실험에 기여할 수 있습니다.

인페인팅, 아웃페인팅, 뎁스 투 이미지

지금까지 설명한 이미지 편집 및 품질 향상 작업은 주로 이미지 전체를 변경합니다. 그 외에도 인페인팅, 아웃페인팅, 뎁스 투 이미지 등 이미지 일부만 편집할 수 있는 고급 기법도 있습니다.

인페인팅

인페인팅은 인스트럭션 프롬프트와 이미지 마스크를 기반으로 이미지의 일부를 다른 이미지로 대체하는 기술입니다. 인페인팅을 지원하는 생성 모델은 기본 이미지 모델에서 파생되어 마스크 생성 전략이 추가됩니다. 마스크는 원본 이미지에서 변경할 부분과 변경하지 않을 부분을 구분합니다. 추가된 mask_input 매개변수를 사용해 이미지 생성 중 변경하지 않는 부분은 검은색으로, 변경하는 부분은 흰색으로 표시합니다.

인페인팅을 수행하려면 원본 이미지, 변경할 부분을 표시한 마스크 이미지, 인스트럭션을 포함한 텍스트 프롬프트를 입력하면 됩니다. 그림 10.6은 왼쪽 이미지에서 나무를 제거하기 위해 인페인팅을 활용한 예시입니다. 가운데는 마스크 이미지이고, 오른쪽은 나무가 제거되고 인페인팅된 이미지입니다.

그림 10.6 인페인팅으로 이미지 일부 대체

다음은 Stability AI의 스테이블 디퓨전 2 Inpainting 모델과 아마존 세이지메이커 점프스타트를 활용해서 그림 10.6의 인페인팅된 이미지를 생성하는 코드입니다.

```python
endpoint_name = 'jumpstart-dft-stable-diffusion-2-inpainting'

input_img_file_name = "inpainting/original-image.png"
input_img_mask = "inpainting/mask-image.png"

def encode_img(img_name):
    with open(img_name,'rb') as f:
        img_bytes = f.read()

    encoded_img = base64.b64encode(bytearray(img_bytes)).decode()

    return encoded_img

encoded_input_image = encode_img(input_img_file_name)
encoded_mask_image = encode_img(input_img_mask)
payload = {
    "prompt": "building, facade, paint, windows",
    "image": encoded_input_image,
    "mask_image": encoded_mask_image
}

def query_endpoint(payload):
    client = boto3.client('runtime.sagemaker')
```

```
    response = client.invoke_endpoint(
        EndpointName=endpoint_name,
        ContentType='application/json;jpeg',
        Accept = 'application/json;jpeg',
        Body=encoded_payload)

    return response

def parse_and_display_response(query_response):
    response_dict = json.loads(query_response['Body'].read())
    generated_images = response_dict['generated_images']

    for generated_image in generated_images:
        with BytesIO(
            base64.b64decode(
                generated_image.encode())) as generated_image_decoded:
                with Image.open(generated_image_decoded) as
                    generated_image_np:
                        generated_image_rgb = generated_image_np.convert("RGB")
                        generated_image_rgb.save("generated-image.png")

query_response = query_endpoint(payload)

parse_and_display_response(query_response)
```

인페인팅의 가장 일반적인 활용 사례는 이미지 복원입니다. 예를 들어 건축 설계에서 불완전하거나 손상된 건물 설계도 부분을 복구하거나 의료 영상에서 이미지 잘림으로 인해 생긴 왜곡을 제거하는 등의 경우가 있습니다.

아웃페인팅

아웃페인팅은 이미지를 원래 경계 밖으로 확장해 더 큰 이미지를 만듭니다. 그림 10.7에서는 녹색 이구아나 이미지를 입력으로 사용하고, 이미지 크기를 0.5배로 조정한 다음, 변경할 외부 프레임을 표시한 마스크 이미지를 입력해 아웃페인팅을 수행했습니다. 그림 10.7의 오른쪽 이미지는 아웃페인팅으로 생성된 결과입니다.

아웃페인팅은 일반적으로 예술적 콘텐츠 생성, 사진 품질 향상과 편집, 비디오 게임 디자인 분야에서 활용됩니다.

그림 10.7 아웃페인팅으로 이미지를 원래 경계 밖으로 확장한 예시

뎁스 투 이미지

뎁스 투 이미지는 원본 이미지의 모양과 깊이를 유지하면서 기존 이미지를 기반으로 새로운 이미지를 생성하는 기술입니다. 그림 10.8에 표시된 것처럼 이 기술은 입력 이미지와 일관되게 내부 공간과 경계를 유지하면서 다양한 인테리어 디자인 스타일을 탐색하는 데 자주 활용됩니다.

다음의 왼쪽 이미지는 "Create an image of an ultramodern penthouse overlooking Lake Tahoe."(타호 호수가 보이는 초현대적인 펜트하우스 이미지를 생성해 주세요)라는 프롬프트로 생성한 이미지입니다. 그런 다음 뎁스 투 이미지 기능이 있는 모델에 이 이미지와 "city view, marble floor, minimalist lifestyle"(도시 전망, 대리석 바닥, 미니멀리스트 라이프스타일)이라는 프롬프트를 입력해 오른쪽 이미지를 생성했습니다. 오른쪽 이미지에서 전체적인 이미지 구성과 객체의 깊이는 유지되지만, 전망은 호수에서 도시로, 바닥은 나무에서 대리석으로 변경된 것을 볼 수 있습니다.

그림 10.8 뎁스 투 이미지를 활용해 인테리어 디자인 변경

다음은 스테이블 디퓨전 2의 Depth FP16 모델과 아마존 세이지메이커 점프스타트를 활용해 그림 10.8의 이미지를 생성하는 코드입니다.

```
input_img_file_name = "room.png"

endpoint_name = 'jumpstart-dft-sd-2-depth-fp16'

encoded_input_image = encode_img(input_img_file_name)

payload = {
    "prompt": "city view, marble floor, minimalist lifestyle",
    "image": encoded_input_image
}

query_response = query_endpoint(payload)

parse_and_display_response(query_response)
```

마케팅과 브랜딩 분야에서는 그림 10.9와 같이 제품 사진을 촬영한 후, 뎁스 투 이미지를 활용해 이미지를 창의적으로 변형함으로써 디지털 광고나 브로슈어에 활용할 수 있습니다.

왼쪽 이미지는 "Create an image of a fancy cocktail with beach in the background."(해변을 배경으로 한 고급 칵테일 이미지를 생성해 주세요)라는 프롬프트로 생

성된 이미지입니다. 그런 다음, 뎁스 투 이미지 기능을 가진 모델에 이 이미지와 "nyc rooftop bar"(뉴욕의 루프톱 바)라는 프롬프트를 입력해 오른쪽 이미지를 생성했습니다.

그림 10.9 뎁스 투 이미지를 활용한 제품 마케팅 이미지 편집

다음은 스테이블 디퓨전 2의 Depth FP16 모델과 아마존 세이지메이커 점프스타트를 활용해 그림 10.9의 이미지를 생성하는 코드입니다.

```
input_img_file_name = "cocktail.png"

endpoint_name = 'jumpstart-dft-sd-2-depth-fp16'

encoded_input_image = encode_img(input_img_file_name)

payload = {
    "prompt": "nyc rooftop bar",
    "image": encoded_input_image
}

query_response = query_endpoint(payload)

parse_and_display_response(query_response)
```

게임 개발에서는 뎁스 투 이미지를 활용해 기존 이미지의 일부 요소를 유지하면서 다양한 게임 내 풍경을 생성할 수 있습니다.

이미지 캡셔닝과 시각적 질의응답

LLM을 비전 기반 모델과 결합하면 시각 언어 모델(visual language models; VLMs)이라고 불리는 멀티모달 LLM(multimodal large language model; MLLM)이 됩니다. 이러한 멀티모달 모델은 다양한 콘텐츠 형식을 입력으로 받아들입니다.

이 모델은 텍스트 기반 작업과 멀티모달 작업 모두에서 주어진 인스트럭션을 이해하고 맥락에 맞게 학습할 수 있습니다. 또한 이미지를 입력으로 받아 텍스트를 출력하는 이미지-텍스트 변환 작업에 자주 활용됩니다.

대표적인 이미지-텍스트 변환 모델로는 DeepMind의 Flamingo[3]와 허깅 페이스의 교차 어텐션을 활용한 Flamingo 기반 이미지 인식 디코더(Image-Aware Decoder Enhanced à la Flamingo with Interleaved Cross-attentionS; IDEFICS)[4]가 있습니다. 이 모델들은 이미지-텍스트 캡션 쌍의 데이터 세트와 달리 이미지와 텍스트가 더 자연스럽게 교차[5]하는 데이터 세트로 학습됩니다. 이미지와 텍스트를 교차함으로써 이 모델은 멀티모달 추론 벤치마크에서 더 나은 성능을 발휘합니다.

Flamingo는 비공개 데이터 세트로 학습된 자체 개발 모델인 반면, IDEFICS는 Flamingo 아키텍처를 기반으로 하되 자유롭게 사용할 수 있으며 OBELICS[6]라는 공개 데이터 세트로 학습됐습니다. OBELICS는 Common Crawl 데이터 세트에서 1억 4천만 개의 웹 페이지를 추출하고 이와 관련된 3억 5천만 개의 이미지와 교차시킨 이미지-텍스트 데이터 세트입니다. 또한 모델의 언어 이해 능력 향상을 위해 엄선된 1,000억 개의 텍스트 토큰이 포함되어 있습니다.

 OBELICS와 IDEFICS는 프랑스의 인기 만화책 **아스테릭스(Asterix)**에 등장하는 가상의 캐릭터 오벨릭스(Obelix)와 그의 개 이데픽스(Idefix)에서 따온 약자입니다.

---

3 Jean-Baptiste Alayrac 외, "Flamingo: A Visual Language Model for Few-Shot Learning", arXiv, 2022. (https://arxiv.org/pdf/2204.14198)

4 https://huggingface.co/blog/idefics

5 (옮긴이) 텍스트 중간에 이미지가 삽입되거나 하나의 이미지에 여러 관련 텍스트가 연결되는 등 복잡하고 밀접하게 연관된 구조를 의미합니다.

6 https://huggingface.co/datasets/HuggingFaceM4/OBELICS

IDEFICS는 90억 개와 800억 개의 매개변수를 가진 두 가지 버전이 있으며, 둘 다 이미지와 자연어를 연결할 수 있는 매우 강력한 시각적, 언어적 이해 능력을 갖추고 있습니다. 두 모델 모두 대화형 애플리케이션에 최적화된 인스트럭션 기반 미세 조정 버전으로 제작되었습니다.

IDEFICS는 사전 학습된 LLaMA 모델과 OBELICS 데이터 세트의 교차 배치된 텍스트 및 이미지 데이터로 학습된 여러 비전 인코더와 교차 어텐션 레이어를 결합해 학습됐습니다. 교차 어텐션에서는 언어 특징(토큰, input IDs 등)을 쿼리(q)로 비전 특징(색상, 모양 등)을 키(k)와 값(v)으로 사용합니다.

이미지-텍스트 변환 기능은 이미지 캡셔닝, 콘텐츠 조정, 시각적 질의응답 등 다양한 멀티모달 생성형 AI 기능에 활용됩니다. 이 사례를 살펴보겠습니다.

이미지 캡셔닝

이미지 캡셔닝은 컴퓨터 비전과 자연어 처리를 결합해 이미지를 설명하는 문장을 자동으로 생성하는 작업입니다. 이미지 캡셔닝은 시각 장애인의 접근성 향상, 콘텐츠 인덱싱과 검색 지원, 검색 엔진 최적화(SEO), 소셜 미디어 공유 기능에 자주 활용됩니다. 그 외에도 교육, 콘텐츠 자동 생성, 보조 기술, AI 연구 등에서 이미지 캡셔닝을 활용해 시각적 콘텐츠를 더욱 의미 있고 유용하게 만들 수 있습니다.

콘텐츠 조정

콘텐츠 조정은 모델의 이미지-텍스트 변환 기능을 활용해 시각적 요소와 텍스트 요소를 분석합니다. 이러한 모델은 시각적 요소와 텍스트 요소의 불일치를 발견해 딥페이크 콘텐츠를 탐지할 수 있습니다. 텍스트와 이미지를 모두 고려해 맥락적 콘텐츠 분석을 향상하고, 이를 통해 더 세밀한 조정 결정을 내릴 수 있습니다. 또한 두 방식을 활용해 공격적이거나 부적절한 자료를 정밀하게 표시함으로써 유해 콘텐츠를 식별할 수 있습니다.

시각적 질의응답

시각적 질의응답(visual question answer; VQA) 작업은 모델의 이미지-텍스트 변환 기능을 활용해 시각적 콘텐츠에 대한 질문에 답변하는 것입니다. 이 작업에서는 정확하고 관련성 있는 답변을 하려면 모델이 이미지의 시각 정보와 질문의 텍스트를 모두 이해해야 합니다. 그림

10.10에서는 멀티모달 프롬프트로 주어진 이미지와 "Who makes this car?"(누가 이 차를 만들었나요?)라는 질문을 통해 VQA가 어떻게 정확한 응답을 생성하는지 확인할 수 있습니다.

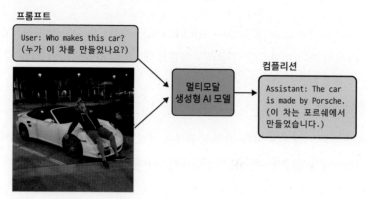

그림 10.10 모델은 시각적 질문에 대해 정확히 답변합니다.

LLM 기반 프롬프트와 유사하게 VQA 프롬프트의 텍스트 부분은 일반적으로 User: {question}\nAssistant: 형식을 따릅니다. 다음 코드에서는 허깅 페이스의 IDEFICS 모델을 사용해 그림 10.10의 예시를 VQA 이미지-텍스트 변환 작업으로 구현했습니다. 여기서는 90억 개의 매개변수를 가진 IDEFICS의 인스트럭션 기반 미세 조정 버전 모델[7]을 사용해 이미지에 대해 질문합니다.

```python
import torch
from transformers import IdeficsForVisionText2Text
from transformers import AutoProcessor

device = "cuda" if torch.cuda.is_available() else "cpu"

model_checkpoint = "HuggingFaceM4/idefics-9b-instruct"
model = IdeficsForVisionText2Text.from_pretrained(model_checkpoint)
processor = AutoProcessor.from_pretrained(model_checkpoint)
prompts = [
    "User: ",                        # 입력 표시자
    "https://.../happy-car-chris.png" # 이미지 파일
```

---

7 https://huggingface.co/HuggingFaceM4/idefics-9b-instruct

```
    "Who makes this car?",            # 질문, 누가 이 차를 만들었나요?
    "Assistant: ",                    # 출력 표시자
]

inputs = processor(prompts, return_tensors="pt").to(device)

generated_ids = model.generate(**inputs, max_length=100)

generated_text = processor.batch_decode(generated_ids, skip_special_tokens=True)[0]

print(generated_text)
```

출력:

Assistant: The car is made by Porsche.

VQA는 더 복잡한 질문에 대해 인간과 유사한 사고 과정을 시뮬레이션하기 위해 멀티모달 연쇄 사고 프롬프팅과 결합할 수 있습니다. 시각적 질문 응답을 수행하기 위해 모델은 이미지와 질문에 대해 반복적으로 추론 과정을 거쳐야 합니다.

그림 10.11과 그림 10.12에서 멀티모달 기본 프롬프트와 CoT 프롬프트의 차이를 확인할 수 있습니다. 그림 10.12와 같이 프롬프트에 "Think step-by-step."(단계별로 생각해 보세요)를 추가하면 모델이 CoT 추론을 하도록 지시하며 정확한 답변을 제시합니다.

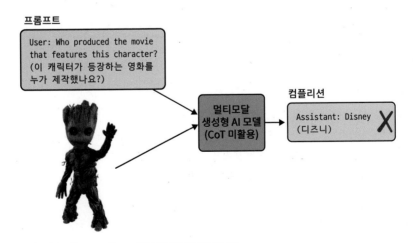

그림 10.11 모델은 멀티모달 CoT 프롬프트 없이 잘못된 대답을 합니다.

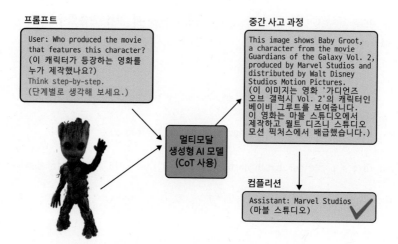

프롬프트

User: Who produced the movie
that features this character?
(이 캐릭터가 등장하는 영화를
누가 제작했나요?)
Think step-by-step.
(단계별로 생각해 보세요.)

중간 사고 과정

This image shows Baby Groot,
a character from the movie
Guardians of the Galaxy Vol. 2,
produced by Marvel Studios and
distributed by Walt Disney
Studios Motion Pictures.
(이 이미지는 영화 '가디언즈
오브 갤럭시 Vol. 2'의 캐릭터인
베이비 그루트를 보여줍니다.
이 영화는 마블 스튜디오에서
제작하고 월트 디즈니 스튜디오
모션 픽처스에서 배급했습니다.)

멀티모달
생성형 AI 모델
(CoT 사용)

컴플리션

Assistant: Marvel Studios
(마블 스튜디오)

그림 10.12 멀티모달 CoT 프롬프트를 활용한 VQA는 올바른 대답을 합니다.

다음은 이 프롬프트의 CoT 버전을 구현하는 코드입니다.

```python
import torch
from transformers import IdeficsForVisionText2Text
from transformers import AutoProcessor

device = "cuda" if torch.cuda.is_available() else "cpu"

model_checkpoint = "HuggingFaceM4/idefics-9b-instruct"
model = IdeficsForVisionText2Text.from_pretrained(model_checkpoint)

processor = AutoProcessor.from_pretrained(model_checkpoint)

prompts = [
    "User: ",                    # 입력 표시자
    "https://.../baby-groot.jpg", # 이미지 파일
    "Who produced the movie that features this character? Think step-by-step.",
            # 질문, 이 캐릭터가 등장하는 영화를 누가 제작했나요? 단계별로 생각해 보세요.
    "Assistant: "                # 출력 표시자
]

inputs = processor(prompts, return_tensors="pt").to(device)
```

```
generated_ids = model.generate(**inputs, max_length=100)

generated_text = processor.batch_decode(generated_ids, skip_special_tokens=True)[0]

print(generated_text)
```

출력:

Assistant: Marvel Studios produced the movie that features this character.

VQA는 시각 장애인 지원, 교육 향상, 콘텐츠 검색 지원 등 다양한 애플리케이션에 활용됩니다. 또한 의료 진단, 관광, 게임, 보안 분야에서도 유용하며 사용자가 자연어 질문을 통해 이미지와 상호작용을 할 수 있게 합니다.

그림 10.13에서는 CoT 추론을 활용해 그림의 피자를 참조하고 "How do I make this? Think step-by-step."(이것을 어떻게 만들죠? 단계별로 생각해 보세요)라는 질문 프롬프트에 답변하는 예시를 보여줍니다. 그림 10.13과 뒤의 예시 코드에서 "Think step-by-step."(단계별로 생각해 보세요)가 포함된 것을 확인할 수 있습니다.

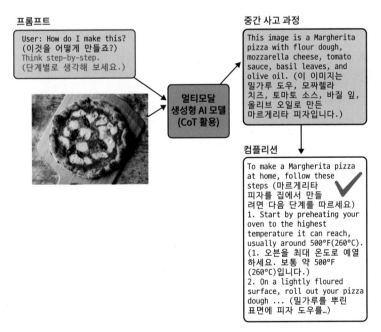

그림 10.13 CoT 추론을 활용한 시각적 질의응답

```
model_checkpoint = "HuggingFaceM4/idefics-9b-instruct"
model = IdeficsForVisionText2Text.from_pretrained(model_checkpoint)

prompts = [
    "User: ",                              # 입력 표시자
    "https://.../margherita-pizza.jpg",    # 이미지 파일
    "How do I make this? Think step-by-step.",
    # 질문, 이것을 어떻게 만들죠? 단계별로 생각해 보세요.
    "Assistant: "                          # 출력 표시자
]

inputs = processor(prompts, return_tensors="pt").to(device)

generated_ids = model.generate(**inputs, max_length=500)

generated_text = processor.batch_decode(generated_ids, skip_special_tokens=True)[0]

print(generated_text)
```

출력:

Assistant: To make a Margherita pizza at home, follow these steps.

1. Start by preheating your oven to the highest temperature it can reach, usually around 500°F (260°C).

2. On a lightly floured surface, roll out your pizza dough into a circle.

3. Transfer the dough to a pizza stone or baking sheet.

4. Sprinkle a layer of tomato sauce on top of the dough, leaving a small border around the edges.

5. Add a layer of fresh mozzarella cheese on top of the tomato sauce.

6. Add a layer of fresh basil leaves on top of the cheese.

7. Drizzle a small amount of olive oil over the pizza.

8. Place the pizza in the preheated oven and bake for 10-12 minutes, or until the crust is golden and the cheese is melted and bubbly.

9. Remove the pizza from the oven and let it cool for a few minutes before slicing and serving.

Optional: You can also add other toppings like sliced mushrooms, olives, or pepperoni to your Margherita pizza.

이제 몇 가지 예시를 봤으니 텍스트-이미지 변환, 이미지-텍스트 변환 작업을 모두 수행하는 멀티모달 모델을 평가하는 방법을 알아보겠습니다. 다음 섹션에서는 멀티모달 평가 벤치마크, 지표, 데이터 세트, 인간 지능 평가에 사용되는 비언어적 추론 지능 지수(intelligence quotient; IQ) 테스트에 대해 배우겠습니다.

모델 평가

평가 벤치마크는 멀티모달 모델이 시각적 인식과 자연어를 얼마나 잘 연결하는지 정량화하는 데 도움이 됩니다. 또한 비언어적 추론을 수행하는 모델의 능력도 측정합니다. 멀티모달 모델을 평가하려면 정성적 인간 평가와 정량적 통계 비교를 조합해야 합니다.

모든 평가 과정과 마찬가지로 성능 기준선을 설정하려면 적절한 데이터 세트와 벤치마크를 선택해야 합니다. 이 섹션에서는 이미지 생성, 이미지 편집, 이미지 분류, VQA, 비언어적 추론 등 다양한 작업에서 멀티모달 생성형 AI 모델을 평가하는 데 활용할 수 있는 일반적인 데이터 세트, 지표, 벤치마크를 살펴보겠습니다. 대부분의 평가는 제로샷 추론으로 이뤄지지만, 때에 따라 퓨샷 추론을 적용하기도 합니다.

텍스트-이미지 생성형 작업

Parti 프로젝트[8]의 PartiPrompts 데이터 세트[9]는 텍스트-이미지 생성형 작업을 시작하기에 좋은 자료입니다. 그림 10.14에서 볼 수 있듯이 이 데이터 세트는 세계 지식, 동물, 실내 장면 등 여러 범주에 걸쳐 1,600개의 영어 프롬프트로 구성돼 있습니다.

---

8 https://sites.research.google/parti/
9 https://huggingface.co/datasets/nateraw/parti-prompts

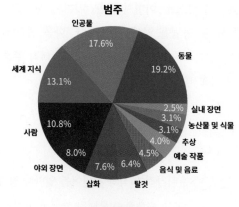

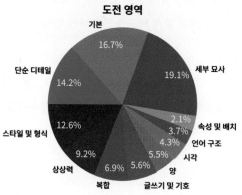

그림 10.14 PartiPrompts 데이터 세트

PartiPrompts 데이터 세트로 상상력, 복잡성, 세부 묘사 등 다양한 텍스트–이미지 변환 과제를 평가할 수 있습니다. PartiPrompts 데이터 세트의 하위 집합을 선택해 각 프롬프트로 모델이 생성한 이미지를 수동으로 평가하거나 다음에 소개할 정량적인 접근 방식을 적용해 평가할 수 있습니다.

일반적으로 사용하는 정량적인 모델 평가 방식에는 CLIP 점수 유사도, CLIP 방향 유사도, 프레셰 인셉션 거리(Fréchet Inception Distance; FID)가 있습니다. CLIP 점수 유사도는 각 이미지와 캡션 간의 의미적 유사도 또는 호환성을 측정합니다. CLIP 점수 유사도가 높을수록 더 높은 호환성을 나타내므로 이는 좋은 결과로 여겨집니다. CLIP 방향 유사도는 각 캡션에 동일한 변화를 가할 때 각 이미지가 얼마나 유사하게 변하는지를 비교합니다. CLIP 방향 유사도 점수가 높을수록 이미지가 더 유사하게 보이는데, 이는 프롬프트의 동일한 변화에 이미지가 비슷하게 반응하기 때문입니다. FID는 두 이미지 데이터 세트 사이의 유사성을 측정합니다.

다음은 평가지표 중 하나인 CLIP 점수 유사도 측정 예시입니다. 이 지표를 활용해 스테이블 디퓨전 1.4와 1.5를 비교해 보겠습니다.

```python
from diffusers import StableDiffusionPipeline
import torch

model_checkpoint_1_4 = "runwayml/stable-diffusion-v1-4"
model_checkpoint_1_5 = "runwayml/stable-diffusion-v1-5"

sd_pipeline_1_4 = StableDiffusionPipeline.from_pretrained(model_checkpoint_1_4)
sd_pipeline_1_5 = StableDiffusionPipeline.from_pretrained(model_checkpoint_1_5)

prompts = [
    "a photo of an astronaut riding a horse on mars",
    "A high tech solarpunk utopia in the Amazon rainforest",
    "A pikachu fine dining with a view to the Eiffel Tower",
    "A mecha robot in a favela in expressionist style",
    "an insect robot preparing a delicious meal",
    "A small cabin on top of a snowy mountain in style of Disney, artstation",
]

images_1_4 = sd_pipeline_1_4(prompts, num_images_per_prompt=1, output_type="numpy").
images
images_1_5 = sd_pipeline_1_5(prompts, num_images_per_prompt=1, output_type="numpy").
images

from torchmetrics.functional.multimodal import clip_score
from functools import partial

clip_score_fn = partial(clip_score, model_name_or_path="openai/clip-vit-base-patch16")

def calculate_clip_score(images, prompts):
    images_int = (images * 255).astype("uint8")
    clip_score = clip_score_fn(torch.from_numpy(images_int).permute(0, 3, 1, 2),
        prompts).detach()
    return round(float(clip_score), 4)
```

```
sd_clip_score_1_4 = calculate_clip_score(images_1_4, prompts)
print(f"CLIP Score with v-1-4: {sd_clip_score_1_4}")
# 1.4 버전 CLIP 점수: 34.9102

sd_clip_score_1_5 = calculate_clip_score(images_1_5, prompts)
print(f"CLIP Score with v-1-5: {sd_clip_score_1_5}")
# 1.5 버전 CLIP 점수: 36.2137
```

스테이블 디퓨전 1.5가 이전 버전인 스테이블 디퓨전 1.4보다 CLIP 점수 유사도가 향상된 것을 확인할 수 있습니다. 이는 스테이블 디퓨전 1.5가 주어진 프롬프트와 생성된 이미지 사이에 더 높은 의미론적 유사성 또는 호환성을 보여준다는 것을 의미합니다.

이미지-텍스트 생성형 작업

다음으로 이미지 캡셔닝과 VQA 등 생성형 AI에서 일반적으로 활용되는 이미지-텍스트 변환 작업 평가 방법을 살펴보겠습니다. 이미지 캡션은 이미지에 대한 텍스트 기반 설명입니다. VQA 는 자연어 텍스트로 이미지에 대해 질문합니다.

이미지 분류 작업 평가는 ImageNet[10]과 Rendered SST2[11] 등 여러 멀티모달 데이터 세트를 활용할 수 있으며, VQA 작업 평가는 VQAv2[12]와 VizWiz-VQA[13] 등을 활용할 수 있습니다. 주로 제로샷 추론을 활용하지만, 일부 평가 작업에서는 퓨샷 추론을 사용하기도 합니다.

이미지 분류 작업 평가는 "This is an image of the following category:(이것은 다음 범주의 이미지입니다:)" 같은 프롬프트를 멀티모달 생성형 AI 모델에 전달해 예측된 범주가 포함된 텍스트 기반 컴플리션을 생성하는 방식으로 진행할 수 있습니다. ImageNet 데이터 세트는 1,000개의 범주에 걸쳐 약 100만 개의 학습 이미지를 포함하고 있습니다. 모델의 정확도는 ImageNet의 정답 범주에서 일치하는 올바른 범주를 예측하는 능력을 평가합니다.

---

10 https://www.image-net.org

11 https://github.com/openai/CLIP/blob/efe8cbbdf3e594999706558de021de55e04cab5f/data/rendered-sst2.md

12 https://visualqa.org

13 https://vizwiz.org/tasks-and-datasets/vqa

예를 들어 모델에게 이미지 속 텍스트에 혐오 발언이 포함돼 있는지 예측하도록 요청할 수 있습니다. 이 경우 모델이 이미지에 포함된 텍스트의 의미를 이해하고 혐오 발언을 감지하는 능력을 평가하는 것입니다.

비언어적 추론

멀티모달 모델의 비언어적 추론 성능을 평가하기 위해 레이븐의 누진 행렬(Raven's Progressive Matrices; RPM)을 활용할 수 있습니다. RPM은 일반적인 인간 지능을 측정하는 데 자주 사용하며 인간의 IQ 측정에도 종종 활용됩니다.

레이븐의 IQ 테스트는 전체 예시를 제공한 후 모델에게 누락된 부분을 완성하도록 요청하는 콘텍스트 내 퓨샷 학습과 유사합니다. 주요 차이점은 프롬프트에 언어 대신 도형과 기호가 포함된다는 것입니다. 모델은 주어진 이미지에서 추상적인 개념과 패턴을 인식하는 법을 배우게 됩니다. 그림 10.15는 "Language Is Not All You Need: Aligning Perception with Language Models" 논문[14]에서 발췌한 예시입니다.

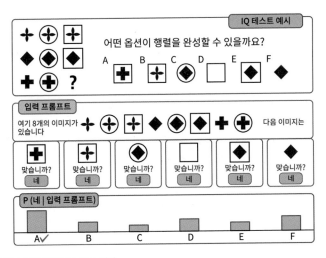

그림 10.15 RPM IQ 테스트로 비언어적 추론 평가
(출처: "Language Is Not All You Need" 논문의 이미지를 바탕으로 수정)

---

14 Shaohan Huang 외, "Language Is Not All You Need: Aligning Perception with Language Models", arXiv, 2023
(https://arxiv.org/abs/2302.14045)

프롬프트의 내용에는 "여기 8개의 이미지가 있습니다:"라는 텍스트 기반 인스트럭션이 포함되고, 그 뒤에 가능한 각 이미지 컴플리션이 "다음 이미지는:"과 "맞습니까?"로 감싸져 있습니다. 모델은 행렬을 완성할 수 있는 가능한 모든 이미지에 대한 확률 분포를 반환합니다. 가장 높은 확률을 가진 이미지가 예측된 정답입니다. RPM의 정답과 비교해 비언어적 추론 작업에서 모델의 정확도를 결정할 수 있습니다.

지금까지 멀티모달 생성형 AI의 다양한 활용 예시를 확인했습니다. 이제 스테이블 디퓨전을 포함한 멀티모달 모델에서 많이 활용되는 확산 아키텍처에 대해 자세히 살펴보겠습니다.

이번 장의 나머지 부분은 매우 기술적이며 확산 기반 모델이 어떻게 구축되고 학습되는지를 깊이 다룹니다. 향후 확산 기반 생성 모델을 디버깅하고 튜닝할 때 참고 자료로 활용할 수 있지만, 이러한 모델을 사용하는 방법을 이해하는 데 필요한 것은 아닙니다. 11장으로 넘어가 활용 사례와 데이터 세트에 맞게 이미지 생성을 제어하고 멀티모달 생성 모델을 미세 조정하는 방법을 살펴보는 것도 좋습니다.

확산 아키텍처 기본 사항

확산 모델은 이미지 생성, 업스케일링, 인페인팅 등 멀티모달 모델의 다양한 주요 작업을 지원합니다. 초기 멀티모달 모델은 주로 변형 자동 인코더(variational autoencoders; VAEs)를 활용했고, 이후 차세대 멀티모달 모델은 생성적 적대 신경망(generative adversarial network; GAN) 아키텍처를 활용해 만들어졌습니다. 하지만 스테이블 디퓨전을 포함한 최근 대부분의 멀티모달 모델은 확산 기반 아키텍처를 활용합니다.

확산 기반 아키텍처는 생성되는 이미지의 품질과 다양성을 높은 수준으로 제어할 수 있어 최근 멀티모달 파운데이션 모델에서 일반적으로 활용됩니다. 이 아키텍처는 순방향 확산, 역방향 확산, 기본 U-Net 아키텍처의 세 가지 구성 요소로 이뤄집니다.

순방향 확산

확산 모델 학습의 첫 단계는 그림 10.16과 같이 **순방향 확산** 과정을 통해 생성된 데이터를 입력으로 사용하는 것입니다.

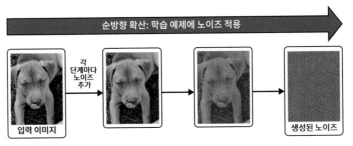

그림 10.16 입력 이미지에 노이즈를 적용해 학습 예제 생성

순방향 확산은 여러 단계에 걸쳐 입력에 가우시안 노이즈를 적용하며, 단계마다 적용되는 노이즈의 양이 다릅니다. 여기서 노이즈는 실제로 이미지에 적용된 무작위 픽셀 또는 왜곡을 의미합니다.

순방향 확산 프로세스는 학습 예제를 만드는 방법으로 이미지 생성 모델에 활용할 다수의 학습 예제를 만들고자 여러 입력 이미지에 같은 프로세스를 적용합니다. 이 과정에서 여러 단계에 걸쳐 이미지에 추가되는 노이즈의 양을 제어할 수 있으므로 학습 데이터 세트의 이미지마다 다양한 수준의 노이즈가 적용된 여러 학습 예제를 생성할 수 있습니다.

역방향 확산

학습 예제가 준비되면 이미지의 노이즈를 예측하고 제거해 이미지를 생성하는 두 번째 모델을 학습시킵니다. 이 과정을 **역방향 확산**이라고 합니다. 역방향 확산은 노이즈가 있는 이미지를 입력받아 여러 단계에 걸쳐 노이즈를 제거해 더 선명한 이미지를 만듭니다. 역방향 확산 과정에서는 그림 10.17과 같이 학습된 노이즈 예측기로 이미지의 노이즈를 예측하고 제거한 후, 모델이 학습한 분포에 더 가까운 이미지로 대체합니다.

그림 10.17 역방향 확산으로 입력의 노이즈를 제거해 새로운 이미지 생성

확산 기반 모델 아키텍처에는 여러 유형이 있지만, 모두 학습 중에 노이즈를 추가하고 신경망을 학습시켜 역으로 노이즈를 제거하는 동일한 원리를 따릅니다. 일반적으로 가장 많이 활용되는 기본 신경망은 2015년 연구 논문에서 처음 소개된 U-Net[15]입니다.

U-Net

학습된 U-Net 모델은 인코더와 디코더로 구성됩니다. 인코더는 입력 이미지에서 특징을 추출하는 역할을 합니다. 인코더는 중간 특징을 추출하기 위해 합성곱 레이어를 반복하고 다운샘플링을 수행하기 위해 최대 풀링 레이어를 활용합니다. 그림 10.18에 지금 설명한 내용이 나와 있습니다.

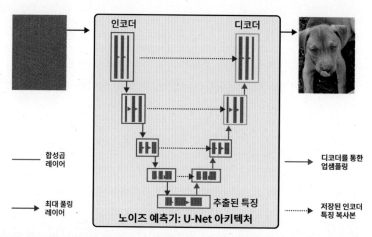

그림 10.18 확산 기반 파운데이션 모델에서 일반적으로 활용되는 U-Net 아키텍처

디코더는 추출한 특징을 업샘플링합니다. 이때 인코더의 특징 복사본이 연결된 경로를 통해 디코더의 특징들과 결합됩니다. 마지막 레이어는 최종 출력을 생성하며, 이 경우 최종 생성 이미지를 만듭니다. 인코더와 디코더는 대칭을 이루고 경로로 연결되어 U자 형태를 이루므로 U-Net 이라는 이름이 붙었습니다.

요약하자면 확산 기반 아키텍처는 세 가지 주요 구성 요소로 이루어져 있습니다. 첫 번째는 여러 단계를 거쳐 이미지에 일정량의 노이즈를 추가해 학습 예제를 생성하는 순방향 확산입니다. 순

---

15 Olaf Ronneberger 외, "U-Net: Convolutional Networks for Biomedical Image Segmentation", arXiv, 2015 (https://arxiv.org/abs/1505.04597)

방향 확산으로 생성된 이미지를 활용해 일반적으로 U-Net 아키텍처 기반의 노이즈 예측기를 만듭니다. 다음으로 역방향 확산 과정에서 추가된 노이즈를 예측하고 제거해 새로운 이미지를 생성합니다.

이 아키텍처는 스테이블 디퓨전을 포함한 많은 멀티모달 모델의 기본 구성 요소로 활용됩니다. 다음 섹션에서는 스테이블 디퓨전 2와 스테이블 디퓨전 XL 아키텍처에 대해 더 자세히 살펴보겠습니다.

스테이블 디퓨전 2 아키텍처

스테이블 디퓨전은 이미지 생성 및 편집 작업을 지원하는 잠재 확산 모델(latent diffusion model; LDM)입니다. 스테이블 디퓨전을 그대로 사용하거나 특정 작업에 맞게 미세 조정할 수 있습니다. 이 멀티모달 모델의 큰 장점은 텍스트 기반 인스트럭션 프롬프트로 생성되는 이미지를 제어할 수 있다는 점입니다.

프롬프트 외에도 특정 요소를 제외하는 네거티브 프롬프트 매개변수와 같은 설정 옵션을 통해 생성된 이미지를 제어할 수 있습니다. 이러한 제어 기능은 잠시 후 자세히 다루고, 먼저 스테이블 디퓨전의 구조와 동작 방식에 대해 알아보겠습니다.

여러 파운데이션 모델과 마찬가지로 스테이블 디퓨전에도 여러 버전이 있으며, 학습 데이터와 기본 구성 요소에 따라 차이가 있습니다.

스테이블 디퓨전 2는 CompVis, Stability AI, LAION의 연구원들이 개발했으며, LAION-5B 데이터 세트[16]의 일부로 학습되었습니다. 이 데이터 세트는 50억 개의 이미지-텍스트 쌍으로 구성되어 있으며, 약 50%는 영어, 나머지 50%는 100개 이상의 다른 언어로 작성되어 있습니다. 그림 10.19에서 볼 수 있듯이 각 이미지와 연관된 텍스트를 캡션이라고 하며 이는 이미지의 내용을 나타냅니다.

---

16 https://laion.ai/blog/laion-5b/

이미지	캡션
	잔디에 엎드린 개
	해변에서 뛰고 있는 개

그림 10.19 이미지–캡션 쌍

스테이블 디퓨전은 단일 모델이 아니라 텍스트와 이미지 데이터를 포함한 다양한 형식을 이해할 수 있는 기본 아키텍처의 토대를 형성하는 구성 요소와 모델의 집합입니다. 그림 10.20에서 볼 수 있듯이 스테이블 디퓨전 아키텍처의 주요 요소로는 텍스트 인코더, 확산 과정, 그리고 이미지 디코더가 있습니다. 이 각 요소는 고유한 신경망을 가지고 있습니다.

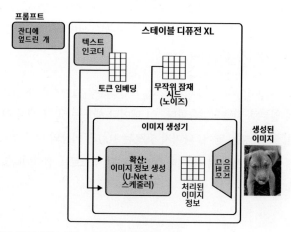

그림 10.20 텍스트–이미지 생성 작업을 위한 스테이블 디퓨전 아키텍처

이제 텍스트 인코더부터 시작해 각 구성 요소를 더 자세히 살펴보겠습니다.

텍스트 인코더

스테이블 디퓨전 v2.1의 경우 텍스트 인코더로 OpenCLIP[17]이라는 사전 학습된 트랜스포머 기반 모델을 활용합니다. 이 모델은 320억 개의 텍스트-이미지 쌍으로 사전 학습되어 이미지와 텍스트의 표현을 계산하고 유사성을 측정할 수 있습니다. 따라서 이미지 분류, 검색, 생성에 이상적입니다. 텍스트-이미지 생성의 경우, 텍스트 인코더가 입력 텍스트를 받아 이를 나타내는 토큰 임베딩으로 변환합니다.

기본 언어 모델은 스테이블 디퓨전과 같은 멀티모달 모델의 성능에 크게 기여합니다. 스테이블 디퓨전 모델은 새로운 버전이 나올 때마다 최신 대규모 언어 모델을 활용하도록 기본 아키텍처를 계속 수정하고 있으며, 이를 통해 성능을 개선하고 있습니다.

OpenCLIP은 이미지와 텍스트 쌍을 포함한 멀티모달 데이터 세트를 사용하여 이미지 인코딩과 텍스트 인코딩을 모두 사전에 학습합니다. 그림 10.21에서 OpenCLIP의 학습 방식을 확인할 수 있습니다.

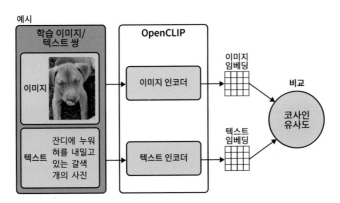

그림 10.21 이미지와 텍스트 쌍을 활용해 OpenCLIP을 학습하는 방법

초기 학습 단계에서는 텍스트와 이미지 간 유사도가 낮을 것으로 예상할 수 있습니다. 그러나 학습 데이터 세트를 통해 이 과정을 반복하면서 모델을 업데이트하면, 결과적으로 생성된 인코더는 이미지와 일치하는 텍스트의 유사도가 점점 높아지는 임베딩을 생성할 수 있게 됩니다.

---

17 https://github.com/mlfoundations/open_clip

이 과정이 효과적이려면 학습 데이터에 텍스트와 이미지가 일치하지 않는 부정적인 예시도 포함돼야 하며 이 경우 모델은 낮은 유사도 점수를 할당해야 합니다. 텍스트–이미지 변환 작업의 경우, 스테이블 디퓨전은 OpenCLIP의 텍스트 인코더를 활용해 입력 프롬프트를 토큰 임베딩으로 변환합니다.

다음으로 토큰 임베딩은 아키텍처의 두 번째 구성 요소로 전달되며 이 구성 요소는 이전 섹션에서 설명한 확산 아키텍처를 활용합니다.

U–Net과 확산 과정

앞서 언급했듯이 스테이블 디퓨전은 LDM으로, 픽셀 공간에서 작동하는 이전 모델보다 더 빠른 잠재 공간에서 작동합니다. 스테이블 디퓨전에는 프롬프트/텍스트 잠재 공간과 이미지 표현 공간이라는 두 개의 잠재 공간이 있습니다.

생성된 출력은 여전히 생성된 이미지 형태로 픽셀 공간에 표현되지만 확산 과정 내의 계산은 모두 계산 비용이 덜 드는 잠재 공간에서 이루어집니다. 첫 번째 입력에는 프롬프트에 제공된 입력 텍스트의 토큰 임베딩이 포함됩니다.

U–Net의 노이즈 예측기는 텍스트 임베딩을 여러 번 활용하며 U–Net은 잠시 후 더 자세히 설명할 교차 어텐션 메커니즘을 통해 이러한 토큰을 처리합니다. 두 번째 입력은 잠재 시드(latent seed)라고 하는 무작위 노이즈 배열입니다. 모델에 프롬프트를 전달할 때 시드 값을 설정해 이 배열을 선택적으로 제어할 수 있습니다. 시드를 특정 값으로 설정하면 항상 같은 텐서 배열을 입력 노이즈 배열로 받게 되며 설정하지 않으면 무작위로 생성됩니다.

스테이블 디퓨전 사용 시 U–Net 아키텍처의 샘플링 단계 수를 직접 설정할 수 있습니다. 각 단계에서는 잠재 공간 배열을 입력으로 받아 처리합니다. 그리고 모델이 학습한 모든 이미지에서 식별한 다양한 시각적 정보와 함께 입력 텍스트에 더 일치하는 새로운 배열을 생성합니다. 이러한 확산 과정은 그림 10.22에 나와 있습니다.

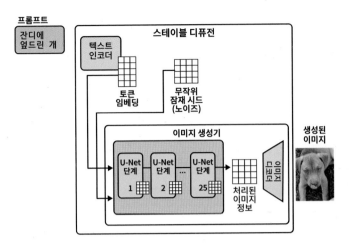

그림 10.22 토큰 임베딩과 노이즈 배열을 기반으로 스테이블 디퓨전을 활용해 새로운 이미지를 생성하는 과정

이미지 디코더를 통해 각 단계에서 생성된 잠재 배열을 시각화하면 역방향 확산이 작동하는 모습을 볼 수 있습니다. 이 U-Net 아키텍처는 앞서 언급한 무작위 이미지 생성에 초점을 맞춘 아키텍처의 수정 버전입니다. 텍스트 입력이나 지시를 지원할 수 있도록 아키텍처를 수정하는 것을 텍스트 컨디셔닝이라고 합니다.

텍스트 컨디셔닝

텍스트 컨디셔닝은 확산 모델에 입력되는 텍스트를 처리하기 위해 네트워크층 사이에 어텐션 레이어를 추가하는 방식으로 이루어집니다. 시맨틱 맵이나 이미지와 같은 다른 형태의 입력도 활용할 수 있지만, 여기서는 특별히 텍스트 컨디셔닝을 활용한 텍스트-이미지 변환에 초점을 맞추겠습니다.

교차 어텐션

U-Net은 텍스트 프롬프트와 이미지 표현을 결합하는 교차 어텐션을 통해 이 레이어를 처리합니다. 스테이블 디퓨전의 각 단계를 지원하는 U-Net 아키텍처를 자세히 살펴보면, 그림 10.23과 같이 텍스트 임베딩을 처리하기 위한 어텐션 레이어가 추가된 것을 볼 수 있습니다.

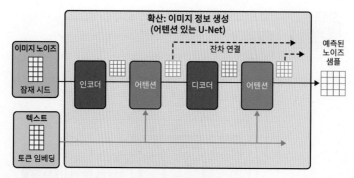

그림 10.23 텍스트 컨디셔닝을 위한 어텐션이 추가된 U-Net 아키텍처

인코더와 디코더 사이의 잔차 연결을 통해 일부 출력을 아키텍처 후반부에서 추가로 처리합니다. 교차 어텐션 레이어는 6장에서 살펴본 LoRA와 같은 PEFT 기법을 활용해 미세 조정할 수 있습니다. 교차 어텐션 레이어를 미세 조정하는 기능에 대해서는 11장에서 다룰 예정입니다.

스케줄러

U-Net 아키텍처에는 스케줄러라고 불리는 중요한 알고리즘이 추가로 있습니다. U-Net은 입력으로 주어진 무작위 잠재 시드 이미지에 대해 반복적으로 노이즈 제거를 하는데, 이 과정에서 텍스트 임베딩을 조건으로 활용합니다. 스케줄러는 노이즈 제거 단계의 수를 결정하고 노이즈가 제거된 샘플을 찾는 알고리즘을 선택하여 전체 노이즈 제거 과정을 제어합니다.

스케줄러는 모델을 학습할 때와 추론할 때 다르게 작동합니다. 학습 과정에서 스케줄러는 확산 과정의 특정 지점에서 모델 출력 샘플을 추출하고, 노이즈 스케줄과 업데이트 규칙에 따라 이미지에 노이즈를 적용합니다.

노이즈 스케줄은 각 단계에서 적용할 노이즈 수준을 제어합니다. 첫 단계에서는 노이즈 정도가 가장 높고, 확산 과정의 반복 단계를 거치면서 점차 줄어듭니다. 이 과정의 각 단계에서 목표는 노이즈 스케줄과 일치하는 노이즈 수준의 이미지를 생성하는 것입니다.

추론 과정에서는 스케줄러를 통해 노이즈로부터 이미지를 생성하며, 생성할 이미지의 수 등도 제어할 수 있습니다. 스테이블 디퓨전은 연산 수행을 위한 다양한 스케줄링 알고리즘을 지원하며, 이 중 많은 알고리즘이 허깅 페이스의 Diffusers 라이브러리에 포함되어 있습니다.

이미지 디코더

확산 구성 요소의 최종 출력에는 노이즈가 제거된 잠재 이미지 표현이 포함됩니다(그림 10.22에서 처리된 이미지 정보 참조). 이 표현은 스테이블 디퓨전 아키텍처의 최종 구성 요소인 이미지 디코더로 전달됩니다.

이미지 디코더는 실제로 처리된 이미지 표현을 활용해 최종 이미지를 생성하는 자동 인코더입니다. 이 단계에서 마침내 이미지의 잠재 공간 표현을 시각적인 픽셀 표현으로 최종 변환할 수 있습니다.

스테이블 디퓨전 XL 아키텍처

스테이블 디퓨전 XL은 Stability AI의 최신 파운데이션 모델로, 향상된 기능을 통해 더욱 사실적인 이미지를 생성할 수 있습니다. XL 모델은 인페인팅, 아웃페인팅, 이미지-이미지 변환 등여러 이미지 편집 기능을 기본적으로 내장하고 있습니다.

따라서 인페인팅에는 스테이블 디퓨전 2 기본 모델을 미세 조정한 모델 대신 기본 XL 모델을 사용할 수 있습니다. 이전에 살펴본 여러 아키텍처 구성 요소가 XL 아키텍처에도 적용되지만, 이번 버전의 성능 향상에 기여하는 몇 가지 차이점을 살펴보겠습니다.

XL 모델은 인페인팅 기능을 위해 스테이블 디퓨전 2의 기본 모델을 별도로 미세 조정하는 대신, 이 기능을 기본 모델에 통합했습니다. 앞서 논의한 아키텍처 구성 요소 중 일부는 XL 아키텍처에도 적용되었습니다. 하지만 이 섹션에서는 XL 버전의 성능을 크게 개선한 몇 가지 주요 차이점을 중점적으로 살펴보겠습니다.

U-Net과 교차 어텐션

XL 아키텍처는 이전 버전의 스테이블 디퓨전보다 3배 더 큰 U-Net 백본 아키텍처를 활용합니다. 비교해 보면 버전 2의 매개변수는 8억 6,500만 개였는데, XL은 26억 개의 U-Net 매개변수를 가지고 있습니다. 수정된 아키텍처는 U-Net의 하위 레이어에 더 많은 어텐션 블록과 두 번째 텍스트 인코더에서 활용하는 더 큰 교차 어텐션 콘텍스트를 갖추고 있습니다. 이 두 번째 텍스트 인코더로 인해 XL은 각 인코더에 하나씩, 두 개의 프롬프트를 지원합니다. 이를 통해 개념을 결합할 수 있어 결과물의 품질을 한층 더 높일 수 있습니다.

정제기

XL 모델 아키텍처의 또 다른 중요한 개선 사항은 생성된 이미지의 충실도를 더욱 높이는 데 활용되는 정제 모델의 추가입니다. 그림 10.24에서 볼 수 있듯이 이 정제 모델은 기본 모델이 생성한 잠재 이미지 출력을 받아 이미지-이미지 변환 향상 작업을 수행합니다.

스테이블 디퓨전 2는 768 × 768픽셀 이미지로 학습되었으며, 이 이미지는 잠재 공간에서 더욱 압축됩니다. 그러나 최적의 추론 해상도는 학습에 사용된 이미지 크기와 일치합니다. 반면 스테이블 디퓨전 XL은 여러 가지 종횡비로 학습되었으며 768픽셀에서 1,024픽셀 사이의 이미지를 지원합니다.

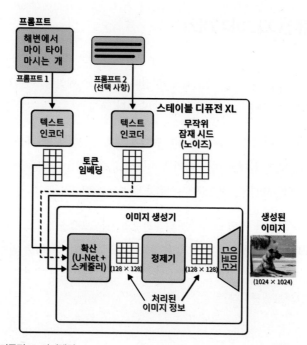

그림 10.24 스테이블 디퓨전 XL 아키텍처

컨디셔닝

XL 모델에는 이미지 생성 품질을 높이기 위한 두 가지 고유한 컨디셔닝 방식이 있습니다. 첫 번째는 이미지 크기에 따른 모델 컨디셔닝입니다. 이전 아키텍처에서는 이미지 크기에 대한 제한으로 인해 학습 샘플이 누락되어 성능과 일반화 능력에 영향을 미치거나 학습 전에 업스케일되어 종종 낮은 이미지 품질을 초래했습니다.

XL은 이미지의 가로와 세로 크기를 추가 입력으로 활용해 컨디셔닝합니다. 추론 시에는 원하는 겉보기 해상도를 설정할 수 있습니다. 두 번째 컨디셔닝 방식은 무작위 크로핑으로 인한 문제를 줄이기 위해 구현되었습니다. 학습 과정에서 이루어지는 무작위 크로핑으로 인해 이미지 생성 시 개의 귀가 누락되는 등의 품질 문제가 발생할 수 있습니다. 데이터 로딩 중에 크로핑 좌표를 기록하고 이 좌표를 컨디셔닝 매개변수로 모델에 입력합니다.

확산과 정제의 2단계 아키텍처, 그리고 이미지 크기와 크로핑을 추가로 컨디셔닝하는 것은 생성된 이미지의 품질을 향상하는 데 도움이 됩니다. 스테이블 디퓨전 XL은 추론 중에 더 많은 매개변수를 제공해 생성된 출력을 세밀하게 제어할 수 있습니다. 예를 들어 그림 10.25에서 볼 수 있듯이 style_preset 매개변수를 활용하여 이미지 생성 스타일에 대한 추가 지침을 모델에 제공할 수 있습니다.

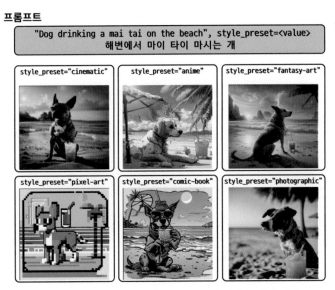

그림 10.25 스테이블 디퓨전 XL에서 생성된 이미지를 커스터마이징하기 위한 매개변수 추가 예시

요약

멀티모달 생성형 AI 모델을 활용해 시각적인 정보를 언어와 일치시키는 것은 매우 활발한 연구 분야입니다. 이 장에서는 이미지 생성, 변경, 캡셔닝, 분류, 시각적 질의응답, 비언어적 추론 등 일반적인 멀티모달 생성형 AI 작업을 다루었습니다.

다음으로 확산 모델과 스테이블 디퓨전 아키텍처의 발전 과정을 배웠습니다. 또한 PartiPrompts, ImageNet, VizWiz와 같은 데이터 세트를 활용해 멀티모달 생성형 AI 모델을 평가하는 방법도 학습했습니다. RPM과 IQ 테스트를 통해 기호와 이미지에서 비언어적 추론을 수행하는 생성 모델의 인간 같은 능력을 평가하는 방법도 배웠습니다.

11장에서는 스테이블 디퓨전과 ControlNet을 활용해 이미지 생성을 제어하는 방법을 배울 것입니다. 또한 데이터 세트에 맞춤화되고, 유용성, 정직함, 무해함과 같은 인간의 선호에 맞춰진 멀티모달 생성을 개선하기 위해 미세 조정과 인간 피드백을 통한 강화 학습(RLHF)을 적용하는 방법도 살펴볼 것입니다.

11

스테이블 디퓨전을 통한
생성 제어와 미세 조정

생성 제어는 최근 많은 첨단 기법이 도입되면서 활발히 연구되고 있는 분야입니다. 이 기법의 목표는 윤곽선 검출(edge detection)과 분할 맵(segmentation maps) 같은 일반적인 이미지 작업을 더 잘 처리할 수 있게 확산 모델(diffusion models)을 개선하는 것입니다. 이를 통해 이미지 생성 과정을 세밀하게 제어할 수 있습니다.

이번 장에서는 스테이블 디퓨전(Stable Diffusion) 같은 모델의 텍스트 기반 이미지 생성 능력을 향상하는 강력한 기법인 ControlNet을 배웁니다. 또한 드림부스(DreamBooth) 같은 도구를 활용한 멀티모달 미세 조정, Textual Inversion(텍스트 반전) 같은 알고리즘과 효율적인 매개변수 미세 조정(PEFT) 같은 최적화 기법도 살펴봅니다. 마지막으로 유용성, 정직성, 무해성(HHH)을 포함한 인간의 선호도에 맞춰 멀티모달 모델을 정렬하는 맥락에서 인간 피드백을 통한 강화 학습(RLHF)을 다시 살펴보겠습니다.

ControlNet

2023년 논문[1]에서 설명된 ControlNet은 이미지 기반 생성 작업을 개선하는 다양한 컨트롤(controls)[2]을 학습하는 데 널리 쓰입니다. ControlNet은 스테이블 디퓨전 같은 확산 모델과 함께 작동하도록 설계된 심층 신경망입니다.

학습 중에 컨트롤은 주어진 입력 집합에서 윤곽선 검출이나 깊이 매핑(depth mapping)[3] 같은 특정 작업을 학습합니다. 비교적 적은 데이터만으로도 매우 강력한 컨트롤을 학습할 수 있습니다. ControlNet을 활용해 사용자 정의 컨트롤을 학습시키거나 미리 학습된 다양한 컨트롤 중에서 선택할 수 있습니다.

그림 11.1을 기본 이미지로 사용해 자주 쓰이는 미리 학습된 ControlNet 컨트롤을 일부 적용해 보겠습니다. 이 기본 이미지에 컨트롤을 적용한 후 컨트롤이 만든 출력 지침을 따라 스테이블 디퓨전으로 새로운 이미지를 생성할 수 있습니다.

그림 11.1 ControlNet 컨트롤을 적용해 새로운 이미지를 생성하기 위한 기본 이미지

표 11.1은 일반적으로 사용되는 미리 학습된 ControlNet 컨트롤 몇 가지를 보여줍니다. AWS 블로그 게시물[4]에는 기본 이미지를 사용해 새롭고 창의적인 마케팅 이미지를 생성하는 상황과 관련된 이 컨트롤 예시가 더 자세히 설명되어 있습니다.

---

1 Lvmin Zhang 외, "Adding Conditional Control to Text-to-Image Diffusion Models", arXiv, 2023.(https://arxiv.org/pdf/2302.05543)

2 (옮긴이) 이미지 생성 작업을 수행하게 학습된 신경망 또는 알고리즘을 의미합니다.

3 (옮긴이) 3차원 공간에서 객체의 깊이를 측정하고 표현하는 방법입니다.

4 https://aws.amazon.com/ko/blogs/machine-learning/unlocking-creativity-how-generative-ai-and-amazon-sagemaker-help-businesses-produce-ad-creatives-for-marketing-campaigns-with-aws/

컨트롤 이름	컨트롤 설명	컨트롤 결과물
Canny edge map (캐니 윤곽선 맵)	검은색 배경에 흰색 윤곽선이 있는 단색 이미지	
Depth (깊이)	검은색(멀리 있는 영역)과 흰색(가까이 있는 영역)으로 표현된 회색 조 이미지	
HED boundary detector (HED 윤곽선 검출기)	검은색 배경에 흰색의 부드러운 윤곽선이 있는 단색 이미지	
Scribble (낙서)	검은색 배경에 흰색 윤곽선이 있는 손으로 그린 단색 이미지	

표 11.1 조건부 컨트롤의 예시 설명과 이미지 맵

컨트롤의 출력을 스테이블 디퓨전에 전달하면 새로운 프롬프트와 함께 새 이미지를 생성하는데, 이때 컨트롤 출력이 이미지 생성을 위한 가이드 역할을 합니다.

표 11.2는 표 11.1의 각 컨트롤 출력과 새로운 프롬프트를 활용해 생성한 새로운 이미지 예시를 보여줍니다. 이를 통해 원본 이미지와 비슷하면서도 특색 있는 새 이미지를 만들 수 있습니다.

컨트롤 이름	새로운 프롬프트	ControlNet을 활용한 스테이블 디퓨전
Canny edge map (캐니 윤곽선 맵)	metal orange colored car, complete car, color photo, outdoors in a pleasant landscape, realistic, high quality (메탈 오렌지색 자동차, 완성된 자동차, 컬러 사진, 야외의 쾌적한 풍경, 사실적, 고품질)	
Depth (깊이)	metal red colored car, complete car, color photo, outdoors in a pleasant landscape on beach, realistic, high quality (메탈 빨간색 자동차, 완성된 자동차, 컬러 사진, 해변의 야외 쾌적한 풍경, 사실적, 고품질)	
HED boundary detector (HED 윤곽선 검출기)	metal white colored car, complete car, color photo, in a city, at night, realistic, high quality (메탈 흰색 자동차, 완성된 자동차, 컬러 사진, 도시, 밤, 사실적, 고품질)	

컨트롤 이름	새로운 프롬프트	ControlNet을 활용한 스테이블 디퓨전
Scribble (낙서)	metal blue colored car, similar to original car, complete car, color photo, outdoors, breathtaking view, realistic, high quality, different viewpoint (메탈 파란색 자동차, 원본 자동차와 유사, 완성된 자동차, 컬러 사진, 야외, 놀라운 풍경, 사실적, 고품질, 다른 관점)	

표 11.2 각 컨트롤을 활용해 스테이블 디퓨전으로 생성한 이미지

캐니 윤곽선 맵 컨트롤을 사용해 그림 11.2의 왼쪽 이미지를 기본 이미지로 삼아 윤곽선을 감지하는 과정을 살펴보겠습니다.

그림 11.2 ControlNet과 프롬프트를 활용해 기본 이미지를 새 이미지로 변환

다음 코드는 OpenCV 라이브러리[5]를 활용해 캐니 윤곽선 맵 컨트롤로 윤곽선을 추출하는 코드입니다.

```python
from diffusers.utils import load_image

# 이미지 불러오기
image = load_image("https://.../car.png")
# 특정 이미지의 캐니 윤곽선 맵 생성
import cv2
from PIL import Image
import numpy as np
```

---

5 https://opencv.org/

```
image = np.array(image)

low_threshold = 100
high_threshold = 200

image = cv2.Canny(image, low_threshold, high_threshold)
image = image[:, :, None]
image = np.concatenate([image, image, image], axis = 2)
canny_image = Image.fromarray(image)
canny_image
```

그림 11.3은 기본 이미지에 캐니 윤곽선 맵 컨트롤을 적용한 출력을 보여줍니다. 이 이미지는 기본 이미지에 있는 각 객체의 윤곽선을 나타냅니다.

그림 11.3 주어진 이미지의 캐니 윤곽선 맵

그런 다음 아래 코드 예시와 같이 이 윤곽선 맵을 스테이블 디퓨전에 전달하고 새로운 프롬프트를 사용하면 새 이미지 생성을 제어할 수 있습니다.

```
from diffusers import StableDiffusionControlNetPipeline
from diffusers import ControlNetModel
import torch
canny = ControlNetModel.from_pretrained(
    "lllyasviel/sd-controlnet-canny",
    torch_dtype=torch.float16)
```

```
sd_pipe = StableDiffusionControlNetPipeline.from_pretrained(
    "runwayml/stable-diffusion-v1-5",
    controlnet=canny,
    torch_dtype=torch.float16)

generator = torch.manual_seed(0)

out_image = sd_pipe(
    """
    metal orange colored car, complete car, color photo,
    outdoors in a pleasant landscape, realistic, high quality
    """,
    num_inference_steps=20,
    generator=generator,
    image=canny_image
    ).images[0]

out_image
```

그림 11.4는 metal orange colored car, complete car, color photo, outdoors in a pleasant landscape, realistic, high quality라는 새로운 프롬프트의 생성 가이드 역할을 하는 캐니 윤곽선 맵을 활용해 스테이블 디퓨전으로 새로 생성한 이미지입니다. 이 과정은 ControlNet 컨트롤을 기본 이미지에 적용해 원본과 비슷한 객체로 구성된 새롭고 창의적인 이미지를 생성하는 데 유용합니다.

그림 11.4 캐니 윤곽선 맵과 프롬프트를 활용해 스테이블 디퓨전으로 새로 생성한 이미지

ControlNet과 사전 학습된 컨트롤이 매우 강력하지만, 생성된 이미지를 개선하려면 특정 이미지 데이터 세트로 확산 모델을 직접 미세 조정해야 할 수도 있습니다. 예를 들어 브랜드별 로고나 제품 카탈로그 세트를 사용하고 싶을 수 있습니다. 다음 섹션에서는 드림부스 같은 도구와 Textual Inversion 같은 알고리즘을 활용해 스테이블 디퓨전을 미세 조정하는 몇 가지 기법을 배웁니다.

미세 조정

트랜스포머 기반 대규모 언어 모델(LLM)처럼 스테이블 디퓨전 같은 확산 모델도 다양한 기법을 통해 미세 조정할 수 있습니다. 미세 조정을 하면 원래 학습 데이터에 없던 이미지 데이터를 활용해 이미지 생성 방식을 개인에 맞게 조정할 수 있습니다. 여기에는 사람, 반려동물, 로고 같은 모든 이미지 데이터가 포함될 수 있습니다.

미세 조정을 거친 사전 학습된 모델은 기존 학습 데이터에 없던 새로운 피사체를 포함하는 사실적인 이미지를 생성할 수 있습니다. 이 섹션에서는 드림부스, LoRA를 활용한 드림부스, Textual Inversion을 포함한 몇 가지 대표적인 미세 조정 옵션을 소개합니다.

드림부스

드림부스는 2023년 연구 논문[6]을 통해 처음 소개됐으며, 단 3~5개의 샘플 이미지만으로 텍스트에서 이미지를 생성하는 모델을 개인에 맞게 조정하는 방법입니다. 많은 사람이 자신의 개인 이미지나 반려동물 이미지를 생성하는 재미로 활용하지만, 창의적인 콘텐츠 생성에도 폭넓게 활용할 수 있습니다.

드림부스에는 이미지 생성을 위한 다양한 적용 방법이 포함돼 있습니다. 이러한 방법들은 이 섹션의 뒷부분에서 자세히 설명하겠습니다. 드림부스를 활용한 미세 조정은 미세 조정에 사용할 피사체가 포함된 소량의 입력 이미지 샘플을 활용해 이뤄집니다. 프롬프트에 피사체의 고유 식별자를 직접 제공할 수도 있습니다. 예를 들어 그림 11.5는 '개' 피사체의 고유 식별자로 '몰리'를 사용합니다.

6　Nataniel Ruiz 외, "DreamBooth: Fine Tuning Text-to-Image Diffusion Models for Subject-Driven Genera- tion", arXiv, 2023 (https://arxiv.org/pdf/2208.12242)

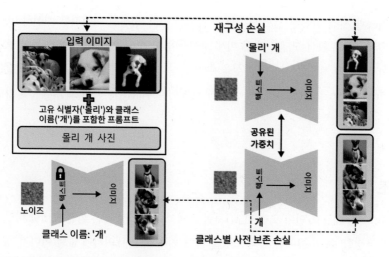

그림 11.5 드림부스를 활용해 텍스트에서 이미지를 생성하는 확산 모델 미세 조정

드림부스는 이러한 입력을 활용해 클래스별 사전 보존 손실과 함께 텍스트에서 이미지를 생성하는 확산 모델을 미세 조정합니다. 이 과정에서 모델은 제공된 클래스가 기존에 갖고 있는 의미론적 지식을 활용해 입력된 피사체 클래스에 속하는 다양한 인스턴스를 생성합니다.

드림부스와 몇 개의 입력 이미지로 미세 조정하면 이제 몰리가 실제로 있었던 적이 없는 장면에서도 몰리의 이미지를 생성할 수 있습니다. 이것이 바로 **재맥락화(recontextualization)**입니다. 이러한 적용 방식은 마케팅 같은 더 광범위한 용도에도 활용될 수 있습니다. 예를 들어 드림부스를 활용해 모델을 미세 조정할 때 입력으로 사용되는 이미지에 새로 출시된 제품의 사진이 포함될 수 있습니다. 미세 조정 후 해당 입력 이미지를 활용하면 독특한 배경이나 다른 환경에서 그 제품(또는 피사체)의 이미지를 생성할 수 있습니다.

예술적 연출(art rendition)은 미세 조정된 피사체를 유명 화가의 스타일로 예술적으로 재현할 수 있게 해주는 방식입니다. 예를 들어 그림 11.6과 같이 개 이미지를 고흐나 르누아르 스타일의 초상화로 그려 창의적인 작품을 만들 수 있습니다.

Create a photo of Molly dog in the style of Vincent Van Gogh.
(빈센트 반 고흐 스타일로 몰리 개 사진을 생성합니다.)

Create a photo of Molly dog in the style of Pierre-Auguste Renoir.
(피에르 오귀스트 르누아르 스타일로 몰리 개 사진을 생성합니다.)

그림 11.6 드림부스로 미세 조정된 모델을 활용한 예술적 연출

텍스트 기반 뷰 합성(Text-guided view synthesis)은 피사체를 자신이 원하는 특정 시점에서 바라본 것처럼 보이는 이미지를 합성할 수 있게 해주는 방식입니다. 이를 위해 먼저 학습에 사용할 입력 이미지를 준비합니다. 그런 다음 프롬프트에 명시된 인스트럭션에 따라 개를 측면이나 후면 등 다양한 각도에서 촬영한 것처럼 보이는 이미지를 생성합니다. 드림부스는 색상 같은 입력 이미지의 특정 속성을 수정할 수 있는 속성 변경 기능도 지원합니다.

마지막으로 드림부스는 그림 11.7과 같이 입력 학습 이미지의 피사체를 유지하면서 의상이나 모자 같은 특정 액세서리를 추가해 이미지를 수정할 수 있게 해주는 액세서리 착용 기능도 지원합니다.

프롬프트

Molly dog with sunglasses
(선글라스를 쓴 몰리 개)

Molly dog with a hat
(모자를 쓴 몰리 개)

그림 11.7 드림부스 미세 조정 모델을 활용한 액세서리 착용

이번 섹션에서는 드림부스를 활용해 몇 장의 이미지만으로 스테이블 디퓨전 모델을 미세 조정하는 방법을 배웠습니다. 드림부스는 이미지에 포함된 피사체와 피사체 식별자, 클래스 정보가 담긴 데이터 세트를 활용해 새로운 모델을 학습시킵니다.

이는 완전히 독립적인 새 모델이지만, 새로운 피사체나 개념을 추가할 때마다 새 모델을 만드는 것은 메모리나 저장 공간 측면에서 비효율적입니다. 다음 섹션에서는 드림부스와 LoRA를 활용해 스테이블 디퓨전에서 효율적인 매개변수 미세 조정(PEFT)을 수행하는 방법을 배우게 됩니다.

드림부스와 PEFT-LoRA

6장에서는 대규모 언어 모델(LLM)과 관련해 효율적인 매개변수 미세 조정(PEFT)과 저순위 적응(LoRA)의 개념을 소개했습니다. LoRA는 스테이블 디퓨전과 같은 멀티모달 모델에도 적용될 수 있습니다. 앞서 논의했듯이 스테이블 디퓨전 아키텍처의 디퓨저(diffuser) 구성 요소에는 이미지와 텍스트를 정렬하는 교차 어텐션 레이어가 포함돼 있습니다.

LoRA는 6장에서 설명한 저순위 행렬 접근 방식을 활용해 교차 어텐션 레이어를 미세 조정하는 데 사용할 수 있습니다. 그 결과 훨씬 더 작은 모델 어댑터(일반적으로 2MB에서 500MB 크기)가 생성됩니다. 반면 드림부스로 완전히 미세 조정된 스테이블 디퓨전 모델의 크기는 약 5GB 정도입니다. 6장에서 설명한 대로 추론을 수행하려면 LoRA를 통해 얻은 모델 어댑터를 원래의 스테이블 디퓨전 모델과 결합해야 합니다.

6장에서 다룬 언어 기반 LoRA 미세 조정과 유사하게 다음 코드 예시와 같이 스테이블 디퓨전 모델의 LoRA 순위와 대상 모듈(여기서는 교차 어텐션 레이어)을 지정할 수 있습니다.

```
target_modules = ["to_q", "to_v", "query", "value"]

config = LoraConfig(
    r=16,
    target_modules=target_modules,
    ...
)
model = get_peft_model(model, config)
```

계속해서 몰리를 예로 들어 LoRA로 미세 조정한 모델을 활용하여 생성한 이미지를 살펴보겠습니다. 텍스트 인코더와 U-Net을 포함한 새로 미세 조정한 모델의 크기가 불과 10MB라는 점을 기억하기 바랍니다. 새 모델은 다음 코드에 명시된 프롬프트에 따라 이미지를 생성합니다.

```
img_list = pipe(["Molly dog on a beach"]*3, num_inference_steps=50).images image_
grid([x.resize((128,128)) for x in img_list], 1,3)
```

"Molly dog on a beach"라는 프롬프트로 3개의 새로운 이미지를 생성했습니다. 그림 11.8에서 볼 수 있듯이 새로 생성한 이미지는 이전에 미세 조정한 모델로 생성한 이미지와 내용, 품질 면에서 유사합니다.

그림 11.8 유사한 결과를 보여주는 LoRA로 미세 조정된 스테이블 디퓨전 모델

드림부스는 텍스트 트랜스포머는 그대로 두고 확산 모델의 모든 매개변수를 미세 조정해 새로운 확산 모델을 만듭니다. 이어서 Textual Inversion이라 불리는 비교적 가벼운 미세 조정 기법을 알아보겠습니다. 이 기법은 소수의 이미지만으로 이미지 기반 생성 모델을 개인 맞춤화하는 데 활용됩니다. Textual Inversion은 스테이블 디퓨전 모델의 나머지 구성 요소는 그대로 두고 특정 개념을 나타내는 새로운 텍스트 기반 토큰의 임베딩을 학습하는 방식으로 작동합니다.

Textual Inversion

Textual Inversion은 2022년 연구 논문[7]을 통해 처음 소개된 기법입니다. 이 기법은 사전 학습된 텍스트 기반 이미지 모델을 고정한 채 임베딩 공간에서 새로운 개념을 표현하는 방법을 학

---

7 Rinon Gal 외, "An Image Is Worth One Word: Personalizing Text-to-Image Generation Using Textual Inversion", arXiv, 2022. (https://arxiv.org/pdf/2208.01618)

습해 모델을 개인화합니다. 이 방법을 활용하면 기본 파운데이션 모델을 변경하지 않고도 소수의 샘플 이미지만으로 텍스트 기반 이미지 모델을 개인화할 수 있습니다.

Textual Inversion을 활용한 미세 조정은 객체나 스타일 같은 특정 개념을 나타내는 몇 장의 샘플 이미지와 학습 가능한 토큰을 결합해 수행됩니다. 학습 가능한 토큰은 'M*'와 같은 유사 단어(pseudoword)이거나 'molly-dog'처럼 자연어 구문 또는 문장일 수 있습니다. 미세 조정 중에 유사 단어는 토큰으로 변환되고 모델은 임베딩 공간에서 새로운 단어를 통해 해당 개념을 표현하는 법을 학습합니다. 이렇게 학습한 임베딩은 원본 또는 미세 조정한 스테이블 디퓨전 모델보다 훨씬 작은 크기의 어댑터에 포함됩니다.

모델 튜닝 후에는 튜닝한 Textual Inversion 모델(실제로는 학습된 임베딩)과 기본 파운데이션 모델이 배포됩니다. 추론 단계에서는 그림 11.9와 같이 학습한 토큰이나 유사 단어를 프롬프트에 넣어 사용할 수 있습니다.

유사 단어가 포함된 프롬프트 텍스트는 토큰으로 변환된 후 임베딩으로 바뀝니다. 학습 과정에서 유사 단어는 여기서 "V*"로 표시된 새로운 토큰 임베딩으로 학습됩니다. 모델의 출력은 프롬프트와 새로운 개념을 이해할 수 있게 확산 모델의 조건을 만드는 데 활용됩니다.

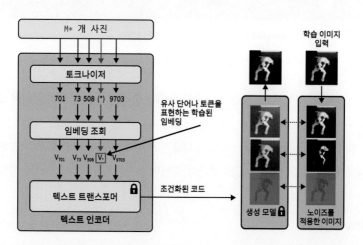

그림 11.9 Textual Inversion은 사용자 정의 개념을 나타내는 유사 단어 식별자로 텍스트 인코더를 학습합니다.

허깅 페이스의 디퓨저 라이브러리[8]에는 Textual Inversion을 사용하여 스테이블 디퓨전 모델을 미세 조정하는 데 유용한 라이브러리와 학습 코드가 포함되어 있습니다. 이 예시에서는 학

---

8 https://huggingface.co/docs/diffusers/index

습 입력 데이터로 몰리라는 개의 이미지 몇 장을 사용하며, 학습할 개념(learnable_property 로 명시됨)과 함께 학습을 안내하는 핵심 매개변수(**object** 또는 **style**)를 제공합니다. 여기서 learnable_property는 **object**, 좀 더 구체적으로는 개입니다. 다음 코드에서 볼 수 있듯이 이 learnable_property는 학습 데이터의 일부로 활용될 프롬프트 템플릿에 삽입됩니다.

```python
imagenet_templates_small = [
    "a photo of a {}",
    "a rendering of a {}",
    "a cropped photo of the {}",
    "the photo of a {}",
    "a photo of a clean {}",
    "a photo of a dirty {}",
    "a dark photo of the {}",
    "a photo of my {}",
    "a photo of the cool {}",
    "a close-up photo of a {}",
    "a bright photo of the {}",
    "a cropped photo of a {}",
    "a photo of the {}",
...
]

class TextualInversionDataset(Dataset):
    def __init__(
        self,
        data_root,
        tokenizer,
        learnable_property="object", # [object, style]
        placeholder_token="M*",
    ):
        self.templates = imagenet_templates_small

        ...
```

placeholder_token은 새로운 개념을 표현하기 위해 사용되는 값입니다. 주어진 예시에서는 학습 대상이 되는 구체적인 개념인 '몰리'라는 특정 개를 나타내기 위해 M*라는 placeholder_token을 활용했습니다. '몰리'는 개라는 object의 한 인스턴스이며, M*는 미세 조정 중에 제공된 이미지에 있는 몰리를 포함하는 이미지를 생성할 때 프롬프트에서 사용될 유사 단어 또는 토큰입니다.

initializer_token은 다음 예제의 또 하나의 중요한 매개변수입니다. 이 매개변수는 미세 조정 중에 객체를 한 단어로 설명한 것으로 단어 임베딩을 초기화하는 데 활용됩니다. 이 경우 몰리는 개이므로 initializer_token은 dog로 설정됩니다. placeholder_token과 initializer_token은 다음 코드에서 함께 사용됩니다. 전체 코드는 이 책의 깃허브 저장소[9]에 있습니다.

```python
import torch
from transformers import CLIPTokenizer

model_checkpoint = "..." # CLIP 모델 체크포인트

# 토크나이저 로드
tokenizer = CLIPTokenizer.from_pretrained(model_checkpoint)

initializer_tokens = ["dog"]
initializer_token_id =
    tokenizer.convert_tokens_to_ids(initializer_tokens)[0]

placeholder_tokens = ["M*"]
placeholder_token_ids =
    tokenizer.convert_tokens_to_ids(placeholder_tokens)

# 유사 단어 토큰 임베딩 크기 조정
text_encoder.resize_token_embeddings(len(tokenizer))

# 새로 추가한 placeholder token을 초기화할 때 initializer 토큰의 임베딩 활용
token_embeddings = text_encoder.get_input_embeddings().weight.data
```

---

9 https://github.com/wikibook/gai-aws

```
with torch.no_grad():
    for token_id in placeholder_token_ids:
        token_embeddings[token_id] =
            token_embeddings[initializer_token_id].clone()
```

모델 미세 조정이 완료되면 스테이블 디퓨전 파운데이션 모델이 포함된 파이프라인에 유사 단어 임베딩을 학습한 미세 조정된 모델을 불러와 함께 배포할 수 있습니다. 이를 위해 다시 StableDiffusionPipeline 클래스[10]를 활용해 사전 학습된 스테이블 디퓨전 파운데이션 모델과 수정한 Textual Inversion 모델을 함께 불러옵니다.

```
from diffusers import StableDiffusionPipeline

pipe = StableDiffusionPipeline.from_pretrained("runwayml/stable-diffusion-v1-5")

pipe.load_textual_inversion("./textual-inversion-molly/molly.pt", token="M*")
```

모델 배포와 추론 준비가 완료되면 모델이 미세 조정한 object(이 경우에는 몰리)를 나타내는 유사 단어 M*를 포함한 새로운 프롬프트를 모델에 전달할 수 있습니다.

프롬프트:

User: An oil painting of M*

이 프롬프트는 파이프라인에서 프롬프트 내에 포함된 유사 단어(M*)가 나타내는 object를 포함한 이미지를 생성하는 데 사용됩니다.

```
image = pipe(prompt, num_inference_steps=50).images[0]
image.save("molly-dog.png")
```

그림 11.10은 몰리를 유화 스타일로 그린 이미지입니다. 보다시피 프롬프트에서는 '몰리'라는 텍스트 대신 미세 조정 중에 식별한 객체인 **몰리**를 나타내는 유사 단어 M*를 사용했습니다.

---

10 https://huggingface.co/docs/diffusers/v0.20.0/en/api/pipelines/stable_diffusion/text2img#diffusers.StableDiffusionPipeline

요약하면 Textual Inversion은 스테이블 디퓨전과 같은 사전 학습된 텍스트 기반 이미지 모델을 전체적으로 미세 조정하지 않고도 활용할 수 있는 방법입니다. 이 방법을 활용하면 파운데이션 모델의 원래 학습 데이터에 없던 **object**나 **style**같은 개념을 활용해 이미지를 생성할 수 있습니다.

다음으로는 RLHF를 활용해 스테이블 디퓨전 모델을 인간의 선호도에 맞춰 미세 조정하고 정렬하는 방법을 배우겠습니다.

그림 11.10 Textual Inversion 어댑터를 활용해
생성한 이미지의 프롬프트 컴플리션

인간 피드백을 통한 강화 학습으로 인간 가치 정렬

강화 학습을 활용해 확산 모델을 미세 조정하면 이미지 압축률, 심미적 품질, 프롬프트와 이미지의 일치도 등을 개선할 수 있습니다. 이 접근 방식은 7장에서 살펴본 RLHF 과정과 유사합니다. RLHF는 대규모 언어 모델을 정렬해 더 유용하고, 정직하며, 무해한 텍스트를 생성하는 데 활용됩니다. 그러나 여기서는 RLHF를 멀티모달 모델의 정렬에 활용해 더 유용하고 정직하며 무해한(HHH) 콘텐츠를 생성한다는 점이 다릅니다.

7장에서 배운 근접 정책 최적화(PPO) 알고리즘을 수정해 RLHF를 확산 모델에 적용한 방법을 노이즈 제거 확산 정책 최적화(Denoising Diffusion Policy Optimization; DDPO)라고 합니다. 강화 학습에서는 각 노이즈 제거 단계를 하나의 행동으로 봅니다. DDPO는 최종 생성된 이미지의 보상을 극대화하기 위해 전체 노이즈 제거 단계 순서에 주의를 기울입니다. 파이토치를 기반으로 구현되었으며, LoRA를 지원하는 확산 모델의 미세 조정을 위한 DDPO 샘플 코드는 깃허브[11]에 공개되어 있습니다.

예를 들어 강화 학습을 적용해 스테이블 디퓨전을 미세 조정함으로써 심미적으로 더 아름다운 이미지를 생성하는 시나리오를 고려해 보겠습니다. 그림 11.11의 시나리오와 같이 LAION

---

11 https://github.com/kvablack/ddpo-pytorch

Aesthetics[12]와 같이 심미적으로 아름다운 이미지에 대한 인간의 선호도를 학습한 모델을 강화 학습의 보상 모델로 활용할 수 있습니다.

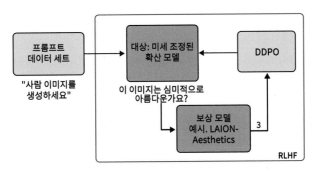

그림 11.11 강화 학습과 DDPO를 활용해 확산 모델 미세 조정하기

LAION-Aesthetics 예측 모델은 인간이 평가한 176,000개의 이미지 데이터로 학습됐으며, "이 이미지가 마음에 드는 정도를 1점에서 10점 사이로 평가한다면 몇 점을 주시겠습니까?"라는 질문에 사람이 매길 점수를 예측합니다.

또한 콘텐츠 검열 기능을 지원하기 위해 확산 모델을 미세 조정할 수 있습니다. 이 경우 모델이 부적절한 이미지를 생성하면 보상 모델이 부정적인 보상을 반환하게 설정할 수 있습니다. 그림 11.12와 같이 이런 시나리오에서는 콘텐츠 검열 기능이 있는 아마존 레코그니션[13] 같은 관리형 서비스를 보상 모델로 활용할 수 있습니다.

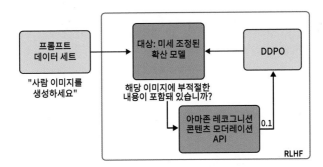

그림 11.12 원치 않는 콘텐츠를 감지하는 데 아마존 레코그니션을 보상 모델로 활용합니다.

---

12 https://github.com/LAION-AI/laion-datasets/blob/da4f521/laion-aesthetic.md

13 https://docs.aws.amazon.com/rekognition/latest/dg/moderation.html

아마존 레코그니션의 콘텐츠 검열 API는 딥러닝을 활용해 다양한 유형의 부적절한 콘텐츠를 탐지합니다. 부적절하거나 공격적인 내용을 포함한 이미지나 비디오를 표시하는 것 외에도 신뢰도 점수와 함께 부적절한 콘텐츠를 단계별로 분류한 레이블 목록을 반환합니다. 다음은 아마존 레코그니션 콘텐츠 검열의 JSON 응답 예시입니다.

```
{
    "ModerationLabels":[
        {
            "Confidence":99.24723052978516,
            "ParentName":"",
            "Name":"Visually Disturbing"
        },
        {
            "Confidence":99.24723052978516,
            "ParentName":"Visually Disturbing",
            "Name":"Air Crash"
        },
        {
            "Confidence":88.25341796875,
            "ParentName":"Visually Disturbing",
            "Name":"Explosions And Blasts"
        }
    ]
}
```

요약

이번 장에서는 조건에 따라 컨트롤을 적용해 스테이블 디퓨전의 이미지 생성 방식을 변화시키는 방법을 배웠습니다. 또한 ControlNet, Textual Inversion, 드림부스, PEFT, RLHF 등을 활용해 맞춤형 데이터 세트와 인간의 선호도를 바탕으로 멀티모달 생성형 AI 모델을 미세 조정하는 방법도 살펴봤습니다.

12장에서는 아마존 베드록 관리형 서비스를 활용하여 생성형 AI 작업을 수행하는 방법을 알아보겠습니다.

12

아마존 베드록:
생성형 AI 관리형 서비스

이 책에서는 세이지메이커 인프라로 파운데이션 모델을 미세 조정하고 배포하는 아마존 세이지메이커 점프스타트 예시를 살펴봤습니다. 반면, 아마존 베드록은 간편한 API 호출만으로 서버리스 환경의 이점을 제공하는 완전 관리형 서비스입니다.

이 장에서는 아마존 베드록을 살펴보며, 베드록 API 사용 방법, 사용할 수 있는 파운데이션 모델, 그리고 베드록의 데이터 프라이버시와 네트워크 보안을 알아보겠습니다. 또한 베드록을 활용해 검색 증강 생성, 시맨틱 검색, 에이전트 기반 시나리오를 적용하는 방법을 배우겠습니다. 자체 사용자 정의 데이터 세트를 활용해 베드록 파운데이션 모델을 비공개로 미세 조정하는 방법도 알아보겠습니다.

먼저 아마존 베드록에서 활용할 수 있는 파운데이션 모델과 이를 기반으로 생성형 AI를 어떻게 구축할 수 있는지 살펴보겠습니다.

베드록 파운데이션 모델

아마존 베드록은 아마존을 비롯해 AI21 Labs, 앤트로픽(Anthropic), 코히어(Cohere), 메타(Meta), Stability AI 등의 다양한 타사 파운데이션 모델을 지원합니다.

AWS 관리 콘솔, AWS CLI 또는 AWS SDK를 통해 이러한 파운데이션 모델에 접근할 수 있습니다. 이 장의 코드 예시에서는 파이썬용 AWS SDK인 boto3를 사용합니다. 베드록의 파이썬 함수 `list_foundational_models()`를 활용하면 사용할 수 있는 최신 모델 목록을 확인할 수 있습니다.

아마존 베드록 작업은 간단합니다. 원하는 목적에 맞는 파운데이션 모델을 선택하고 몇 가지 API 호출을 하면 됩니다. 베드록 모델 플레이그라운드에서 사용할 수 있는 파운데이션 모델을 직접 시험해 보고, 목적과 데이터 세트에 가장 적합한 모델을 선택할 수 있습니다.

서로 다른 모델을 평가할 때는 먼저 2장과 10장에서 다룬 다양한 프롬프트 엔지니어링 기법을 시도해야 합니다. 여기에는 퓨샷 추론(few-shot inference)을 활용한 콘텍스트 내 학습도 포함됩니다. 또한 2장에서 배운 것처럼 `temperature`, `top_p`, `top_k` 등의 추론 구성 매개변수를 조정할 수 있습니다.

아마존 타이탄 파운데이션 모델

아마존 타이탄 파운데이션 모델(Amazon Titan foundation models)은 대규모 데이터 세트로 사전 학습된 범용 모델입니다. 이 모델은 그대로 활용할 수도 있고 특정 작업에 맞게 자체 데이터로 미세 조정해 사용자 정의할 수도 있습니다.

타이탄 텍스트(Titan Text)는 텍스트 요약, 생성, 분류, 질의응답, 정보 추출 등의 작업에 활용되는 대규모 언어 모델입니다. 이 모델은 다양한 프로그래밍 언어뿐만 아니라 리치 텍스트 형식(RTF), 테이블, JSON, CSV 등의 형식도 처리할 수 있게 개발됐습니다.

타이탄 텍스트 임베딩(Titan Text Embeddings) 모델은 단어, 문장 또는 더 긴 텍스트 입력을 임베딩 벡터라는 수치 표현으로 변환합니다. 1장에서 배운 것처럼 임베딩 벡터는 고차원 벡터 공간에서 텍스트의 의미를 포착합니다.

문서를 임베딩으로 변환한 후에는 벡터 저장소에 저장할 수 있습니다. 이를 통해 유사도 검색 등 임베딩 기반 작업을 수행할 수 있습니다. 유사도 검색에서는 질의를 작성하고 임베딩으로 변환한 후, 벡터 저장소에서 질의 텍스트와 일치하는 문서를 검색합니다. 임베딩을 비교하면 전통적인 단어 또는 n-gram 매칭 검색 알고리즘보다 관련성이 높고 유용한 맥락적 검색 결과를 얻을 수 있습니다.

Stability AI의 스테이블 디퓨전 파운데이션 모델

아마존 베드록을 활용하면 11장에서 설명한 대로 Stability AI의 텍스트-이미지 및 이미지-이미지 변환 파운데이션 모델인 스테이블 디퓨전에 접근할 수 있습니다. 스테이블 디퓨전은 텍스트 기반 프롬프트에 몇 마디 단어를 입력하는 것만으로도 독특하고 사실적이며 고품질의 이미지, 아트워크, 로고, 디자인을 생성할 수 있습니다.

다음으로 모델 추론 API를 살펴보고, 아마존 베드록에서 제공하는 파운데이션 모델을 활용해 콘텐츠 생성을 시작하겠습니다.

베드록 추론 API

다음 예시는 아마존 베드록용 파이썬 SDK인 boto3를 사용해 베드록 추론 API 요청을 수행합니다. 구체적으로 설명하자면, invoke_model() API를 활용해 텍스트-텍스트 변환 모델, 텍스트-이미지 변환 모델, 임베딩 모델로 콘텐츠를 생성합니다. modelId 매개변수는 활용하려는 파운데이션 모델을 식별합니다.

```python
import boto3
import json

bedrock_runtime = boto3.client(
    service_name='bedrock-runtime'
)
modelId = "..."  # 아마존 베드록 파운데이션 모델

body = json.dumps(
    {
        "inputText": "This is where you place your input text"
    }
)

response = bedrock_runtime.invoke_model(
    modelId=modelId,
    body=body
)
```

```
response_body = json.loads(response.get("body").read())

print(response_body.get("results")[0].get("outputText"))
```

 여기와 이 장 대부분의 예시에서는 body JSON 객체가 프롬프트에 inputText를 사용한다고 가정합니다. 이는 모델에 따라 다를 수 있습니다. 최신 모델과 프롬프트 형식에 대한 자세한 내용은 베드록 문서[1]에서 확인할 수 있습니다.

베드록은 InvokeModelWithResponseStream API도 제공합니다. 이 API를 활용하면 입력된 데이터로 지정한 모델을 호출해 추론을 실행하고, 그림 12.1과 같이 모델이 출력을 생성하는 동안 응답을 스트리밍 방식으로 받을 수 있습니다.

그림 12.1 베드록의 InvokeModelWithResponseStream API를 사용하면 모델 출력의 첫 부분이 생성되는 즉시 응답을 읽기 시작할 수 있습니다.

스트리밍 응답은 대화형 애플리케이션의 생동감을 유지하기 위한 반응형 채팅 인터페이스에 특히 유용합니다. 다음은 베드록의 InvokeModelWithResponseStream API를 활용한 파이썬 코드 예시입니다.

```
response = bedrock_runtime.invoke_model_with_response_stream(
    modelId=modelId,
    body=body)

stream = response.get('body')
if stream:
    for event in stream:
        chunk = event.get('chunk')
```

---

1 https://docs.aws.amazon.com/bedrock/

```
    if chunk:
        print(json.loads(chunk.get('bytes').decode))
```

이제 대규모 언어 모델을 위한 아마존 베드록의 추론 API를 자세히 알아보겠습니다.

대규모 언어 모델

2장에서 논의한 바와 같이, 파운데이션 모델은 추론 중에 모델 출력에 영향을 미치는 생성형 추론 구성 매개변수를 지원합니다. 이러한 구성 매개변수를 활용하면 다양성과 토큰 수를 포함한 모델 응답을 제어할 수 있습니다. 모델 제공업체와 제품군에 따라 지원하는 매개변수가 다를 수 있지만, 대부분의 모델은 temperature, top_k, top_p를 지원합니다.

다음은 프롬프트에 대한 구성 매개변수를 포함해 베드록 모델로 invoke_model() API를 활용한 베드록 추론 API 요청의 예시입니다.

```python
import boto3
import json

bedrock_runtime = boto3.client(
    service_name='bedrock-runtime'
)

prompt = "<your prompt here>"

body = json.dumps({
    "inputText": "This is where you place your input text",
    "textGenerationConfig": {
        "temperature": 0,
        "topP": 1
    }
})
```

```
modelId = '...'        # 아마존 베드록 파운데이션 모델
                       # Amazon Titan Text
                       # Anthropic Claude
                       # AI21 Jurassic
                       # Cohere Command
                       # Meta Llama2
                       # etc.


response = bedrock_runtime.invoke_model(
    body=body,
    modelId=modelId)


response_body = json.loads(response.get('body').read())

print(response_body.get('results')[0].get('outputText'))
```

SQL 코드 생성

아마존 베드록에서 활용할 수 있는 모델을 포함한 많은 텍스트 생성 모델은 코드 샘플을 비롯한 방대한 양의 텍스트 데이터로 사전 학습됐습니다. 실제로 코드 생성은 아마존 코드위스퍼러나 깃허브 코파일럿과 같은 생성형 AI 모델과 서비스의 초기 활용 사례 중 하나였습니다.

다음 예시에서는 아마존 베드록을 활용해 먼저 테이블을 정의한 다음, 쿼리를 설명하는 자연어 프롬프트로 SELECT id FROM students ORDER BY age DESC LIMIT 1과 같은 SQL 쿼리를 생성합니다.

```
prompt = """
I have a table called 'students' with fields 'id', 'age', 'year_enrollment',
'subject', 'grade'. Write me a SQL Query that returns the 'id' with the highest
'age'.
"""
body = json.dumps({"inputText": prompt})
```

```
modelId = '...'

response = bedrock_runtime.invoke_model(
    body=body,
    modelId=modelId)

response_body = json.loads(response.get('body').read())

print(response_body.get('results')[0].get('outputText'))
```

텍스트 요약

생성형 AI의 또 다른 인기 있는 활용 사례는 텍스트 요약입니다. 다음과 같이 <text></text> 태그로 둘러싸인 주어진 문단을 요약하도록 모델에 요청하는 프롬프트를 만들어 보겠습니다.

```
prompt = """
Please provide a summary of the following text. Do not add any information that is
not mentioned in the text below.
<text>
AWS took all of that feedback from customers, and today we are excited to announce
Amazon Bedrock, a new service that makes generative foundation models accessible
via an API. Bedrock is the easiest way for customers to build and scale generative
AI-based applications using FMs, democratizing access for all builders.
</text>
"""
```

그 다음 프롬프트와 텍스트 생성 하이퍼파라미터를 포함하는 API 요청 본문을 정의합니다. 여기서 프롬프트를 inputText라고 명명합니다.

```
body = json.dumps(
    {
        "inputText": prompt,
        "textGenerationConfig": {
            "maxTokenCount": 128,
```

```
        "temperature": 0,
        "topP": 1
    }
  }
)
```

이제 invoke_model_with_response_stream() API를 활용해 베드록에 API 요청을 보낼 수 있습니다.

```
import json

response = bedrock_runtime.invoke_model_with_response_stream(
    body=body,
    modelId=modelId)
stream = response.get('body')
output = []

if stream:
    for event in stream:
        chunk = event.get('chunk')
        if chunk:
            chunk_obj = json.loads(chunk.get('bytes').decode())
            text = chunk_obj['outputText']
            output.append(text)

print(''.join(output))
```

다음으로 아마존 베드록을 활용해 임베딩을 생성하는 방법을 살펴보겠습니다.

임베딩

3장에서 논의한 바와 같이, 임베딩은 생성형 AI와 머신러닝의 핵심 개념입니다. 임베딩은 단어, 이미지, 비디오 같은 객체를 벡터 공간에 표현한 것입니다. 9장에서 프롬프트를 증강하기 위한 검색 증강 생성(RAG) 맥락에서 살펴본 것처럼 의미상으로 유사한 객체는 벡터 공간에서 서로 더 가까운 임베딩을 갖게 됩니다.

아마존 베드록 모델을 활용하면 모든 입력 문자열의 임베딩 벡터를 검색할 수 있습니다. 그런 다음 벡터 간의 거리를 비교해 가장 관련성이 높은 텍스트 문자열을 찾을 수 있습니다. 임베딩의 일반적인 활용 사례로는 의미 검색, 추천, 분류가 있습니다.

임베딩이 널리 활용되는 사례 중 하나는 유사한 의미를 가진 텍스트를 함께 클러스터링하는 것입니다. 다음 코드 예시에서는 같은 범주(이 경우 동물, 미국 도시, 색상)에서 비롯된 문서가 서로 다른 범주의 문서보다 훨씬 더 가까운 임베딩 벡터를 가지고 있음을 보여주는 히트맵을 생성합니다.

먼저 베드록 API를 호출하고 타이탄 텍스트 임베딩 모델을 활용해 임베딩을 생성하는 get_embedding 함수를 정의합니다. 코드에서 볼 수 있듯이, API 응답 본문에서 실제 임베딩 벡터를 반환합니다.

```python
def get_embedding(body, modelId, accept, contentType):
    response = bedrock_runtime.invoke_model(
        body=body,
        modelId=modelId)

    response_body = json.loads(response.get('body').read())

    embedding = response_body.get('embedding')

    return embedding
```

코드를 테스트하는 데 다음과 같은 샘플 입력 텍스트를 사용할 수 있습니다.

```python
body = json.dumps(
    {
        "inputText": "<your prompt here>"
    }
)
```

```
modelId = '...'

embedding = get_embedding(body, modelId)
print(embedding)
```

이 함수는 베드록 API 응답에서 얻은 임베딩 벡터를 다음과 같은 형태로 반환합니다.

```
[0.53515625, -0.0546875, -0.049804688, -0.16992188, 0.42382812, 0.15234375,
 -0.10839844, ...]
```

다음으로 임베딩 공간에서 두 문장 간의 거리를 시각화하는 히트맵을 생성합니다. 두 문장 간의 거리는 해당 임베딩 벡터의 코사인 유사도로 계산됩니다. 참고로 두 벡터의 코사인 유사도는 길이가 1로 정규화된 벡터의 내적입니다.

```python
import sklearn
from sklearn.preprocessing import normalize
import numpy as np
import seaborn as sns

def plot_similarity_heatmap(text_labels, embeddings, rotation):
    inner_product = np.inner(embeddings, embeddings)
    sns.set(font_scale=1.1)
    graph = sns.heatmap(
        inner_product,
        xticklabels=text_labels,
        yticklabels=text_labels,
        vmin=np.min(inner_product),
        vmax=1,
        cmap="BuPu",
    )
    graph.set_xticklabels(text_labels, rotation=rotation)
    graph.set_title("Semantic Textual Similarity Between Sentences")
```

다음으로 몇 가지 문장을 정의하고 아마존 베드록을 활용해 임베딩을 생성합니다.

```python
phrases = [
    # 동물
    "Shelbee's dog, Molly, is so cute.",
    "Antje hates cats.",
    "Chris's first dog was very cute.",
    # 미국 도시
    "Chicago is the place where I'm from.",
    "I work in San Francisco.",
    "Washington D.C. is a great place to visit.",
    # 색상
    "What is your favorite color?",
    "Is Molly brown?",
    "Are your eyes blue?"
]
embeddings = []


for phrase in phrases:
    query_response = get_embedding(
        body=json.dumps({"inputText": phrase}),
        modelId="...")
    embeddings.append(query_response)


# 내적 계산 전 정규화
embeddings = normalize(np.array(embeddings), axis=1)


%matplotlib inline
%config InlineBackend.figure_format = 'retina'


plot_similarity_heatmap(phrases, embeddings, 90)
```

그림 12.2의 출력을 보면, 동물 관련 문장은 함께 모여 있지만 미국 도시에 관한 문장과 색상에 관한 문장은 각각 독립적인 그룹을 형성하고 있습니다. 색상이 진할수록 코사인 유사도가 더 크다는 것(거리가 더 가깝다는 것)을 나타냅니다.

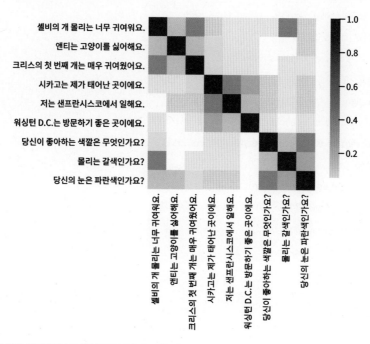

그림 12.2 문장 간의 의미적 텍스트 유사도를 보여주는 히트맵

다음으로 사용자 정의 데이터 세트를 활용해 베드록 파운데이션 모델을 미세 조정하는 방법을 알아보겠습니다.

미세 조정

이제 모델을 사용자 정의하기로 한 경우를 살펴보겠습니다. 그림 12.3에서 볼 수 있듯이, 특정 데이터로 모델을 미세 조정하면 아마존 베드록은 미세 조정된 모델을 호스팅하기 위한 사용자 정의 모델 엔드포인트를 즉시 배포합니다.

이는 사용자 고유의 데이터 세트로 사용자 정의한 모델의 실행 인스턴스가 됩니다. 미세 조정된 모델은 아마존 베드록 콘솔 플레이그라운드나 API를 통해 기본 모델과 같은 방식으로 호출됩니다. 그리고 모델 입력과 출력은 해당 환경에서 완전히 비공개로 유지되며 권한이 있는 사용자 외에는 누구도 접근할 수 없습니다.

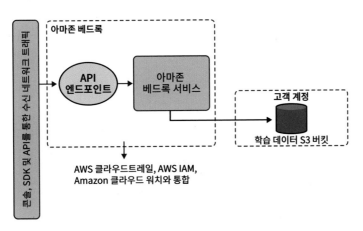

그림 12.3 아마존 베드록 모델 미세 조정

 VPC 엔드포인트(302페이지의 '데이터 프라이버시와 네트워크 보안' 참조)를 활용하면 AWS 네트워크 백본에서 아마존 베드록과 S3 버킷 간의 액세스를 안전하고 비공개로, 그리고 AWS 내에서만 이루어지게 구성할 수 있습니다.

미세 조정된 모델의 학습이 완료되면 가중치는 암호화되어 미세 조정된 출력 버킷으로 전달됩니다. 다음으로 아마존 베드록은 호스팅 엔드포인트를 생성하고 활성화합니다. 사용자 정의 베드록 호스팅 엔드포인트가 활성화되면 프롬프트와 함께 추론 요청을 보내고, 미세 조정된 생성형 AI 모델로부터 완성된 컴플리션을 받을 수 있습니다. 모델 제공업체는 미세 조정한 가중치를 볼 수도, 접근할 수도 없습니다.

아마존 베드록을 사용하면 몇 번의 클릭이나 API 호출만으로 라벨링된 데이터를 활용해 파운데이션 모델을 비공개로 미세 조정할 수 있습니다. 다음 예시에서 볼 수 있듯이, 데이터 세트는 주어진 prompt에 해당하는 레이블이 completion인 JSON Lines 형식[2]으로 S3에 저장하기만 하면 됩니다.

---

2 https://jsonlines.org/

```
{"prompt": "I love going to the movies", "completion": "Positive"}
{"prompt": "This new shirt is gorgeous", "completion": "Positive"}
{"prompt": "The weather is awful", "completion": "Negative"}
{"prompt": "This movie is terrible", "completion": "Negative"}
...
```

그런 다음 create_model_customization_job()을 호출해 데이터 세트와 아마존 베드록에서 미세 조정을 지원하는 기본 파운데이션 모델을 활용해 미세 조정 처리를 시작합니다. 아마존 베드록에서 미세 조정을 지원하는 최신 모델 목록은 베드록 문서[3]에서 확인할 수 있습니다.

학습 데이터 외에도 작업 이름, 사용자 정의 모델 이름, 기본 모델 식별자, 미세 조정 출력(예: 학습 손실) 저장 위치, 하이퍼파라미터를 지정해야 합니다. 다음 코드에서는 미세 조정 작업 생성 API 호출의 예를 보여줍니다.

```
import boto3

bedrock = boto3.client(service_name='bedrock')

input_training_data = "s3://<BUCKET>/train.jsonl"
output_data = "s3://<BUCKET>/output/"
bedrock.create_model_customization_job(
    jobName="my-job",
    customModelName="my-fine-tuned-model",
    baseModelIdentifier="...",  # 베드록 파운데이션 모델
    trainingDataConfig={"s3Uri": input_training_data},
    outputDataConfig={"s3Uri": output_data},
    hyperParameters={
        ...
    }
)
```

---

3 https://docs.aws.amazon.com/bedrock/

```
fine_tuning_status = None
while fine_tuning_status != "Completed":
    fine_tuning_status = bedrock.get_model_customization_job(
        jobIdentifier="my-job")["status"]
print("Model was successfully fine-tuned!")
```

미세 조정 작업 상태가 Completed로 변경되면 아마존 베드록을 통해 사용자 지정 모델을 배포하고 invoke_model() API로 모델에 접근할 수 있습니다. 모델이 배포되면 다음 코드와 같이 프롬프트와 함께 모델을 호출할 수 있습니다.

```
body = json.dumps(
    {
        "inputText": "I love this beach.",
        "textGenerationConfig": {
            "maxTokenCount": 128,
            "temperature": 0,
            "topP": 1
        }
    }
)
response = bedrock_runtime.invoke_model(
    modelId=<deployed model identifier>,
    body=body)
```

이 예시에서는 입력 텍스트를 positive(긍정) 또는 negative(부정) 감정으로 분류하도록 모델을 미세 조정했습니다. 따라서 I love this beach라는 추론 요청의 모델 컴플리션은 positive가 될 것입니다.

다음으로 아마존 베드록을 활용해 AWS 람다 함수로 작업을 수행할 수 있는 완전 관리형 에이전트를 생성하는 방법을 살펴보겠습니다. AWS 람다를 활용하면 서버를 준비하거나 관리하지 않고도 코드를 실행할 수 있습니다.

에이전트

아마존 베드록용 에이전트를 활용하면 특정 회사의 시스템 API를 호출해 작업을 관리하고 실행하는 생성형 AI 애플리케이션을 구축할 수 있습니다. 9장에서 배운 바와 같이, 에이전트는 사용자 요청, 파운데이션 모델, 외부 시스템 간의 프롬프트-컴플리션 워크플로를 조율합니다.

마찬가지로, 아마존 베드록용 에이전트는 베드록의 파운데이션 모델과 고급 프롬프팅 전략을 활용해 사용자 요청을 이해하고, 복잡한 작업을 여러 단계로 분해하며, 추가 정보 수집을 위해 대화를 이어가고, 요청 이행을 위한 행동을 취합니다.

이를 통해 소매 주문 관리나 보험 청구 처리와 같은 내부 또는 외부 고객 대상 작업을 자동화할 수 있습니다. 예를 들어, 에이전트 기반의 생성형 AI 전자상거래 애플리케이션은 "이 재킷 파란색으로 있나요?"라는 질문에 답변하는 것뿐만 아니라, 주문을 업데이트하거나 교환을 처리하는 작업도 도와줄 수 있습니다.

이를 위해서는 먼저 베드록 파운데이션 모델을 선택한 다음, 그림 12.4와 같이 에이전트에게 애플리케이션 API와 지식 저장소에 대한 접근 권한을 부여해야 합니다.

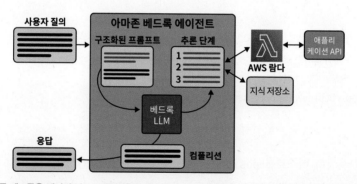

그림 12.4 아마존 베드록용 에이전트는 API를 호출하거나 회사 지식 저장소에 접근해 작업을 관리하고 수행할 수 있습니다.

보험 회사의 개발자가 API를 사용하여 보험 대리점 소유주들의 반복적인 작업을 자동화하는 데 도움을 주는 생성형 AI 애플리케이션을 제공하려 한다고 가정하겠습니다. 먼저 AWS 람다 함수에 매핑되는 ActionGroup에서 에이전트가 수행할 수 있는 작업(API 호출)을 정의합니다.

다음 코드는 미처리 보험금 청구 목록을 가져오고 보험 가입자에게 알림을 보내는 방식으로 보험금 청구를 관리하는 비즈니스 로직을 구현한 AWS 람다 함수의 예시입니다.

```python
import json
import time


def open_claims():
    return {
        "response":

            ...

    }


def send_reminders():
    return {
        "response":

            ...

    }


def lambda_handler(event, context):
    api_path = event['apiPath']

    if api_path == '/claims':
        body = open_claims()
    elif api_path == '/send-reminders':
        body = send_reminders()
    ...

    response_body = {
        'application/json': {
            'body': str(body)
        }
    }

    action_response = {
        'actionGroup': event['actionGroup'],
        'apiPath': event['apiPath'],
        'httpMethod': event['httpMethod'],
```

```
            'httpStatusCode': 200,

            'responseBody': response_body,

            ...

        }



    api_response = {

            'messageVersion': '1.0',

            'response': action_response,

            ...

        }



    return api_response
```

AWS 람다 함수와 함께 API의 설명, 구조, 매개변수가 포함된 OpenAPI 스키마 파일[4]도 정의해야 합니다. 다음은 /claim API 호출에 대한 OpenAPI 스키마 예시입니다.

```
{
    "openapi": "3.0.0",
    "info": {
        "title": "Insurance Claims Automation API",
        "version": "1.0.0",
        "description": "APIs for managing insurance claims for policyholder."
    },
    "paths": {
        "/claims": {
            "get": {
                "summary": "Gets the list of all open insurance claims",
                "description": "Gets list of open claims for policyholder.",
                "operationId": "getAllOpenClaims",
                "responses": {
                    "200": {
```

---

4 https://github.com/OAI/OpenAPI-Specification/tree/main/examples/v3.0

```
                        "description": "Gets list of open claims for policyholder.",
                    "content": {
                        "application/json": {
                            "schema": {
                                "type": "array",
                                "items": {
                                    "type": "object",
                                    "properties": {
                                        "claimId": {
                                            "type": "string",
                                            "description": "Unique ID of the claim."
                                        },
                                        "policyHolderId": {
                                            "type": "string",
                                            "description": "Unique ID of the
policyholder."
                                        },
                                        "claimStatus": {
                                            "type": "string",
                                            "description": "The status of the
claim, Open or Closed."
                                    }

    ...
    }
}
```

사용자가 에이전트에게 작업 완료를 요청하면 아마존 베드록은 에이전트에 설정된 파운데이션
모델을 활용해 작업 순서를 식별합니다. 그런 다음 사용자가 요청한 작업을 해결할 수 있도록 적
절한 순서로 해당 람다 함수를 호출하고, 자연어로 된 응답을 사용자에게 전달합니다. 예를 들어
생성형 AI 보험 업무 처리 시스템은 이제 "향후 60일 이내에 갱신이 필요한 모든 보험 가입자에
게 알림을 보내세요"와 같은 작업을 수행할 수 있습니다.

완전 관리형 에이전트를 활용하면 인프라를 준비하거나 관리할 필요가 없습니다. 또한 에이전트는 모니터링, 암호화, 사용자 권한, API 호출 관리를 위해 AWS 서비스와 통합되어 있습니다. 아마존 베드록용 에이전트를 통해 생산성을 높이고, 고객 서비스 경험을 개선하거나 DevOps 작업을 자동화할 수 있습니다.

앞선 예시에서는 아마존 베드록의 텍스트 기반 모델로 텍스트와 임베딩을 생성하는 데 중점을 두었습니다. 다음으로는 아마존 베드록과 이미지 기반 모델인 스테이블 디퓨전을 활용해 이미지를 생성하고 수정하는 방법을 살펴보겠습니다.

멀티모달 모델

베드록에서는 Stability AI의 스테이블 디퓨전 XL 모델을 비롯한 텍스트–이미지 및 이미지–이미지 변환 모델을 활용해 이미지 생성 사례를 만들 수 있습니다. 10장에서는 확산 모델의 아키텍처를 살펴봤고, 이미지 생성 모델에 효과적으로 프롬프트를 입력하는 방법과 인페인팅, textual inversion 같은 고급 기술을 적용해 원하는 이미지를 생성하는 방법을 배웠습니다.

다음으로는 아마존 베드록과 Stability AI에서 제공하는 스테이블 디퓨전 모델을 활용해 프롬프트와 네거티브 프롬프트로 이미지를 생성하는 방법을 살펴보겠습니다.

텍스트로 이미지 생성

텍스트로 이미지를 생성할 때는 먼저 생성하고자 하는 이미지를 설명하는 프롬프트를 작성해야 합니다. 10장에서 논의한 대로 네거티브 프롬프트를 활용해 모델이 특정 유형의 출력을 피하도록 할 수 있습니다. 이때 각 네거티브 프롬프트에는 음수 가중치를 부여합니다. 프롬프트 설정을 마친 후 `bedrock.invoke_model()` 함수를 호출해 이미지를 생성합니다.

```
prompt = """
Golden retriever playing catch at a tropical, sunny beach
with palm trees in the background.
"""


negative_prompts = [
```

```
        "poorly rendered",
        "poor background details",
        "poorly drawn dog",
        "disfigured dog features",
    ]
    request = json.dumps({
        "text_prompts": (
                [{"text": prompt, "weight": 1.0}]
                + [{"text": negprompt, "weight": -1.0} for negprompt in negative_prompts]
        ),
        "style_preset": style_preset,
        ...
    })

    modelId = "stability.stable-diffusion-xl-v1"

    response = bedrock_runtime.invoke_model(body=request, modelId=modelId)

    response_body = json.loads(response.get("body").read())
```

베드록의 **InvokeModel** 기능을 활용하면 적절한 모델 ID로 스테이블 디퓨전 XL 모델에 접근
할 수 있으며, Base64로 인코딩된 이미지 데이터가 포함된 JSON 응답을 받을 수 있습니다.
Base64로 인코딩된 이 문자열을 바이너리로 디코딩한 후, Pillow와 같은 이미지 처리 라이브
러리를 활용해 PNG 파일로 변환할 수 있습니다. 생성된 결과는 그림 12.5와 같습니다.

```
import base64
import io
import os
from PIL import Image

base_64_img_str = response_body["artifacts"][0].get("base64")

image_1 = Image.open(
    io.BytesIO(
```

```
        base64.decodebytes(bytes(base_64_img_str, "utf-8"))
    )
)

image_1
```

그림 12.5 텍스트 입력으로 생성된 이미지

이미지로 이미지 생성

그림 12.5와 같은 이미지를 기반으로 스테이블 디퓨전 모델에 세부 사항 변경을 요청할 수 있습니다. 예를 들어 개의 품종을 푸들로 바꿀 수 있습니다. 이를 위해 이전에 생성한 이미지를 Base64로 인코딩하고 변경 요청을 포함한 새로운 요청을 보냅니다. 다음은 이미지를 Base64로 인코딩하는 간단한 헬퍼 함수의 예시입니다.

```
def image_to_base64(img):
    buffer = io.BytesIO()
    img.save(buffer, format="PNG")
    return base64.b64encode(buffer.getvalue()).decode("utf-8")
```

이제 change_prompt와 이전 이미지인 init_image를 활용해 새로운 베드록 API 요청을 보내면 됩니다. 이 이미지 수정 요청 결과는 그림 12.6과 같습니다.

```python
change_prompt = "Change the dog to be a poodle"
request = json.dumps({
    "text_prompts": (
        [{"text": change_prompt, "weight": 1.0}]
        + [{"text": negprompt, "weight": -1.0} \
            for negprompt in negative_prompts]
    ),
    "init_image": image_to_base64(image_1),
    "style_preset": style_preset,
    ...
})
modelId = "stability.stable-diffusion-xl-v1"

response = bedrock_runtime.invoke_model(body=request, modelId=modelId)

response_body = json.loads(response.get("body").read())
image_2_b64_str = response_body["artifacts"][0].get("base64")
image_2 = Image.open(io.BytesIO(
    base64.decodebytes(bytes(image_2_b64_str, "utf-8")))
)

image_2
```

그림 12.6 텍스트 프롬프트 및 원본 이미지를 활용해 이미지의 일부 변경하기

다음으로, 아마존 베드록에서 데이터를 비공개로 유지하는 방법을 살펴보겠습니다. 여기에는 데이터 전송 과정에서의 암호화와 디스크에 저장된 데이터의 암호화가 포함됩니다.

데이터 프라이버시와 네트워크 보안

아마존 베드록에서는 사용자의 AWS 계정 내에 모든 프롬프트, 컴플리션, 미세 조정된 모델을 비공개로 유지합니다. 아마존에서는 이 데이터를 베드록 서비스 개선에 활용하거나 서드 파티 모델 제공업체와 공유하지 않습니다.

AWS에서는 데이터를 고객별로 분리해 베드록이 사용하는 AWS 리전(region) 내에 보관합니다. 이는 GDPR(일반 개인정보 보호규정)을 비롯한 데이터 주권 관련 규정 준수에 도움이 됩니다. AWS에서는 네트워크를 통해 전송되는 모든 데이터를 최소 TLS 1.2 프로토콜로 암호화합니다. 또한 디스크에 저장된 모든 데이터(미세 조정된 모델 포함)는 AWS KMS가 관리하는 데이터 암호화 키 또는 고객이 관리하는 암호화 키를 활용해 AES-256 방식으로 암호화합니다.

AWS VPC 엔드포인트를 활용하면 애플리케이션과 아마존 베드록 서비스 간에 안전하고 비공개적인 연결을 구성할 수 있습니다. 이를 위해 AWS 계정과 VPC(가상 프라이빗 클라우드)를 설정해야 합니다. 그림 12.7에서 볼 수 있듯이, AWS PrivateLink를 기반으로 한 VPC 엔드포인트를 통해 전용 AWS 네트워크 백본으로 아마존 베드록 서비스와 안전하게 연결할 수 있습니다.

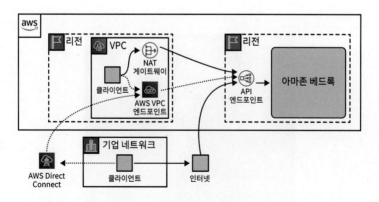

그림 12.7 애플리케이션을 아마존 베드록에 연결하기 위한 네트워크 아키텍처 다이어그램

그림 12.7에서는 인터넷을 통한 외부 연결과 VPC 엔드포인트를 활용한 사설 연결의 차이점을 확인할 수 있습니다. VPC 엔드포인트를 활용하면 데이터가 공용 인터넷망을 거치지 않고, 지연 시간이 짧고 안정성이 높은 AWS 전용 백본 네트워크 내에서 전송됩니다.

이 다이어그램에서는 온프레미스 네트워크에서 다이렉트 커넥트(Direct Connect)를 활용해 AWS VPC에 연결하는 방법도 확인할 수 있습니다. 이를 통해 기업에서는 사용 중인 네트워크 제공업체를 통해 AWS VPC에 사설 연결을 할 수 있습니다. 이 경우 VPC 엔드포인트를 활용하면 온프레미스 사설 네트워크와 아마존 베드록 간의 모든 트래픽을 AWS 네트워크 백본을 통해서만 전송할 수 있습니다. 이로 인해 온프레미스 데이터를 인터넷을 통해 전송할 필요가 없어집니다.

거버넌스와 모니터링

아마존 베드록에서는 AWS IAM(Identity and Access Management)과의 통합을 통해 미세 조정 등 특정 파운데이션 모델 및 기능에 대한 접근 권한을 관리합니다. 아마존 베드록 활동을 포함한 모든 AWS 관리형 서비스 API 활동은 계정 내 AWS 클라우드트레일 서비스를 통해 기록됩니다. 이를 통해 누가 어떤 모델에 언제 접근했는지를 모니터링하고 추적할 수 있습니다.

아마존 베드록에서는 `InputTokenCount`, `OutputTokenCount`, `InvocationLatency`, `Invocations`(호출 수) 등의 주요 지표를 추적할 수 있도록 아마존 클라우드워치에 데이터 포인트를 전송합니다. 이러한 준실시간 모니터링을 통해 아마존 베드록 서비스와 통합된 생성형 AI 애플리케이션의 사용량을 파악하고 성능 문제를 해결할 수 있습니다.

요약

이 장에서는 생성형 AI를 위한 관리형 아마존 베드록 서비스의 활용 방법을 알아봤습니다. 텍스트와 이미지 활용 사례에 파운데이션 모델을 적용하는 방법을 살펴봤고, 아마존 베드록과 사용자 지정 텍스트 및 이미지 데이터 세트를 활용해 생성 모델을 미세 조정하고 배포하는 과정도 학습했습니다. 또한 아마존 베드록용 에이전트를 활용해 맥락 인식 추론 애플리케이션을 구현하는 방법을 탐구했습니다. 이러한 에이전트는 외부 데이터 소스와 API 호출을 활용해 연쇄 추론을 통해 파운데이션 모델의 성능을 향상합니다.

다음으로 아마존 베드록이 기존의 데이터 프라이버시 및 네트워크 보안 체계를 어떻게 강화하는지 살펴봤습니다. 구체적으로는 TLS를 통한 전송 중 암호화, KMS를 통한 저장 데이터 암호화, VPC 엔드포인트를 통한 전용 AWS 네트워킹 지원 방식을 알아봤습니다. 마지막으로 아마존 베드록이 AWS 계정 내에서 AWS 클라우드트레일과 아마존 클라우드워치를 활용해 API 활동과 지표를 비공개로 추적하는 방법에 대해 알아봤습니다.

찾아보기

ㅎ